公路桥梁施工风险与管养

王庆杰 秦 锋 著

吉林科学技术出版社

图书在版编目（CIP）数据

公路桥梁施工风险与管养 / 王庆杰，秦锋著．－－长春：吉林科学技术出版社，2023.3
ISBN 978-7-5744-0182-2

Ⅰ．①公… Ⅱ．①王… ②秦… Ⅲ．①公路桥－桥梁施工－风险管理－研究 Ⅳ．① U448.145.1

中国国家版本馆CIP数据核字（2023）第 056477 号

公路桥梁施工风险与管养

著	王庆杰　秦　锋
出 版 人	宛　霞
责任编辑	王运哲
封面设计	树人教育
制　　版	树人教育
幅面尺寸	185mm×260mm
开　　本	16
字　　数	390 千字
印　　张	17.75
印　　数	1-1500 册
版　　次	2023年3月第1版
印　　次	2023年10月第1次印刷

出　　版	吉林科学技术出版社
发　　行	吉林科学技术出版社
地　　址	长春市福祉大路5788号
邮　　编	130118
发行部电话/传真	0431-81629529　81629530　81629531
	81629532　81629533　81629534
储运部电话	0431-86059116
编辑部电话	0431-81629518
印　　刷	廊坊市印艺阁数字科技有限公司

书　　号	ISBN 978-7-5744-0182-2
定　　价	95.00元

版权所有　翻印必究　举报电话：0431-81629508

前 言

公路桥梁是国家经济发展和现代化建设的重要基础设施,是整个交通综合系统中最常用的运输方式,具有直达、迅速、方便、适应性强的特点。随着我国交通事业的飞速发展,特别是大量高等级公路的出现,公路桥梁交通运输在国家的政治、经济、文化、军事建设中发挥着越来越重要的作用。

公路桥梁工程施工有着流动性强、临时设施多、施工工序复杂等特点。这些特点决定了公路桥梁工程施工有着很高的安全风险,加之公路建设队伍规模急剧扩张,施工人员技术水平参差不齐,其施工安全技术与风险控制就显得尤为重要。"安全无小事,细节决定成败",在公路桥梁工程施工安全管理工作的事前预防、超前控制上,抓好每一件小事,重视每一个细节,把小事做细,把细节做严、做实、做到位,向精细化管理要安全。本书以风险分析为基础,以风险控制为主线,全面阐述了公路桥梁工程施工安全技术与风险控制的方法与策略。另外,本书对公路桥梁工程施工过程进行了风险评估,以提高技术人员与安全管理人员的风险辨识、风险策略分析水平为目的,通过工程范例论述了如何在实际工程中进行风险分析以及提出风险控制策略,以预防施工安全生产事故的发生,提高工程施工安全水平。

《公路桥梁施工风险与管养》分为三个部分。第一部分:第一章阐述公路桥梁施工安全的现状与发展趋势。第二部分:第二章阐述公路桥梁施工准备安全技术与风险控制;第三章阐述公路桥梁基础工程施工安全技术与风险控制;第四章阐述墩台与盖梁施工安全技术与风险控制;第五章阐述特殊桥型施工安全技术与风险控制;第六章阐述桥梁顶进施工安全技术与风险控制;第七章阐述桥梁转体法施工安全技术与风险控制。第三部分:第八章阐述公路桥梁施工安全风险评估技术;第九章阐述公路桥梁施工安全总体风险评估;第十章阐述公路桥梁工程施工专项风险评估;第十一章阐述公路桥梁工程施工中突发性安全事故预防。

目 录

第一章 公路桥梁施工安全的现状与发展趋势 1
- 第一节 目前我国建筑业安全现状 1
- 第二节 公路桥梁施工安全特点与现状 5
- 第三节 我国公路桥梁施工安全的发展趋势 8
- 第四节 国外安全生产管理理念和监管模式 10

第二章 公路桥梁施工准备安全技术与风险控制 20
- 第一节 公路桥梁工程施工安全特点 20
- 第二节 桥梁施工安全调查策略 24
- 第三节 施工便（栈）桥与码头安全技术与风险控制 25
- 第四节 施工便道安全技术与风险控制 30
- 第五节 梁场安全技术与风险控制 36
- 第六节 水泥混凝土搅拌站安全技术与风险控制 44

第三章 公路桥梁基础工程施工安全技术与风险控制 53
- 第一节 风险控制总体策略 53
- 第二节 围堰施工安全技术与风险控制 54
- 第三节 明挖基础施工安全技术与风险控制 60
- 第四节 桩基础与承台施工安全技术与风险控制 65
- 第五节 沉井基础施工安全技术与风险控制 85
- 第六节 地下连续墙基础施工安全技术与风险控制 95

第四章 墩台与盖梁施工安全技术与风险控制 101
- 第一节 施工装备安全技术与风险控制 101
- 第二节 墩台施工安全技术与风险控制 105

    第三节　盖梁及墩柱加固施工安全技术与风险控制……………109

    第四节　高墩施工风险控制范例……………………………………124

第五章　特殊桥型施工安全技术与风险控制………………………………131

    第一节　拱桥施工安全技术与风险控制……………………………131

    第二节　斜腿刚构桥施工安全技术与风险控制……………………135

    第三节　斜拉桥施工安全技术与风险控制…………………………136

    第四节　悬索桥施工安全技术与风险控制…………………………141

    第五节　斜拉桥施工风险控制范例…………………………………156

第六章　桥梁顶进施工安全技术与风险控制………………………………168

    第一节　开挖工作坑施工安全技术与风险控制……………………168

    第二节　制作顶进后背安全技术与风险控制………………………169

    第三节　制作滑板安全技术与风险控制……………………………170

    第四节　预制箱涵安全技术与风险控制……………………………171

    第五节　加固既有线路安全技术与风险控制………………………176

    第六节　箱涵顶进安全技术与风险控制……………………………177

第七章　桥梁转体法施工安全技术与风险控制……………………………179

    第一节　T构桥转体施工安全技术与风险控制……………………179

    第二节　斜拉桥转体施工安全技术与风险控制……………………181

    第三节　斜腿刚构桥平面转体施工安全技术与风险控制…………182

    第四节　拱桥转体施工安全技术与风险控制………………………183

    第五节　拱桥施工风险控制范例……………………………………184

第八章　公路桥梁施工安全风险评估技术…………………………………187

    第一节　公路桥梁施工安全风险评估技术的现状…………………187

    第二节　公路桥梁施工安全风险评估技术的概论…………………190

    第三节　公路桥梁施工安全风险评估技术的应用与发展…………200

第九章　公路桥梁施工安全总体风险评估…………………………………202

    第一节　总体风险评估的特点………………………………………202

第二节　评估原则与依据 203
　　第三节　评估过程和评估方法 203
　　第四节　风险总体评估实例 214

第十章　公路桥梁工程施工专项风险评估 216
　　第一节　专项风险评估辨识流程 216
　　第二节　专项风险评估辨识方法 218
　　第三节　专项风险评估 221
　　第四节　一般风险源控制措施 224
　　第五节　重大风险源控制措施 229
　　第六节　专项风险评估实例 236

第十一章　公路桥梁工程施工中突发性安全事故预防 250
　　第一节　安全事故的调查与处理过程 250
　　第二节　安全事故的防范 253
　　第三节　常见突发性安全事故类型与成因 261
　　第四节　突发性安全事故的预防 264

参考文献 270

第一章 公路桥梁施工安全的现状与发展趋势

第一节 目前我国建筑业安全现状

一、我国建筑业安全生产现状

目前我国正在进行历史上也是世界上规模最大的基本建设，建筑业已成为我国的支柱产业，从业人员达 3500 万，约占全国工业企业总人数的 1/3。工程建设的巨大投资和大规模的从业人员使安全事故造成的后果异常严重、损失异常巨大。我国工程建设的安全水平一直较低，每年由于安全事故丧生的从业人员有数千人之多，直接经济损失逾百亿元。特别是近年来重大恶性事故频发，已引起我国政府和人民群众的普遍关注。较低的安全水平成为阻碍国家建设和社会发展的重要因素。多年来，我国在建筑安全方面做了大量工作，取得了显著的成绩，特别是制定了许多安全技术标准、规范和规程，有效地预防和控制了安全事故的发生。然而，我国目前的安全形势依然严峻。调查表明，大量事故都源于安全管理的不完善或者失误，违规违章操作就是典型的管理不善的结果。因此，如何在有限的资源条件下，有效、高效地进行科学管理，是进一步提高我国建筑安全水平的关键所在。

二、建筑安全事故发生的原因

无论在发展中国家还是在发达国家，建筑业都是一个重要的工业部门，然而各国建筑业的安全水平却又不约而同地低于所有工业部门的平均安全水平。以美国统计数据为例，建筑业雇佣的劳动力相当于美国全国总劳动力的 5%，但是在当年全国发生的所有工业事故中，却有 11% 的致残事故和 18% 的死亡事故是由建筑工程引起的。而日本安全卫生年鉴的数据表明，建设业的死伤事故占所有工业部门死伤事故总数的 28.7%，建设业的死亡人数则占总人数的 42.2%。同期，韩国每 10 万人事故死亡人数为 30 人左右，比日本多 10 人。因此，世界各国包括政府、研究机构和企业界，都在努力将安全科学与建筑业的许多特点相结合，应用安全科学的原理和方法，改进和指导工程建设过程中的安全技术和安全管理，达到减少人员伤亡和避免经济损失的目的。作为一个传统的工业部门，建筑业之所以成为一个危险的行业，与建筑业本身的如下一些特点有关：

（1）建设工程是一个庞大的人机协作工程，在项目建设过程中，施工人员与各种施工机具和施工材料为了完成一定的任务，各自发挥自己的作用，又必须相互联系、相互配合。这一系统的安全性和可靠性不仅取决于施工人员的行为，还取决于各种施工机具、材料以及建筑产品的状态。一般来说，施工人员的不安全行为和物的不安全状态是导致意外伤害事故发生的直接原因。而建设工程中的人、物以及施工环境中存在的导致事故的风险因素非常多，如果不能及时发现并且排除，将很容易导致安全事故。

（2）工程项目的施工具有单件性的特点。单件性是指没有两个完全相同的建设项目，不同的建设项目所面临的事故风险的多少和种类都是不同的，同一个建设项目在不同的建设阶段所面临的风险也不同。建筑业从业人员在完成每一件建筑产品的过程中，每一天所面对的都是一个几乎全新的物理工作环境。在完成一个建筑产品之后，又不得不转移到新的地区参与下一个建设项目的施工。因此，不同工程项目在不同施工阶段的事故风险类型和预防重点也各不相同。项目施工过程中层出不穷的各种事故风险是导致建筑事故频发的重要原因。

（3）工程项目施工还具有离散性的特点。离散性是指建筑产品的主要制造者——现场施工工人，在从事生产的过程中，分散于施工现场的各个部位，尽管有各种规章和计划，但他们面对具体的生产问题时，仍旧不得不依靠自己的判断做出决定。因此，尽管部分施工人员已经积累了许多工作经验，还是必须不断适应一直在变化的人—机—环境系统，并且对自己的作业行为做出决定，从而增加了建筑业生产过程中由于工作人员采取不安全行为或者工作环境的不安全因素导致事故的风险。

（4）建设项目施工大多在露天的环境中进行，所进行的活动必然受到施工现场的地理条件和气象条件的影响。例如，在现场气温极高或者极低、现场照明不足（如夜间施工）、下雨或者大风等条件下施工时，容易导致工人生理或者心理的疲劳，注意力不集中，造成事故。

（5）工程建设往往有多方参与，管理层次比较多，管理关系复杂。仅仅现场施工就涉及业主、总承包商、分包商和监理工程师等各方。安全管理要做到协调管理、统一指挥，需要先进的管理方法和能力，但目前很多项目的管理仍未能做到这点。因此，人的不安全行为、物的不安全状态以及环境的不安全因素往往相互作用，构成安全事故的直接原因。

（6）目前世界各国的建筑业仍属于劳动密集型产业，技术含量相对偏低，建筑工人的文化素质较低。尤其是在发展中国家和地区，大量的没有经过全面职业培训和严格安全教育的劳动力涌向建筑业成为施工人员。一旦管理措施不当，这些工人往往成为建筑安全事故的肇事者或受害者，不仅给自己和他人的家庭带来巨大的痛苦和损失，还给建设项目本身和全社会造成许多不利的影响。

（7）建筑业作为一个传统的产业部门，许多相关从业人员对于安全生产和事故预防的错误观念由来已久。由于大量的事件或者错误操作并未导致伤害或者财产损失事故，而且同一诱因导致的事故后果差异很大，不少人认为建筑安全事故完全是由一些偶然因素引起的，因而是不可避免的。由于没有从科学的角度深入地认识事故发生的根本原因并采取积极的预防措施，造成了建设项目安全管理不力，发生事故的可能性增加。此外，传统的建设项目三大管理（工期、质量和成本管理）是项目生产人员主要关注的对象，在施工过程中，往往为了达到这些目标而牺牲安全管理。再加上目前建筑市场竞争激烈，一些承包商为了节约成本经常削减用于安全生产的支出，更加剧了安全状况的恶化。

（8）我国的建筑市场不规范也是事故多发的原因。建设方工程发包不规范，如不进行招投标，将工程承包给无施工资质的企业，肢解分包等；施工企业为市场竞争，变相压价，以牺牲安全设施来降低成本等。

三、我国建筑业安全生产进展

1. 建立了建筑安全生产法规体系和技术标准体系

新中国成立60多年来，我国逐步建立了建筑安全生产法规体系和技术标准体系，使建筑安全生产工作开始走向法制化轨道。新中国成立初期，国务院的"三大规程"对维护劳动者安全与健康的权益，控制生产过程中伤亡事故的发生起到了重要作用。改革开放以来，国家建设行政主管部门抓住深化改革的历史机遇，把建筑行业安全管理工作的重点放在建立健全行政法规和技术标准体系上，加大了建筑安全生产立法工作的力度，加快了建筑安全技术标准体系的进程。20世纪80年代以后，建设部出台了《工程建设重大事故报告和调查程序规定》和《建筑安全生产监督管理规定》等部门规章，颁布了《建筑施工安全检查标准》《建筑施工高处作业安全技术规范》《龙门架及井架物料提升机安全技术规范》《施工现场临时用电安全技术规范》《建筑施工门式钢管脚手架安全技术规范》《建筑施工扣件式钢管脚手架安全技术规范》《建筑施工工具式脚手架安全技术规范》《建筑施工模板安全技术规范》等技术标准和规范，初步形成了建筑安全的法规体系。

2. 加强了建筑安全生产的行业管理

初步形成了建筑安全监督管理体系，加强了建筑安全生产行业管理。根据我国安全管理体制的要求，建设部颁布了13号令《建筑安全生产监督管理规定》，明确了在我国建设系统建立建筑安全生产监督管理机构，开展建筑安全生产的行业管理工作。目前，全国已经形成了"纵向到底，横向到边"的建筑安全监督管理体系。建筑安全监督管理体制的形成，加大了建筑安全生产监督检查力度，强化了建筑业企业的安全生产意识，有效地贯彻了"安全第一，预防为主，综合治理"的安全生产方针，消除了大量的事故隐患，减少了施工伤亡事故的发生，为搞好建筑安全生产做出了突出的贡献。

3. 开展了创建文明工地活动

建设部号召建筑业开展创建文明工地活动，把建筑安全生产管理推向新的水平。建设部要求在全国建设工程的施工现场开展安全达标活动，把建筑安全生产的管理重心放在了施工现场，对施工全过程进行安全监督管理。在此基础上，建设部颁发了《关于学习和推广上海市文明工地建设经验的通知》，号召全国建设系统在深入开展施工现场安全达标的同时，学习上海市文明工地建设经验，积极开展创建文明工地活动，很快在全国建筑业掀起了学上海创建文明工地的浪潮。这项活动深入人心，硕果累累，不仅改变了昔日施工现场"脏、乱、差"的面貌，改善了施工现场作业人员的生活环境和工作条件，美化了施工现场的场容场貌，而且提高了建筑业的整体形象，成为全行业乃至城市建设的重要内容。

4. 开展了意外伤害保险试点工作

我国部分城市开展了意外伤害保险试点工作，促进了建筑安全生产保障体系尽快发展。按照《中华人民共和国建筑法》关于"建筑施工企业必须为从事危险作业的职工办理意外伤害保险，支付保险费"的要求，借鉴国外保险制度的经验，把意外伤害保险与事故预防相结合，激励企业采取有效措施改善安全生产条件，促进了建筑安全生产保障体系的快速发展。

5. 形成了安全生产管理体制

我国的安全生产方针是"安全第一，预防为主，综合治理"。《国务院关于加强安全生产工作的通知》中，明确了我国实行企业负责、行业管理、国家监察和群众监督的安全生产管理体制。这是我国长期安全生产工作实践经验的总结，是行之有效的安全生产管理体制，对保障安全生产起到了极其重要的作用。

6. 建立了建筑施工企业安全生产许可证制度

国家颁发了《安全生产许可证条例》和《建筑施工企业安全生产许可证管理规定》，要求所有施工总承包企业、专业承包企业均应依法申领建筑施工企业安全生产许可证，没有取得建筑施工企业安全生产许可证的企业不得从事建筑施工活动。

第二节　公路桥梁施工安全特点与现状

一、公路桥梁施工安全特点

公路工程施工安全的范围主要包括路基、路面、桥梁、隧道、水上、陆地、高空、爆破、特种设备、电气使用等各种施工过程的安全。公路桥梁施工安全特点是由公路工程产品特点、技术特点和施工特点所决定的。公路工程产品具有固定性、体型庞大、多样性、易损性和社会性等特点。

（1）线长点多、工种复杂、形式多样、特种作业多、作业技术含量低。施工特点如下：施工流动性大，作业场所不可能永久固定，一线岗位多是存在短期劳动雇佣关系；施工周期长，少则几月，多则几年；施工涉及的材料、机械设备、人员、工种多；施工参与人员和单位之间协调性高；施工受自然环境和外界干扰的影响大。

（2）环境恶劣性。施工工序大多是在露天空旷的场地或水域完成的，有些甚至在高温下、悬崖、深谷和海浪汹涌等处作业，环境相当艰苦，防护条件差，生产和管理复杂，容易发生伤亡事故。

（3）施工高空性。高空作业、水上作业、悬崖作业是公路工程常见的作业形式，工程作业面小而人体作业的动作幅度大，操作工人在十几米甚至几百米的高空进行施工作业，极易产生高处坠落的伤亡事故。

（4）劳动保护的艰巨性。目前公路水运工程的施工还是手工操作居多，工人体能消耗、劳动时间和劳动强度都比其他行业大，其职业危害严重，使个人劳动保护的艰巨性增加。

（5）作业交叉性。近年来，交通建设工程由低向高发展，由地上向地下、水下发展，施工现场却由宽向窄发展，致使施工现场与施工条件要求的矛盾日益突出，多工种立体交叉作业增加，导致机械伤害、物体打击事故增多。

公路桥梁施工安全生产的上述特点，决定了生产的安全隐患多存在于高处作业、交叉作业、垂直运输、个人劳动保护以及使用电气机具等环节；伤亡事故也多发生在高处坠落、物体打击、机械伤害、起重伤害、触电、坍塌等方面。同时，新、奇、个性化的工程设计，给公路工程施工带来了新的挑战，也对安全管理和安全防护技术提出了新的要求。

安全技术措施主要包括：进入施工现场的安全规定；地面及深坑作业的防护；高处及立体交叉作业的防护；水上、陆地作业安全要点；施工用电安全；机械设备的安全使用；为确保安全，对于采用的新工艺、新材料、新技术和新结构制定的有针对性的、行之有效的专门安全技术措施；预防自然灾害（防台风、防雷击、防洪水、防泥石流、防地震、防暑降温、防冻、防寒、防滑等）的措施；防火防爆措施。

施工安全技术措施内容必须符合现行安全生产法律、法规和安全技术规范、标准。因此，公路工程的以上特点决定了公路工程施工安全管理必须强调：建立健全的安全生产管理体系，安全生产规章制度具体细致，安全管理要注重协调性。

二、公路桥梁施工安全现状

目前来看，我国的安全生产技术水平普遍较低，特别是施工现场作业人员的安全意识普遍较差，安全监管队伍中专职安全员整体专业素质偏低、安全防护水平和安全监测技术设备、应急救援技术装备等都远远落后于发达国家。

随着我国经济的高速发展，交通运输业更是得到了大力发展，特别是公路可谓是发展的关键，公路质量的好坏直接影响到交通运输的质量。由于公路工程特殊的施工环境和作业技术，以及安全生产的空间、平面延展特性等特点，都给施工安全带来了困难，这就导致公路桥梁施工事故的频繁发生，从而对经济的发展造成不良影响。

公路桥梁施工事故类型分散，事故统计分析表明，公路工程建设安全生产五大伤害事故依次是坍塌事故、高处坠落事故、车辆伤害事故、触电事故和物体打击事故，占所有事故总和的81%。公路工程施工事故发生集中，根据公路工程施工安全事故涉及的工程类别分析发现，桥梁施工、路基施工和隧道施工过程中发生的事故相对较多，分别占事故总数的47%、29%和19%，占死亡人数总数的44%、27%和25%。事故后果异常严重，公路工程建设自然环境条件复杂、工程规模宏大，工程建设事故常常带来重大的经济损失和大量的人员伤亡。

《公路水运工程安全生产监督管理办法》第二十三条规定："施工单位应当在施工组织设计中编制安全技术措施和施工现场临时用电方案，对下列危险性较大的工程应当编制专项施工方案，并附安全验算结果，经施工单位技术负责人、监理工程师审查同意签字后实施，由专职安全生产管理人员进行现场监督。"对危险性较大的工程方案论证范围如下：

1. 深基坑工程

开挖深度超过5m（含5m）的基坑（槽）的土方开挖、支护、降水工程。

开挖深度虽未超过5m，但地质条件、周围环境和地下管线复杂，或影响毗邻建（构）筑物安全的基坑（槽）的土方开挖、支护、降水工程。

2. 模板工程及支撑体系

工具式模板工程，包括滑模、爬模、飞模工程。

混凝土模板支撑工程：搭设高度8m及以上；搭设跨度18m及以上，施工总荷载15kN/m² 及以上；集中线荷载 20kN/m² 及以上。

承重支撑体系：用于钢结构安装等满堂支撑体系，承受单点集中荷载 700kg 以上。

3. 脚手架工程

搭设高度 50m 及以上落地式钢管脚手架工程。

提升高度 150m 及以上附着式整体和分片提升脚手架工程。

架体高度 20m 及以上悬挑式脚手架工程。

4. 其他

施工高度 50m 及以上的建筑幕墙安装工程。

跨度大于 36m 及以上的钢结构安装工程；跨度大于 60m 及以上的网架和索膜结构安装工程。

开挖深度超过 16m 的人工挖孔桩工程。

采用新技术、新工艺、新材料、新设备及尚无相关技术标准的危险性较大的分部分项工程。

公路工程施工安全事故具有多发性，工程建设安全事故具有突发性，增加了安全事故预防的难度。但是统计发现工程建设安全事故的类别具有重复发生或多发性，如坍塌事故、触电事故、高处坠落事故等，由此可以发现，事故发生具其内在规律性。目前之所以施工安全事故频繁发生，是因为公路桥梁施工安全管理存在一定的问题，没有对公路桥梁施工安全事故引起足够的重视，在目前企业自主经营、自负盈亏的管理模式下，施工主体大多追求的是直接经济利益，不注重施工安全管理，普遍存在安全管理"说起来重要，做起来次要，忙起来不要"的现象。

安全资金投入不足，如安全防护设施极其简陋，特别是连高空、水上、深基坑和高边坡下以及隧道开挖道坑内等高危施工作业区域的安全措施也得不到有效保障。现场施工人员安全素质低，绝大部分施工人员都是农民工，施工安全知识相当缺乏，即使采取了三级安全教育，施工人员的安全素质还是达不到预期的目标。

三、公路桥梁施工安全事故的原因

公路工程施工中的"人、设备、环境和安全管理"四个因素是引发安全事故的直接原因，人的不安全行为、设备的不安全状态、环境的缺陷、安全管理出现问题，都会导致事故的发生。

1. 人的安全意识是起主导作用的

如果施工人员缺乏安全意识就会存在不安全的行为，违规施工、违章作业的情况是难以避免的。要体现以人为本的安全理念，形成"我要安全"的局面，施工人员就会自觉地注意一些存在安全隐患的施工工作。

2. 施工设备的安全管理是工地安全管理的重要内容

很多安全事故都是由于施工机械和设备存在的隐患及违章操作引起的。设备在使用中出现各种故障是在所难免的，还有一些设备是因保养不善引发故障的，设备一旦发生故障，就会带来安全隐患。加强施工现场设备安全管理，对机械设备运行情况进行检查，发现问题及时整改。所以，设备的定期维修、保养是一件非常重要的事情，提高设备完好率和保证按章操作。

3. 公路桥梁施工环境差，自然条件恶劣，工作条件艰苦

山区公路的施工穿越崇山峻岭，施工场地大多处在山高坡陡的地方，无法找到较好的施工场地和作业面。工程施工一方面受雷电、洪水、山体滑坡等自然灾害的威胁，另一方面还会受到当地群众的干扰。

4. 工地安全管理普遍存在工程分包问题

工地安全管理必须正视普遍存在的工程分包问题（甚至有些工程层层分包），总承建商与分包商的关系及互相配合对工地安全极为重要，那种以包代管、包而不管的做法是工地安全管理上的最大缺陷。光依靠分包合同中的安全责任条款来约束分包商是远远不够的，不能指望管理水平不高、安全意识低下的现场作业队伍自身能够管理好施工安全。

5. 大多数安全事故都源于违规作业

一些施工条件差的队伍没有配备符合要求的施工设备，往往因陋就简、土法施工，违规作业。也有一些是由于受到了来自外界的压力，如赶工期，急于求成，不按程序施工造成的；如结构混凝土强度未达到设计要求，就急于拆卸模板和支架，桥梁结构物施工时不按对称加载的要求或卸载的顺序进行，造成重大安全事故。

第三节　我国公路桥梁施工安全的发展趋势

一、公路桥梁施工安全存在的主要问题

1. 公路桥梁施工安全管理组织机构不健全

在公路桥梁施工中，许多公路桥梁施工企业根本没有设置专门的安全管理组织机构，专职安全员一般也是挂名的，形同虚设，平时根本就不到施工现场，最多只是应付上级的检查。尤其在工地多而人手不够的时候，最容易出现类似的情况。安全管理制度与现场操作工人的管理严重脱节。随着社会的进步与经济的发展，加速了我国公

路建设的进程，大量的农民工从事公路工程施工。建筑企业的工作人员有两种：一是路桥施工企业的一般管理人员和少数工种是正式工；二是操作工人都是临时招聘的农民工。对于农民工的主要管理方式是和民工队的包工头签订单项工程承包合同，安全全部由自己负责，部分路桥施工企业和施工队为了单纯地追求利润，忽视安全管理。

2. 公路桥梁施工企业的劳动力主体素质相对较低

目前，公路桥梁施工企业的劳动力主体绝大多数是弃农务工农民，他们在公路桥梁施工作业之初，在角色和意识上难以转换。由于绝大多数农民工文化素质低，安全意识淡薄，无法通过较短的时间培训达到国家对公路桥梁施工安全生产的标准要求。同时，由于农民工存在流动性强的特点，导致经过多年培训的熟练农民工难以留下来。基于以上特点，公路桥梁施工企业的劳动主体也给企业的安全生产埋下了一定的安全隐患。

3. 公路桥梁施工安全教育滞后于安全生产

安全教育在公路桥梁施工中没有得到重视。公路桥梁施工作业具有风险大、施工难、要求高的特点，管理稍不到位，就会引发安全事故。许多公路桥梁施工企业在面临检查之前或在发生安全事故之后才会有一定的安全教育，使安全教育、安全培训制度流于形式，安全法律法规、技术规程培训停留在表面。安全教育培训机制不完善，导致施工作业人员想学无处学；由于公路桥梁施工人员具有流动性大的典型特征，出现一边学一边走的局面，不能系统地学习安全知识。这是施工队伍安全意识不足的根本原因之一，也是安全事故频发的主要原因之一。

二、公路桥梁施工安全技术与管理的发展

1. 完善安全生产责任制和安全监督机制

在认真执行现有建筑安全生产的各项法律规章制度的基础上，从法规上合理划分建设各方主体应承担的法律责任。对于重大伤亡事故，强调建筑施工单位按事故鉴定结果承担相应责任的同时，业主应对安全事故承担相应的间接责任，监理单位承担安全事故的监督失察责任，使得建筑施工安全人人关心，建立起一套良性的安全运行制约机制。此外，大力发展安全中介技术咨询机构，给建设单位、施工单位、政府监督部门提供专业性的安全咨询服务。

2. 完善建筑安全事故的记录、检查、申报制度

我国《安全生产法》明确规定了安全事故的记录申报制度，但在具体执行过程中往往得不到很好的贯彻和落实，建筑安全事故瞒报、漏报，甚至不报现象普遍存在。要解决这个问题，首先要从管理制度上堵塞漏洞，建立施工企业安全事故记录的公告制度，接受社会各界的监督；其次加大对安全责任事故中的受害人赔偿额度，根除"私

了"现象；最后，严厉惩处在安全事故中违法乱纪的人员，从而真正建立起一套权威和透明的、受群众监督的施工企业建筑安全事故报告制度和记录资料的档案制度。

3. 充分发挥市场经济杠杆对安全的巨大调节作用

仅靠法律的外部力量，还不能从根本上解决问题。要真正调动建设各方主体积极主动参与安全生产管理的积极性，必须充分发挥市场经济的杠杆调节作用。为此，需要大力培育和规范我国建筑保险市场，完善保险立法，促进保险市场的竞争。强制建筑施工企业必须为其所有雇员办理工伤保险，否则不能取得开工许可，保险公司依据项目情况及企业安全业绩实行弹性保险费率。利用市场杠杆，形成一种良性的市场运行机制，使安全业绩良好的企业获取实实存在的利益，安全业绩不良的企业在市场竞争中逐渐被淘汰。

4. 大力弘扬和培育建筑企业安全文化

我国建筑安全事故中，有相当部分的伤亡事故是由于项目管理者不重视安全生产、当事人存在侥幸心理造成的。有些企业领导把正常的安全投入认为是额外支出，漠视生产工人合法的劳动保障权益，该配备的劳动保护用品不配备，肆意延长工人的工作时间，工人长期处于超负荷、高强度的工作状态（根据笔者调查很多工地工人工作时间均达 10 h 以上）。另外，工人（绝大多数为农民工）由于就业压力和自身素质较低等因素不能通过合法的途径保障自己的权益，往往成为安全事故中的受害者。要彻底扭转这种状况，不仅需要依靠法律的威严震慑和市场经济的有效调节，还需要常抓不懈地进行安全生产的思想教育。大力弘扬和培育企业建筑安全文化，使得安全为天、生命为大、珍惜生命、人命关天、生命重于一切、安全第一，预防为主、杜绝违章作业等思想成为企业上下普遍认同的基本准则，切实提高企业各级领导和员工的自我保护意识和安全生产意识，这在我国现阶段无疑具有重要的意义。

第四节 国外安全生产管理理念和监管模式

一、国外安全生产管理理念和模式

（一）国外安全生产管理理念

安全问题是伴随着社会生产的产生而产生和发展的，只要有生产，就会有不安全因素，就会有杜绝伤害、保障劳动者健康与安全的要求。目前我国已进入事故的高发期，经济的高速发展与从业人员素质低、经济结构不合理的矛盾十分突出。2012 年，全国共发生各类安全事故33万起，死亡7.2万人，重特大事故频发，安全生产管理面临严峻的形势。发达国家的安全管理实践经验证明，通过体系化管理，建立全方位、全过程、全天候的风险识别、控制与管理，实现系统无缺陷、管理无漏洞、设备无故障，逐步达到人、机、环境的和谐统一，最终是可以实现本质性安全的。

安全生产管理理念是在社会大生产的过程中，伴随着人们的生产安全与健康意识的提高和科学技术的进步而逐渐发展起来的，从最初的宿命思想到可控思想，从单独因素到系统因素，从单一关注伤亡到将健康与安全统一考虑，这都是不断进步的表现。从事故学理论的产生到后来的风险控制论，再到现在的安全哲学理论、安全逻辑科学、安全法学理论、安全信息理论、安全行为科学理论、安全心理学、安全经济理论、安全工程理论、安全仿生理论、安全文化理论、事故灾变理论等等，其他学科的理论也不断与安全生产理念相结合，这对于现代安全管理水平的提高和科技进步都发挥着重要作用。

1. 安全系统工程

安全系统工程最早起源于航空部门，第二次世界大战后，复杂的火箭导弹技术迅速发展，同时在制作、维护、运用中发生的事故使人们认识到没有"系统安全"的系统是个无用的废物，因此，提出在系统的构思、设计、制作、使用、维护全过程中考虑到安全保障子系统的问题，形成"安全工程"的思想，逐步形成安全系统的工程体系。

现代化大生产的精密分工使得人们必须建立一个生产系统才能使生产得以顺利进行，从而使生产具有系统性，随之生产事故也因此具备了系统性，也使生产事故的影响波及整个生产系统甚至整个社会。生产安全及生产事故的控制管理必须由生产系统中安全保障子系统来负担，即必须从系统性这一点上来处理生产安全问题。所谓系统性，是指生产系统的总体性决定生产安全的总体性，即对事故的总体控制采用4E科学，即从法规（Enforcement）、工程（Engineering）、教育（Education）、经济（Economic）方面入手。系统性包括生产系统内外的各种关联性。这些关联性包括了复杂性、非线性、模糊性、随机性等特性。这些关联性必须得到很好的协调，否则将产生内部或外部的冲突而发生事故。

2. 安全经济学

安全经济学是近几年发展起来的一门科学，是研究生产安全中的经济关系、经济形式，分析并阐述安全生产投资、安全生产效益、安全生产事故损失的数量与变化，从而在人、财产、安全三方面取得最佳效益，研究用经济手段调整与生产事故有关的各种关系及人的活动，从而对生产事故实现最优控制。

安全经济学将安全状态划分为绝对安全和相对安全。绝对安全观认为，安全就是无事故，无危险。但这种理想状态是不存在的。相对安全观认为，安全是指客体或系统对人类造成的可能的危害低于人类所能允许的承受限度的存在状态。美国哈佛大学劳伦斯教授在稳定性和风险管理国际会议的论文中提出:"安全就是被判断为不超过允许限度的危险性,也就是指没有受到伤害或危害,或损坏概率低的通常术语。"即安全是相对危险,世界上没有绝对安全。安全即意味着人员和财产遭受损失的可能性是可以接受的,若这种可能性超过了可以接受的水平即为不安全。

安全经济学研究的是事故发生、预警、预防三者间的经济关系,对生产事故的控制有重要的意义。从理论上讲,安全有两大经济功能:第一,安全能直接减轻或免除事故或危害事件给人、社会和自然造成的损害,实现保护人类财富、减少无益消耗和损失的功能;第二,安全能保障劳动条件和维护经济增值过程,实现其间接为社会增值的功能。安全经济学研究经济投入和产出的关系,发现生产安全是有经济效益的。这个效益包括企业自身安全生产所产生的效益以及对社会的安全作用而提供的社会效益。生产安全的投入所产生的效益与产品产生利润的时间规律有所不同。对产品而言,只要产品售出,利润即产生,而生产安全的投入一般分为投资无利期、微利期、持续强利期、利益萎缩期、失效期五个时期。

当安全投入量为零时,无安全可言或完全处于自然状态;投入量越大,安全度越高。一般而言,安全投入量与安全程度的关系是非线性的,根据经济学中边际效用递减规律,当其他条件不变时,随着投入量的加大,每增加一个单位的投入量所提高的安全度是递减的。在安全经济学中为了考察生产安全与经济增益之间的关系,综合上述两层关系提出安全程度与经济效益的关系:生产事故产生损失,称为负效益,生产安全使之避免损失,负效益的减少与效益的增加等效。当安全程度为1时,即绝对安全,不存在生产事故损失;当安全程度为0时,无丝毫安全可言,此时损失极大。一般而言,损失额随安全程度的变化呈指数型变化,显然,要求的安全程度越高需要的经济投入越多,即安全标准越高、安全成本越高,从经济学的角度可看出它们的关系是指数型的。安全利润曲线表明,对于一个生产系统而言,太低的安全度不仅带来对人和环境以及社会的伤害,而且在经济上也是不合理的。但追求极高的安全度,在经济上也是不合理,因为此时的安全成本可能达到负担不起的水准。

依据抽样调查安全生产基本数据的研究,我国在20世纪90年代的安全生产贡献率大约是3%。而实际不同行业由于危险性及安全生产作用的不同,其经济的贡献也不一样,高危行业则高达7%。在安全经济学上,预防性的"投入产出比"高于事故整改的"产出比",即1元事前预防等于5元事后投资,这一安全经济的基本定量规律是指导安全经济活动的重要基础。在工业实践中,还可以得到一个安全效益的"金字塔法则",即设计时考虑1分的安全性,相当于加工和制造时10分的安全效果。

3. 行为安全理论

根据国外专家对事故的统计,事故中98%的原因是人为的,而只有2%的事故是非人为,即通常是人的不安全行为导致了事故的后果。如果人们在生产中能够按照理性进行工作，排除利益和其他外界环境的干扰，人为的不利因素将会在事故中不复存在，安全生产就可以实现。安全监管监察部门若能掌握职工及管理人员决策过程中的认知行为及其原因的话，无疑是有利于采取主动的预防措施，从而提高预防的效果。行为安全理论正是据此产生，它是生产安全实践发展的结果，是现代安全科学和心理学，决策科学相结合而产生的一种交叉性、边缘性的新兴理论。它从心理学的角度来研究行为主体的认识行为和决策过程，并以这种对决策心理研究的成果为依据去探讨人们行为的微观过程，从而能很好地解释安全事故的原因。

从生产事故统计可知，绝大多数的事故是人为造成的，而只有少量的事故是自然事故，所以安全的监督监察应加大对从业人员的行为的监察，通过法律法规制定严格约束人们行为的条款，规范人们的行为，使人们理性化操作。建立安全教育培训体系，加大对从业人员的培训和教育，提高从业人员的素质，则是保障安全生产的重要措施之一。

4. 事故致因理论

美国20世纪50年代统计，在75000起伤亡事故中，天灾占2%，即98%的事故是可以预防的。在可以预防的全部事故中，从人的系列分析，由于人为的不安全行为造成的全部事故占88%，与不安全行为无关的占12%；从物的系列分析，属于机械不安全状态和物质危害所造成的事故占78%。日本制造业歇工8天以上的事故中，因人的不安全行为造成的占86%，因机械物质不安全状态造成的占14%。日本对制造工业歇工4天以上的104638起事故统计表明，从人的系列分析，属于不安全行为的为98910件，占94.5%，不属于不安全行为的占5.5%；从物的不安全状态分析，由于物的不安全状态而发生的事故为87317起，占83.4%，不属于不安全状态的占16.6%。在人的连锁系列中，不安全行为是基于生理、心理和动作几个方面而产生的，它们又取决于遗传、社会环境。人有行动自由性，生产劳动易受环境条件造成心理上的影响，因而易发生误动作。人同机器相比，因易于自由行动，故其可靠性差。但是，正因为人有行动自由性，才能使人具有积极研究安全生产手段的特有功能。

生产现场包含着来自人和物两方面的多种隐患，为确保安全作业，就必须分析和查清隐患，并加以消除，将事故消灭在发生之前，做到预防为主。在多数情况下，由于企业管理不善，使工人缺乏教育和训练，或者机械设备缺乏维护、检修以及安全装置不完备，导致了人的不安全行为或物的不安全状态。人的不安全行为和物的不安全状态的产生和发展，是多重因素作用的结果，同时人与物两因素又互为因果。如有时设备的不安全状态导致人的不安全行为，而人的不安全行为又促进设备出现不安全状态。但从构成伤亡事故的人与物两方面来看，人的失误占绝大多数，即使某类伤亡事故完全来自机械或物质的危害，但机械还是由人设计和操纵的，物也是由人支配的。从设计开始，经过现场的种种加工程序，直到使用的整个过程中，各阶段都可能产生不安全状态。事故发生的原因如下：①设计上的缺陷——设计中产生的事故隐患；②制造上的缺陷——包括使用材料的缺陷及加工方法、工艺和技能上的缺陷；③维修、保养和使用上的缺陷——机械系统随着时间的延续，产生磨损、耗伤、腐蚀等故障，致使发生事故的可能性增高；④使用时超过机械的定额负荷，操作技术不熟练以及缺乏安全作业的技巧等都能导致物的不安全状态，增长了机械伤人的可能性。

人和物轨迹相交的时间和地点，就是发生伤亡事故的"时空"。若排除了机械设备或处理危险物质过程中的人的隐患，消除了人的疏忽，则两个连锁系列前进的方向发生了转变，事故系列的连锁中断，两系列运动轨迹不能相交，危险就不会出现，即可达到安全生产。从这一意义上说，构建人力资源保障体系，加强人员的教育培训，提高人员的素质，是消除和减少人的不安全行为的直接有效办法；建立安全装备保障体系，对危险和重要装备进行安全认证以及加强在用设备的管理，是消除物的不安全状态的有效措施。

由此可见，事故是多种原因决定的，任何特定事故都具有若干事件和情况联合存在或同时发生的特点。构成事故最基本的因素有人、物、自然环境和社会环境，事故不是处在真空之中，它总是与某种自然环境、劳动条件、社会因素以及各级管理机构等有关因素紧密联系，这些因素以及它们之间所有的复杂相互关系，都是值得认真研究的。

（二）国外安全生产管理模式

鉴于安全生产在社会化大生产中的重要作用，发达国家经过几十年的努力，已普遍建立了较为完善的管理模式和科学的运行机制，并加大资金保障力度，对促进安全生产整体水平的提高发挥着重要作用。这主要体现在以下几个方面：

1. 用法律手段规范安全管理

在安全生产法律法规方面，国外安全法规十分完备，具有很强的实用性和可操作性，并根据实际情况的发展，适时对安全生产法律法规、标准规范进行及时修改、补充和完善，以正确调整各种关系。

在20世纪60年代至70年代期间，美国政府除了管理价格和企业标准外，国会通过了一系列法律保护安全、健康和环境，国家试图通过越来越严格的法规来保护从业人员的健康和安全。美国的建筑安全法律属于整个职业安全与健康法律体系的一部分。

2. 用经济手段促进安全管理

美国和英国作为发达国家，政府对安全问题的干涉除了通过法律手段以外，主要依靠根据劳工赔偿法建立的保险体系。利用保险机制，保障劳动人员因职业原因遭遇工伤事故伤害后可及时获得经济补偿，这是国际通用的方法。发达国家职业伤害保险制度中普遍强调重视工伤事故的预防，并通过多种措施来达到这一目的。职业安全法规体系与保险体制的结合是发达国家安全管理的主要特点。而以职业安全法规体系为主还是保险体系为主，不同国家有不同的选择。

国外没有专门针对建筑行业实施的强制性的职业伤害保险制度，建筑行业的雇员与其他行业的雇员一样处于职业伤害保险制度的保障范围之内。但由于建筑行业的事故高发性，职业伤害保险管理部门会在建筑行业的工伤预防方面重点投入人力、物力和财力。

美国没有全国统一的职业伤害保险立法，各州自行制定相关法律，根据各州劳工补偿法，职业伤害保险属于强制性保险，称为劳工补偿保险，各州设劳工补偿保险局管理劳工补偿保险。

英国的职业伤害保险制度由国民保险计划和雇主责任保险两部分构成，没有特别的经济刺激机制。

但是，在大多数欧洲国家，如德国、法国和西班牙等，劳工伤害保险制度和根据法规建立的机构体系，是进行安全管理的主要依据。

3. 用文化手段加强安全管理

在安全技术培训体系方面，发达国家十分重视职工的安全技术培训工作，不仅在法律法规方面有明确、具体的要求，建立有较完备的安全培训机构，也确实重视和加强安全技术培训的监督管理，使其为安全生产发挥应有的重要作用。如美国就建立了完善的管理体系、培训体系和制约保障机制。美国安全与健康监察局负责技术培训的部门是教育、政策与发展司，其主要职能是贯彻执行为促进全国安全和健康而制订的安全与健康教育及培训方案，并实施州拨款计划，每年培训经费大约1000万美元。美国安全与健康监察局还充分利用Internet建立远程安全培训体系，充分利用MSHA的安全培训环境，提高安全技术培训的时效性。为了保证从业人员必备的安全素质，国外对从业人员安全资格都有明确的要求和法定的认证程序。在英国，成为一名正式矿工前后要用3年左右的时间，经过地面知识培训、井下知识培训、生产实习和实际操作等多个环节，并必须取得采矿合格证书。在德国，矿长必须由现职工程师提拔且在26岁以上，持有采矿毕业证书和国家高级采矿学位证书，通过采矿资格审查委员会采矿法的考试和采矿工程师学会准会员考试部门的考试，才能正式上岗。技术工人必须为正式职工，再经过3年的学习培训，考试合格取得技工证书。

在安全生产宣传教育方面，发达国家均十分重视安全生产的宣传教育，充分利用各种传媒，采用各种手段开展安全生产宣传教育。在美国，一些安全教育资源（影视片、资料、书籍等）免费提供。随着信息技术、网络技术的不断发展，发达国家已开始大量利用网络进行安全宣传教育和远程安全技术培训。发达国家职工的安全意识和自我保护能力普遍很强，这是发达国家长期重视和加强安全生产宣传教育的结果。

4. 用科技手段支持安全管理

在技术保障方面，发达国家普遍建立了较完备的安全技术保障体系，应用先进的现代信息传输系统，公布相关安全信息和技术支持内容，以促进各种新技术迅速在现场得到推广，加强了技术与实践的结合。美国安全技术科学研究研发工作由政府科研机构、企业研究与发展机构、高等院校和民间咨询机构四部分组成。较大的公司一般设有研究与发展部，高等院校按政府合同开展基础研究和技术开发。此外，还有一支重要的研究与开发力量，即各类民间科技咨询公司。以矿山安全技术支持体系为例，美国矿山安全技术支持体系以矿山安全与健康监察局（MSHA）匹兹堡安全健康技术中心、国家职业安全与健康研究所为主体，其他研究机构、高等院校和中介机构也为矿山安全生产提供技术支持。匹兹堡安全健康技术中心在围绕 MSHA 的职能范围，为日常安全监察、事故救灾处理和调查职能提供各种技术支持的同时，也注意为矿山日常安全生产管理提供技术支持。国家职业安全与健康研究院除获得联邦政府科研拨款外，还建立了全国职业安全与健康研究计划（NORA），吸收了 500 家公司、机构和个人提供的资助和委托项目资金。

在装备保障方面，发达国家都建立了完善的设备安全认证体系。美国矿山设备材料安全认证由 MSHA 技术保障司下属认证中心负责。美国《联邦法典》"矿产资源"卷对认证标准、技术要求和认证申请程序有明确具体的规定。法国职业安全与卫生，实行双元制监察体制。劳动和社会保障部下设 16 个地区监察机构并建有 16 个测量实验室。法国矿山设备安全监察执行欧盟的《机械安全指令》（Directives98/37/EC），并实行 CE 安全标志。除 CE 标志外，法国政府和欧盟其他成员国还要求对某些特别危险设备如木工机械、矿山设备、冲压机等机械设备的制造厂进行质量管理体系认证和产品形式安全认证。欧盟各成员国都认可了这类第三方认证机构。荷兰执行欧盟的《机器设备安全指令》，低风险设备或产品由制造商自己认证，高风险设备或产品由授权的认证机构认证。法律要求强制性认证的机器设备或产品，必须由就业与社会事务部指定的机构进行检测和认证。

在信息保障方面，发达国家信息已成为最重要的一种资源，是生产力、竞争力和经济增长的关键因素。信息还是政府决策和管理的基础，在市场经济条件下尤其重要。发达国家采用 Internet 网作为技术平台进行技术交流，优点突出，充分利用现代网络信息技术的研究成果，消除了传统技术交流方式的欠缺之处。美国矿山安全与健康监察局（MSHA）设置了项目评估与信息资源司，对相应的信息给予管理。矿山安全与健康监察局共有 2000 多名安全监察人员，主要通过信息网络对全国 2000 多个煤矿的安全监察执法进行管理；通过跨地区分支机构和地区办事处采集第一时间的事故隐患信息，采取强有力的行政执法措施，减少和避免事故发生。对灾害事故救援也大量采用现代通信、信息网络、数据库、视频等技术，大大提高了救援效率。MSHA 认证中心将所有被认证的产品用文件方式通过 Internet 网公布，读者可以随意下载。

5. 用应急救援手段支持安全管理

在事故应急救援方面，体系非常完整。在发达国家，应急救援工作已经成为整个国家危机处理的一个相当重要的组成部分。尤其是进入 20 世纪 90 年代以后，一些发达国家把应急救援工作作为维护社会稳定、保障经济发展、提高人民生活质量的重要工作内容。事故应急救援已成为维持国家管理正常运行的重要支撑体系之一。例如，美国、日本和欧盟的一些国家都已经建立了运行良好的应急救援管理体制，包括应急救援法规、管理机构、指挥系统、应急队伍、资源保障和公民知情权等，形成了比较完善的应急救援系统，并且逐渐向建立标准化应急管理体系（SEMS）方向发展，使整个应急管理工作更加科学、规范和高效。国外对各类事故事件的应急救援高度重视。根据国家对应急管理的集中程度，各国应急体制基本分为三种类型：第一类，高度集中管理。主要体现在国家层面上的高度集中，成立了专门负责规划、协调应急工作的政府部门，代表性的国家有美国和俄罗斯。第二类，相对集中，分类统一。国家设有专门的常设机构，负责自然灾害、事故灾难、公共卫生和社会安全等领域，但不同部门的重大突发事件应急管理工作分属各部门进行管理，代表性的国家有日本等。第三类，地方、部门分散管理。国家层面没有专门的常设机构，应急管理以地方政府或国家部门为主，各地方、各部门按照明确的相关法律、法规、预案等要求维系应急机制的通畅。一些法律健全的小国多采用这种方式，如瑞士等。应该说，发达国家的安全生产管理经过 100 多年的发展，已经取得了很大的成就并日趋成熟，这些先进的安全生产管理理念和模式十分值得我们借鉴和学习。

二、国外安全生产监管模式

在政府监管方面，发达国家安全生产监督管理总体上具有立法和执法分开、依法设立机构、机构相对集中的特点。职业安全与职业健康统一由一个机构管理，事故调查处理机构由权威机构来承担。

（一）美国的监察手段

在美国，职业安全与健康监督管理由劳工部负责，劳工部设立职业安全与健康局和矿业安全与健康局，交通运输安全则由其他监察等机构负责，与道路交通有关的是警察局、交通局、车检所，它们都是独立的政府部门。国家运输安全委员会（NTSB）是由国会成立的运输事故调查机构，不属于政府的运输部门，每年预算由国会直接拨款，与政府部门资金上没有任何关系，其总部设在华盛顿，核心部门是事故调查办公室和事故善后办公室，分别负责航空、铁路、公路、水运、管道等运输行业的事故调查以及事故善后工作。

职业安全与健康局（OSHA）负责对建筑工地实施监察以保证雇主遵守相应的职业安全与健康标准，并按照《职业安全与健康法》中的"一般条款"要求保证雇员在安全与健康的环境中工作。对工作现场的监察是由OSHA的监察员进行的。这些人员经过专门的OSHA标准培训，可以识别出工作现场的危险源。OSHA的监察活动一般包括检查、检查结果、申诉和咨询服务等方面。

OSHA的检查一般都不事先通知，而且检查根据情况的重要和紧急程度划分为六个优先级，第一级是可能马上导致事故的重大隐患的报告，第二级是导致3人以上住院的严重伤害事故，第三级是雇员的投诉，第四级是其他政府机构的建议，第五级是目标导向的检查，第六级是常规例行检查。根据建筑安全专项检查计划，如果承包人可以提供合格的项目安全与卫生计划，并且为之配备能胜任的人选，那么OSHA的监察员就会重点做两件事：一是事先检查项目安全计划是否有效，二是到现场检查四大伤害危险源。通过这样的方式，监察员的监察能更加有效。

此外，为了加强对煤矿安全监察工作的督察，联邦矿业安全与健康监察局（MSHA）于2007年6月28日组建了直接对劳工部副部长负责的监察办公室，其职责是对联邦矿业安全与健康监察局的矿山安全监察活动进行执法监督检查。这一新部门的工作人员经常深入矿山一线进行安全监察复查，履行职责，以保证联邦矿业安全与健康监察局的一线执法活动体现联邦政府的意图和政策，符合办案程序。

在这个执法领域里，美国煤矿安全生产监督机构强调独立性，其成功之处为垂直的煤矿安全监管体制架构、轮岗式的监管人事制度、雷霆式的监管执法力度，并在机制上防止监察人员与矿主、地方政府形成共同利益同盟。MSHA在美国11个地区设有办公室和65个矿厂办公室，这些办公室与矿主没有利益关系，也和各州、县政府没有从属关系，各地的联邦安全监察员每两年必须轮换对调。任何煤矿发生3人以上死亡事故，当地的安全监察员不得参与事故调查，而需由联邦办公室从外地调派安全监察员进行事故调查。矿山安全与健康检查局通过强制性执行采矿业安全与健康作业标准，来实现消除采矿业死亡事故，减少严重性非死亡事故的发生率，最终达到有效改善全国矿山作业条件、降低安全事故的目标。

（二）英国的监察手段

英国现行的健康与安全监管体制，是依据颁布的《工业场所健康与安全法》建立起来的。英联邦健康与安全委员会（HSC），是相对独立的机构，主席由政府任命，9位副主席分别由企业业主、工会和有关独立中介机构各3名代表组成。该委员会的宗旨是使从事危险工作的经营者负责保护工人和公众免受相关危害，其主要职能是健康与安全方面的立法及法律的修订工作，保护工人健康安全和保障工人福利，保护公众不受因工作导致的健康和安全方面的影响，监控易燃易爆等危险品的使用和储存安全，资助健康与安全方面的科研和培训，并提供相关服务。

英国健康与安全委员会下设健康与安全执行局（HSE），对危险性行业的职业健康与安全工作实行国家监察、垂直管理，是相对独立的健康与安全行政执法机构。HSE 的雇员有 4000 多人，包括监察员、政策专家、技术专家、科学专家和医疗专家，其中监察员有 1000 多人。

HSE 中的现场监察处由 7 个地区科和 1 个全国建筑科组成。全国建筑科由一线监察员组成，主要负责对各建筑工地的安全活动给予建议和支持，进行日常检查和事故调查，并处理雇员投诉。全国建筑科的负责人也是 HSE 的建筑安全总监察，负责每年建筑安全监察活动的计划和总结等工作。此外，HSE 的安全政策处下设负责指定管理政策的部门。

在有工人投诉、公众成员质询、继续原先检查或调查事故时，HSE 不做事先通知便有权进入工作场所进行预防性检查活动，而且监察员可以根据 HSC 出版的《执法政策说明》自行决定采取何种执法方式。HSC 政策要求监察力度应该与存在的危险成正比，以最严重的危险或危险物为主要检查目标。

（三）日本的监察手段

日本政府多年来在一切经济活动中通过制定和完善有关法律法规，实施一系列的安全对策和措施，使生产过程中的事故发生率大幅下降，伤亡人数不断减少，成为世界上安全生产成本最低的国家之一。为了加强安全生产和减少伤亡事故的发生，日本政府制定了《劳动安全卫生法》《矿山安全法》《劳动灾难防止团体法》等一系列法律法规。由于法律健全、措施得当、各方重视，日本的安全生产问题基本得到了有效控制。

实际上，日本人认为，比制定安全生产法律法规更重要的是建立一支强有力的安全监督队伍。根据《矿山安全法》，日本建立了一整套独立的矿山安全监察体系，实施高效的监督管理。监察人员严格按照有关法律，对安全业务、设施状况、应急机制等进行检查，发现问题立即彻底解决。

值得一提的是，日本的监察机构十分重视安全的超前管理和过程管理。不是事故发生以后再去调查、追究责任，而是事先监督、落实各种防范措施，消灭事故隐患。因此，日本矿山在实施某些特殊的项目时，必须事先制订方案，并报政府安全监督部门批准。在实施过程中，政府安全监督部门的人员现场监督指导，有效地防止了安全事故的发生和扩大。

第二章 公路桥梁施工准备安全技术与风险控制

第一节 公路桥梁工程施工安全特点

近年来，我国公路一直在大量修建，所经地区自然环境差异大，加之桥梁建设施工环境恶劣、施工工艺复杂、技术含量高、施工难度大等特点，桥梁施工一直属于高风险行业，特别是近几年桥梁跨径的不断增大和新材料的应用，都给桥梁施工阶段的管理带来更大的困难，桥梁在施工阶段的安全问题就更为突出。

一、桥梁施工项目的特殊性

桥梁建筑项目在施工过程中，施工环境复杂，各种危险、有害因素相互交汇，既具有一般建筑施工项目的特点，也具有自身的特殊性。

1. 一次性

考虑项目的规模、结构以及实施的时间、地点，参加者、自然条件和社会条件，世界上没有绝对相同的桥梁建筑，设计的单一性、施工的单件性，使得它不同于制造业的重复生产。桥梁工程施工任务是一次性的，且由于每个项目都有其时间、地点、环境、技术、经济等的特殊性，使得每次任务均具有区别于其他任务的特点。

生产的一次性使项目的安全管理知识、经验和技能积累困难，并很难将其重复运用到以后的安全管理中。不确定因素多，也决定了在建设的过程中，安全管理所要面对的环境十分复杂，并且需要不断地面对新的问题，需要充分发挥创造性。

2. 流动性

首先是施工队伍的流动性。桥梁建筑工程项目具有固定性，这决定了建筑工程项目的生产是随项目的不同而不断地流动的，施工队伍需要不断地从一个地方远距离换到另一个地方进行施工，施工流动性大、生产周期长、作业环境复杂、可变因素多。

其次是人员的流动性。桥梁施工的作业条件较差，施工人员的技术水平、文化程度、安全素养普遍不高。有关资料表明，超过80%的施工人员是农民工，人员流动性较大。

最后是施工过程的流动性。桥梁建筑工程从基础主体到竣工各阶段，因分部、分项工程、工序的不同，施工方法的不同，现场作业环境、状况和不安全因素都在变化中，作业人员需要经常适应不同的工作环境，建筑项目的流动性特点存在不确定性，要求项目的组织管理对安全生产具有高度的适应性和灵活性。

3. 密集性

首先是劳动密集。目前，建筑业工业化程度较低，需要大量人力资源的投入，是典型的劳动密集型行业。由于建筑业集中了大量的农民工，很多都没有经过专业技能培训，这样的劳动密集型产业给安全管理工作提出了挑战。

其次是资金密集。建筑项目的建设是以大量资金投入为前提的，尤其是公路桥梁，有时资金总投入多达几亿元，跨海大桥甚至多达几十亿元（例如苏通大桥造价约84亿）。资金投入大决定了建筑项目受制约的因素多：一是受施工资源的约束；二是受社会经济波动的影响；三是受社会政治的影响。因此，建筑安全生产要考虑外界环境的影响。

4. 周期长

桥梁工程尤其是大型桥梁的施工，在较长的时间内占用、消耗了大量的资源，直到工期结束，才能得到可以使用的产品。因此，在施工的各阶段，应严格计划、科学管理，在桥梁施工的整个周期中，使各环节紧密相扣，使工程施工安全得到控制，使工程的技术经济效益及社会效益均达到最佳。

5. 协作性

桥梁工程结构形式多样，因地质、水文及公路等级、使用要求的不同而有不同的设计。如大型桥梁跨越主河道，主桥的结构形式与引桥的结构形式有很大的不同。为了按计划正常施工，建设、设计、监理、施工单位必须密切配合，材料、动力、工程各部门应全力协作，地方各级政府部门和沿线的各相关单位的团结协作也不可缺少。

二、桥梁施工企业的组织机构特点

1. 项目管理与企业管理离散

施工企业安全生产管理水平往往通过工程项目管理水平加以体现和落实，由于一个企业同时有多个项目，且项目往往远离公司总部，这种现实状况使现场安全管理的责任更多地由项目部来承担。由于桥梁工程项目的临时性、特定环境和条件以及项目盈利能力的压力等，使企业的安全管理制度和措施往往难以得到充分的落实。

2. 多层次分包制度

由于建筑工程存在分包、专业承包的体制，总承包企业与分包或专业承包企业责任制度的建立和落实、现场的管理和协调等，对工程质量、安全管理影响很大。

3.施工管理的目标（结果）导向

项目具有明确的目标（质和量）和资源限制（时间成本），这些往往对建筑施工单位形成一定的压力。建筑施工中的管理主要是一种目标导向的管理，而安全管理恰恰是过程中的管理。

三、安全管理体系相关概念的定义与区别

安全管理体系的基础是危险源辨识与风险评价。与它们相关的概念还有故障、隐患、危险、风险事故、安全。下面对这些基本概念做简要阐述，以加深读者对安全管理工作的理解，提高安全管理的水平和效率。

（一）故障、隐患、危险、风险、事故、安全的定义

故障：设备在工作过程中，因某种原因"丧失规定功能"或危害安全的现象。

隐患：隐患就是在某个条件、事物以及事件中所存在的不稳定并且影响到个人或者他人安全利益的因素。

危险：危险指材料、物品、系统、工艺过程、设施或场所对人、财产或环境具有产生伤害的潜能。

风险：某一特定危险情况发生的可能性和后果的组合。

事故：事故是指造成死亡、疾病、伤害、损坏或者其他损失的意外情况。

安全：免除了不可接受的损害风险的状态。

这些概念是有区别和联系的。所谓的安全，不是指完全没有损害，而是指损害在可以接受的范围。绝对的安全是不存在的，任何时候都会有大大小小的隐患存在。如果及时发现并消除隐患就能使系统处在一个正常的状态。如果存在隐患而没有及时处理，就会发生故障。故障不一定会有危险，也有可能是丧失一些功能，却也有可能导致危险。而风险是指发生危险的可能性，不是指危险本身。事故是意外情况，而不是意外情况的也有可能是危险，比如说施工过程中产生粉尘不是事故，但长期处于这种环境中，却对人体有害。

（二）危险源与事故隐患的定义与区别

1.危险源的定义

危险源是指一个系统中具有潜在能量和物质释放危险的，可造成人员伤害、财产损失或环境破坏的，在一定的触发因素作用下可转化为事故的部位、区域、场所、空间、岗位、设备及其位置，以及不安全的行为和状态。危险源具有三个要素：

（1）危险一般由于能量或毒物释放失去控制而引起。在进行风险分析时，首先要确定危险源种类，如毒物释放、爆炸、火灾等；其次要确定系统中哪一部分是危险

的来源，如压力容器、压力管道、储罐、动力装置等。

（2）环境、人员或其他生态系统、建筑物或构筑物暴露于危险区域的程度。

（3）危险一旦发生，对暴露目标的有害作用或可能造成的损失。

这三个要素称为风险链，在进行风险分析时，要对链中的每个环节做具体分析和评价。

2. 事故隐患的定义

事故隐患是指人的活动场所、设备及设施的不安全状态，或者由于人的不安全行为和管理上的不足可能导致人身伤害或者经济损失的潜在危险。不明显的故障点或虽有受伤点但各项指标均不超出安全许可范围，都可称为安全隐患。

3. 风险的特点

风险不等于危险。风险有两种定义：一种定义强调了风险表现为不确定性；而另一种定义则强调风险表现为损失的不确定性。

若风险表现为不确定性，说明风险只能表现出损失，没有从风险中获利的可能性，属于狭义风险。而风险表现为损失的不确定性，说明风险产生的结果可能带来损失，获利或是无损失也无获利，属于广义风险，金融风险属于此类。

风险是某种危险情况发生的可能性，以及这种危险情况发生后所造成伤害或财产损失等后果共同作用的结果。其中危险情况发生的可能性通常可以用这种危险情况发生的概率加以描述。

能量很大的危险源，例如起重机，若控制到位，则风险评价的级别可能很低。能量很小的危险源，例如某个国防光缆，若没有防护或防护不到位，则风险评价的级别可能很高。风险级别越高，预防措施增加越急，增加后风险等级必须进行变化；危险源能量越大，导致控制措施越全面，但是危险源具有的能量不会发生变化。

安全改进项目属于不可接受风险的措施，应该建立在危险源辨识的基础上，没有辨识，就没有不可接受风险，更不需要增加预防措施。

四、桥梁施工项目安全管理的特点

桥梁施工项目安全管理除了具有一般建筑施工安全管理的共同点之外，还具有以下特点：

（1）桥梁工程施工项目安全管理的难点多。由于桥梁施工受自然环境的影响大、高空作业多、地下作业多、水上水下作业多、大型机械多、用电作业多、易燃易爆物品多等，因此安全事故引发点多，必然存在大量危险源。

（2）桥梁安全管理的劳保责任重。因为桥梁工程的施工是劳动力密集型，人工作业多，数量大，交叉作业多，机械集中，施工的危险性大，因此要通过加强劳动保护措施来创造安全施工条件。

（3）桥梁施工现场是安全管理的重点。因为施工现场人员集中、物资集中、机械集中，又是工、料、机结合的作业场所，所以安全事故一般都发生在施工现场。

（4）桥梁施工项目安全管理是企业安全管理的组成部分。桥梁施工项目安全管理作为企业安全管理的一部分，其安全管理体系应服从企业的安全目标及安全制度，并根据工程实际情况，制定符合实际的、有效的安全保障体系与制度。

第二节　桥梁施工安全调查策略

桥梁施工前，应对施工现场和临时工程的安全环境、地质条件、社会环境、气象条件等进行调查，确保临时结构、临时工程的选址、设计和施工的安全，确保工程结构物施工进场的安全，同时为制定安全规章制度等提供资料支持。

一、桥梁结构物安全调查策略

准确掌握桥梁结构物的位置、结构形式，基础类型、主要工程数量及分布情况、重难点工程结构类型、施工方案、技术难点、推广新技术项目等，尤其应注意高墩、深基坑、大跨等风险较高的工程特点。

二、水文气象资料安全调查策略

2001年12月，某长江大桥施工现场的江面上突然刮起了大风，致使桥墩上的钢筋受较大风力发生倾斜坍塌，导致2人死亡，12人受伤。因此，水文气象资料务必精准掌握，并与工程结构特点及施工方案相结合，精准分析风险之所在并加以控制。应掌握的水文气象资料包括河流分布、流量、流速、洪水期，水位变化、气温，雨量、风向、风速、大风季节、积雪厚度、冻土深度等，为施工现场的雨期防洪安全工作，水上水下作业的安全管控，冬期防凌、防冻、防寒、防滑的安全控制，高空作业（尤其是江河湖海中修建桥梁，极易受到大风、飓风甚至台风的影响）提供基础分析资料。

三、地形地貌及地质安全调查策略

全面掌握地形、地貌特征，地质构造（土壤类别、岩层分布、风化程度、不良地质现象和工程地质状况），地下水的水质、水量，地震强度等，为工程结构物的安全专项方案编制、安全技术措施的采用、安全风险的管理控制提供基本资料，为便桥、便道等临时工程选址设计与施工维护以及临时结构（围堰、支撑等）的设计、搭设、使用提供基础资料。缺乏地质资料时，杜绝进行临时结构、临时工程的选址和设计，杜绝盲目进行工程结构物的施工，以防发生安全事故。

另外，要特别强调的是，泥石流、滑坡、塌方落石等对工程结构物的施工安全构成极其严重的威胁，务必做好调查，临时工程选址时应进行必要的规避，无法规避时应制定相应的安全措施和应急预案并贯彻实施。

四、原材料安全调查策略

主要应调查钢筋、水泥等的产地、产量、质量、运距等，既要考虑经济性，又要考虑安全性。调查砂石料的供应情况，若自行采集时，应调查采集地点的危险源（例如河道、河滩采备）；若自行制备，应调查制备的安全环境与安全条件。

五、既有设施安全调查策略

既有设施安全调查的主要目的在于考虑能否及如何利用既有的电力、油料、燃料、交通、通信、当地水源和生活供应、可利用的民房、劳力和附属辅助设施情况等。不可忽视的是，既有设施对于工程结构物的施工安全也有较大的影响，例如邻近建筑物、铁路营业线、既有公路、高压输电线路等，若方案不当，可能造成触电、火灾、建（构）筑物损毁等严重事故。

六、社会环境调查策略

掌握当地人口、土地数量，农田水利，征租土地、拆迁的政策和规定等，熟悉当地人民群众生活风俗习惯、社会治安、医疗卫生等情况，以免与当地群众发生矛盾甚至出现社会群体性事件。

第三节　施工便（栈）桥与码头安全技术与风险控制

一、施工便（栈）桥

（一）风险控制总体策略

施工便桥与施工栈桥，其实是有细微区别的，多数情况下，没有桥墩的称为便桥，有桥墩的称为栈桥。也可以这样理解，便桥属于便道的一部分，仅作为运输通道，而栈桥则修建在桥梁主体工程的侧面，不仅作为运输通道，还作为临时码头。施工便桥和施工栈桥，都属于临时架设的简易桥梁，为了节省篇幅，在此一并叙述。

对于施工便（栈）桥应根据实际情况确定其功能要求，而由功能要求的不同决定其具体的构造组成。通常的形式有型钢便（栈）桥、装配式贝雷梁（上承、下承）便（栈）桥、钢筋混凝土便（栈）桥。按主梁受力方式的不同，便（栈）桥主要有以下两种形式：一种是上承式便（栈）桥（图2-1），因主梁形式不同常见的上承式便（栈）桥有工字钢、贝雷梁等；另一种是下承式便（栈）桥（图2-2）。

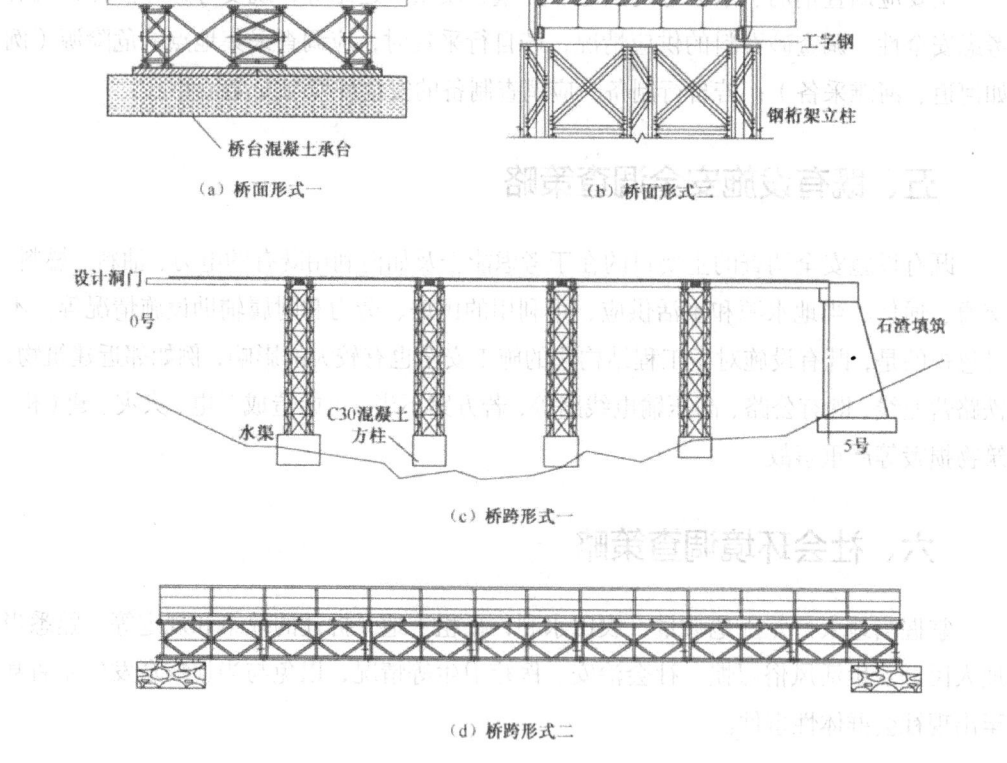

（a）桥面形式一

（b）桥面形式二

（c）桥跨形式一

（d）桥跨形式二

图2-1　上承式便（栈）桥一般构造

(a) 实物图　　　　　　　　　　(b) 承重结构示意

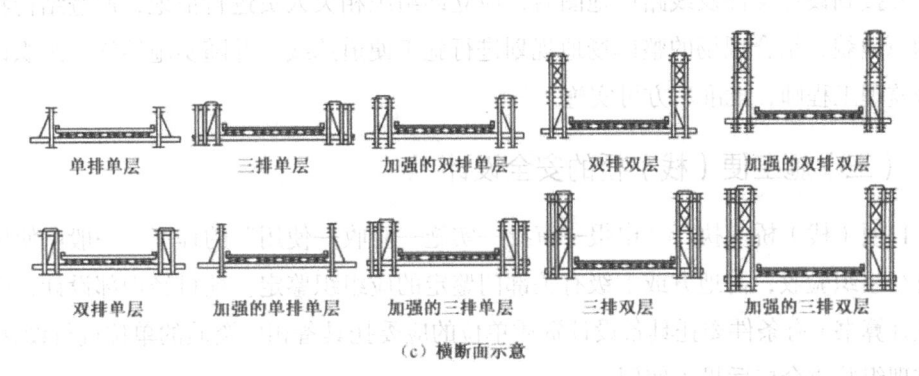

单排单层　　三排单层　　加强的双排单层　　双排双层　　加强的双排双层

双排单层　　加强的单排单层　　加强的三排单层　　三排双层　　加强的三排双层

(c) 横断面示意

图2-2　下承式便（栈）桥一般构造

施工便（栈）桥作为一种临时工程，若选址不当、设计不周、施工质量不良、运营维护不到位，极易发生桥毁人亡的伤亡事故。其风险控制总体策略为：

1.严防桥位选址不当的严重性错误，以免造成重大经济损失（甚至重建）和人员伤亡。

2.设计过程中，严防荷载取值偏于不安全的设计行为（尤其应注意不要缺少风、波浪、潮流等造成的其他可变荷载），以免因承载能力不足而发生垮塌事故，因抵御自然灾害能力的不足而导致垮塌事故；严防未进行船舶撞击检算，以免一旦船舶撞击而导致桥梁损坏甚至垮塌事故；严防不采取防撞设施、防冲刷措施而发生便（栈）桥垮塌事故。

3.便（栈）桥使用过程中，严防不对便（栈）桥进行必要的观测、必要的交通管制（可能超载）以及必要的养护维修而发生垮塌事故。

4.拆除过程中，严防现场盯控不到位、安全措施不到位而发生机械伤害、溺水、起重伤害。

（二）施工便（栈）桥的安全选址

1.施工前，应根据工程地质、水文地质、使用条件和现场情况，按照现行公路设计规范等的有关规定，对便（栈）桥结构进行施工设计和结构计算，临时便（栈）桥设计图纸应经过审查批准。

2. 以主体工程及拌和站为中心，以最短距离通往主体工程施工场所，并连接主干道路，使内外交通便利。

3. 充分利用原有道路，对不满足施工要求的道路进行改造，以节约投资资金及施工准备时间。

4. 尽量避开洼地和河流，不建便（栈）桥或少建施工便（栈）桥。

5. 因地制宜，充分利用现场的地形和地貌。

6. 便（栈）桥的选址要充分考虑河道的排洪要求，同时以尽量减少桥长为原则。

7. 接到设计文件及线路征地图后，应立即组织相关人员进行征地，调查结构物现场的原地貌，结合现场的整体场地规划进行施工便道选线，并随实施性施工组织设计上报监理工程师，批准后方可实施。

（三）施工便（栈）桥的安全设计

1. 便（栈）桥应执行"申报—审批—实施—验收—使用"的程序。一般由使用单位自行组织验收，需地方或上级有关部门鉴定的应组织鉴定。项目经理部设计，并附荷载计算书（有条件委托具备设计资质单位的应委托具备相应资质的单位进行设计），经监理组验收合格后投入使用。

2. 在展开进行便（栈）桥结构设计前，需要收集以下资料：

工程项目设计图纸。

沿线各种地形断面图、地层断面图、地质报告。

气象、水文资料。

便（栈）桥的功能和修建便（栈）桥的目的。

通过便（栈）桥各种机械资料，主要为机械规格、外形尺寸、性能及轮压。

通过便（栈）桥其他最大和最重构件尺寸、重量。

3. 施工机械，机动车与行人便（栈）桥宽度应根据现场交通量、机械和车辆的宽度等参数在施工中确定。一般人行便（栈）桥宽不小于0.8m；手推车便（栈）桥宽度不得小于1.5m；机动翻斗车便（栈）桥宽不得小于2.5m；汽车便（栈）桥宽不得小于3.5m。

4. 便（栈）桥高程主要根据当地最大洪水水位（潮位）考虑，桥下净空应根据计算水位或最高流冰水位加安全高度确定，并保证不会形成流冰、漂浮物阻塞；同时又要考虑施工便道及施工平台高程，并尽量与其保持一致，尽量避免设计纵坡。根据《公路桥梁设计通用规范》第3.4.3条第3款的规定，在不通航或无流放木筏河流上及通航河流的不通航桥孔内，桥下净空不应小于表2-1的规定。如考虑通航情况时，还需考虑满足桥下船只正常通行。

表2-1 非通航河流桥下最小净空

桥梁的部位		高出计算水位（m）	高出最高流冰面（m）
梁底	洪水期无大漂流物	0.50	0.75
	洪水期有大漂流物	1.50	—
	有泥石流	1.00	—

便（栈）桥跨度确定应从安全、经济、搭设方便、满足通航、满足泄洪要求等方面考虑。从安全角度考虑必须保证在桥梁设计洪水位以内的各级洪水及流冰、漂浮物等的安全通过。同时，必须设置防撞墩或采取其他有效防撞措施，夜间必须设立红色警示灯。

5. 便（栈）桥墩应优先使用钢管桩搭设，对于有覆盖层的河床，钢管桩的入土深度应能满足承载力要求；对于无覆盖层的河床，采用复合桩基形式，先安放复合桩基护筒，钢护筒随冲击钻跟进2m，钢护筒中浇筑混凝土，钢管桩插入钢护筒中的混凝土内，确保复合桩与河床有效锚固。

6. 为防止水流冲刷，宜于桥台上游回填部分钢筋片石笼。

7. 便（栈）桥桥面应具有良好的防滑性能，钢质桥面应设防滑层。

8. 桥长大于200m后应设置避车道，避车道的宽度应不小于6.5m，桥面和桥两端一定范围内要设置高度不小于1.2m的防护栏杆及安全立网，并配备一定数量的夜用照明设施、救援设施，施工便（栈）桥两侧桥头在醒目位置应设置车辆的限速牌、限载牌和禁行标志。

9. 通过便（栈）桥的电线、电缆必须绝缘良好，并固定在桥的一侧。

（四）施工便（栈）桥的安全搭设

便（栈）桥施工前，应掌握所在的江河湖海的气象信息（包括天气预报），严防在大风（含飓风、台风等）、大雨（含暴雨）、大雾（含浓雾）等不利天气条件下进行便（栈）桥的搭设施工。

在便（栈）桥上采用起重机、打桩机、沉桩机进行沉桩施工时，便（栈）桥应满足自身施工过程的安全，同时防止机械倾覆事故发生。

采用打桩船进行沉桩时，当附近船舶的航行波影响打桩船的稳定时，应暂停沉桩。

桥面高处施工时，严防作业人员不系好安全带的不安全行为，以免造成高处坠落伤害。

水上施工时，严防作业人员不穿好救生衣的不安全行为，以免造成溺水事故。

便（栈）桥搭设完成后应经验收，确认合格并形成文件后方可使用。

（五）施工便（栈）桥的安全拆除

工程完工后，应根据有关临时征地及排洪要求，将施工便（栈）桥予以拆除。当地村民（居民）要求保留并且符合有关环保、防洪等法规政策要求时可以保留，但要与当地政府签好协议，否则应对河道进行清理。

便（栈）桥上部结构（桥面板、贝雷梁）可采用人工配合履带式起重机进行拆除。在拆除带有桥墩（如钢管桩等）的便（栈）桥前，先做好便（栈）桥未拆段的加固工作，加固经检查合格后方可进行下道工序施工。在拆除钢管桩时，最大的技术难题在于钢管桩拔起，可采用履带式起重机配合液压振动锤进行拔出作业。在拆除过程中，要严防不对未拆段进行必要加固，严防发生机械倾覆事故和机械伤害，严防违章使用履带式起重机进行起吊作业而导致起重伤害。

二、施工临时码头

（1）临时码头位置应选在河流两岸比较开阔、河床比较稳定、水流顺直、地质较好的河段，进入码头的道路应坚固、稳定。

（2）对临时码头应进行施工设计，图纸应经过审查批准，应按设计图纸施工，临时码头应配备相应的安全防护设施。

（3）渡船、拖轮应配有安全设施，按核定其载重或车数、人数装载，严禁超载、超高、超宽运输。遇有上下船舶通过，不得横越强渡。

（4）码头的附属设备，如跳板、船环、柱桩等应牢固可靠。

（5）为临时码头搭设的栈桥必须坚固可靠，两侧人行道、轨道中间应满铺木板或钢板（视施工所需而定）。栈桥临水端应设置靠船的靠帮和系缆设施。通过栈桥的电线、电缆要绝缘良好，并固定在栈桥的一侧。

（6）栈桥码头应有抗洪水、流水及其他漂浮物冲击的能力，应经常对各种设施进行维护。

第四节　施工便道安全技术与风险控制

利用乡村道路作为施工便道时，要与当地政府（与所属行政级别对应，比如乡村道路找村委会）签订协议，加强日常道路维修与养护，保证便道顺畅，待工程完工后按照协议进行补偿或修复，以免造成社会矛盾而引发群体性事件。

本书所述的施工便道，主要指新建临时便道。

一、风险控制策略

施工便道属于临时工程，是公路为维持短期通车而修建的临时线路，一般采用较低的建筑标准，通常在达到预期使用目的后即拆除或废弃。随着公路建设向山区的不断延伸，由于山区存在交通闭塞，所以公路桥梁施工时一般都需要修筑施工便道。又由于便道的临时性、低标准、所建山区地质条件复杂等特点，近年来，因便道引发的安全事故时有发生，成为山区公路工程施工中重要的安全隐患。

施工便道风险控制的重点在于：

（1）杜绝因选线不当引发地质灾害。

（2）防止因修建标准偏低导致交通事故。

（3）防止排水、防洪措施不当的不安全行为，以免造成道路冲毁或坍塌。

（4）防止无必要安全标志或安全标志设置错误的不安全状态，以免造成交通事故。

（5）杜绝便道的土石方弃渣未弃置在河道、沟谷的不安全行为，以免引发泥石流灾害和洪水灾害。

（6）在盘山道、"之"字道上同一段内进行便道施工时，严防作业人员上下同时进行开挖土石方作业的不安全行为，以免造成物体打击伤害或埋压事故。

（7）严防施工机械的指挥及操作人员酒后作业或疲劳工作的不安全行为，以免造成机械伤害或交通事故。

（8）陡坡作业时，严防作业人员不系好安全带和安全绳的不安全行为，以免造成高处坠落伤害。

（9）维修便道时，应防止施工地段的两端未正确设置安全警告标志的不安全行为，以免造成车辆伤害或交通事故。

（10）防止因便道恢复不到位而引发社会群体性事件。

二、建设标准

1. 宽度

要求便道干线 5m 宽，支线 3.5m 宽，曲线或地形复杂地段应适当增加。

特殊地段可适当降低宽度要求增加会车台处理，但不得低于干线 3.5m 宽、支线 2.5m 宽。

在临壑地段，应适当加宽路面，以确保行车安全。

在需要设置会车台的路段按照每 200m 设置一处，会车台处路段路面宽度不得小于 6m，路基宽度不小于 7m，长度不小于 20m，且有明显标识。

2. 坡度

纵向：一般情况下不得大于8%，困难条件下不得大于10%，极困难条件下不得大于15%（需根据所配备的各种车辆和大型机械的具体情况来确定）。挖方和低填方路段，应设置不小于0.3%的纵坡（以利于排水）。

横向（路拱）：1.5%～2%。

3. 转弯半径

一般情况下不得小于20m，困难条件下不得小于15m，极困难条件下不得小于10m（需根据所配备的各种车辆和大型机械的具体情况来确定）。

4. 路基

新建路基必须经过分层碾压，以满足施工车辆运输要求。对于特殊地段，务必进行换填或加固处理。施工便道边坡坡率不应小于1：0.5。

5. 路面

施工便道路面最低标准采用泥结碎石或级配碎石（基层应采用不小于20cm厚的6%石灰土，面层应采用不小于5cm厚的泥结碎石），在条件允许的情况下，便道面层可采用矿渣铺筑（不小于8cm）；特大桥、搅拌站和预制场与地方路连接段便道路面必须采用20cm厚C25混凝土硬化。

各场（站、区）、重点工程施工等大型作业区，进出场的便道40m内应进行硬化，标准为：C20混凝土，厚度不小于15cm，并设置碎石或灰土垫层，基础碾压密实。

6. 挡护

靠近沟壑一侧必须修建挡护工程，包括挡土墙（填方段）和防撞墩，防撞墩采用混凝土浇筑，黄黑色油漆竖向标识（黄黑间距25cm），在挖方段靠近易滑坡体侧要设置上浆砌片石挡护，高度不小于1m，勾横平竖直的阳缝。

7. 水沟

施工便道应设置必要的排水沟，确保便道路面排水畅通；排水沟根据地形设置，宽度和深度不小于0.5m，并进行硬化处理，可采用石砌。根据地形每100m左右将排水沟中水流通过路面下暗沟引至沟壑一侧排走，引入沟壑时注意水土保持，不得冲刷当地农田，暗沟采用埋设混凝土预制管的方法通过路面。

在汇水面积较大的低凹处设置涵洞，以满足排水泄洪要求。

便道经过水沟地段，要埋置钢筋混凝土圆管或设置过水路面，做到排水畅通。

8. 标识

便道全程必须悬挂或立警示、指示标志，标志标识制作要求见国家交通安全标识标准。标识标志包括转弯警示、急坡警示、落石警示、会车指示、桥梁指示、整里程标识、分叉路口指示、工地驻地指示及限高、限重、限速标志牌等。

三、安全选址与选线

临时便道选址与选线过程中，应遵循如下原则：

（1）结合地形、地物和现有生活、生产设施，充分利用现有道路，尽量避免对当地居民生活造成困扰。

（2）便道处于傍山时，要注意避免修建便道引发滑坡、坍塌等地质灾害，要注意处理边坡危石，防止滑坡、塌方破坏便道。

（3）遵循施工平面布置，必须满足工程施工机械、材料进场的要求。

（4）便道宜利用永久性道路，新修施工便道应尽可能建在永久用地范围内（不用恢复原貌）。

（5）应尽量避免与既有铁路路线、公路平面交叉。便道干线不宜占用路基，特殊地段必要时可考虑短期占用路基，但应采取短期临时过渡性措施，尽量缓解干扰。

（6）尽量避开洼地和河流，不建便桥或少建施工便桥（风险高、成本高）。

（7）便桥的选址要充分考虑河道的排洪要求，同时以尽量地减少桥长为原则。

（8）施工现场的道路应保证畅通，并与现场的存放场、仓库、施工设备等位置相协调，满足施工车辆的行车速度、密度、载重量等要求。

（9）合理保护便道上的古树、大树及珍贵树木，尽量少破坏原生态，将开挖范围内的树木、草根移栽到便道路边或边坡上，并适时在边坡植草、种树。

（10）接到设计文件及线路征地图后，应立即组织相关人员进行征地，调查结构物现场的原地貌，结合现场的整体场地规划进行施工便道选线，并随实施性施工组织设计上报监理工程师，批准后方可实施。

四、安全施工

（1）施工人行道的宽度不得小于1m，特别困难地段不得小于0.6m。

（2）陡坡地段运输便道应在陡坡上挖砌台阶。

（3）在"之"字形施工便道转弯处，应设置不小于1m×1m的平台，并按需要设置栏杆和加铺防滑材料。

（4）施工便道的土石方弃渣应妥善处理，不得侵占正式工程建筑物位置；挤压河道；污染水源；引起流石流泥，甚至引起泥石流；毁坏农田；危及行车安全。

（5）施工便道使用土石方机械时，在半路堑陡坡地段的虚渣作业区，应设置明显的禁止超越标志，并设防护人员指挥机械作业。

（6）盘山道、"之"字道上同一段内严禁上下同时进行开挖土石方作业。

（7）所有施工机械在停机时，应恢复到启动前的安全位置上。推土机的刀片、铲运机的铲斗、挖掘机的挖斗，在工作完毕后应落到地面。非值班司机不得启动机械。

（8）任何人员不得爬乘挖掘机、铲运机、翻斗车等施工机械。

（9）施工机械的指挥及操作人员不得酒后作业，严禁疲劳工作，必须精力集中，加强瞭望，保证安全。

（10）夜间施工应有照明设施。当照明设施发生故障时，正在作业的机械应停止作业。施工机械的大灯光改为小灯光，并低速靠边行驶。

（11）在陡坡上作业的人员必须系好安全绳。安全绳在使用前必须检查是否拴牢固。

（12）施工人员作业前，应有专人对作业环境的粉尘含量进行检测，严禁在粉尘含量超过 2mg/m³ 的环境中工作。

（13）清理路堑边坡孤石或进行刷坡，必须自上而下进行；严禁重叠作业和坡脚站人。

（14）火烤熔化冻土，应有防火措施。

（15）在解冻地区施工必须防止冻土因受热融化发生坍方和冻块坠落伤人，砸坏设备等事故。

（16）各种脚手架、机械塔架等均应设在稳固的地基上，严禁超载。

（17）脚手板上必须有防滑设施，不得使用腐朽、劈裂的木板，并不得出现探头板。

（18）接触灰土的作业人员，应佩戴口罩和手套等防护用品，并在上风口作业。

（19）施工便道靠近既有铁路时，应在靠近铁路一侧设置防护设施，并设置道路出入口栏门。出入口栏门应有专人看守，车辆及大型施工机械进入应实行监护、许可制度，未经许可严禁进入；不施工时应封闭。

（20）施工便道靠近高路堑，深基坑时应设置防护设施及安全警示标志。行人、车辆频繁通过的施工便道交叉路口应悬挂安全警示标志。

（21）临时便道和正式公路交界处应设置安全标志。在施工便道间的交叉口、与铁路的交叉口及渡口处，应设立标志。

（22）在旁山险路处，应将设置的防护石墩刷白。

（23）在过水路面、漫水桥上、积雪严重地段应设置标杆。

（24）施工便道应避免在架空索道及起重设备工作范围内穿越，如因场地限制而需穿越时，应有防护设备和安全措施。

（25）冬季施工时，所有道路均应及时清除冰雪和采取防滑措施。

五、安全养护

（1）施工期间应指定专人负责对施工便道（便桥）的日常检查和养护，每个项目部最少要配备一台洒水车以用于晴天洒水，做到雨天不泥泞，晴天少粉尘。

（2）利用地方道路作为施工便道，项目经理部应提前与有关部门签订好协议，待工程完工后按照协议进行补偿或修复。

（3）工程完工后，项目经理部应将施工便道及便桥予以拆除。当地部门要求保留时，要与相关部门签订好协议，否则应予以复耕或对河道进行清理。

（4）及时清理排水沟和涵洞的淤泥、杂物，保证排水通畅。

（5）施工车辆需频繁、大量、集中出入便道而穿越干线公路（或地方道路）时，必须派安全管理人员进行现场指挥，确保道路交通安全。

（6）为保证施工便道的正常使用，各项目部要组织专门的养护队伍，配备必要的机械、工具和材料，对施工便道进行养护，在便道两侧每隔一段距离堆放一定数量的砂砾用于填补坑洼，保证路况完好，确保无坑洼、无落石，排水通畅。

（7）维修施工便道时，应在施工地段的两端设立警告标志。夜间维修便道应设灯光警告标志。用撬棍或十字镐维修施工便道路面必须保持前后左右的安全距离。用架子车等运料机具上下陡坡时应有刹车设备，并检查刹车的灵敏度。架子车、手推车上严禁载人。

（8）便道检查要点见表2-2。

表2-2 施工便道检查要点

检查项目	检查内容
标志牌	施工便道便桥设置必要的标志、标牌符合规定。 施工便道与建筑物、道路等转角、视线不良地段设置的警示标牌符合规定。 道路危险段设置的警示、指示标牌符合要求。 施工现场（站）区、办公区、生活区等拐弯处标识牌符合要求。
便道质量	便道路面表面质量、排水情况。 与国道、省道相接处理。 有无安全隐患。 有无经常堵车路段。
施工便桥	便桥结构按照实际情况专门设计，其承载负荷满足施工车辆通行的需要。 便桥基础必须落到稳定坚实的基岩上，可采用浆砌片石或混凝土墩台。 便桥高度不低于上年最高洪水位，桥面设栏杆扶手，栏杆颜色标准统一。 便道便桥的养护应符合要求。
文明施工	便道便桥设专人养护，定时清扫，定时洒水抑尘。 有条件的工程要求选择混凝土路面，以减少扬尘以及对周边农作物等的影响。

第五节 梁场安全技术与风险控制

一、风险控制总体策略

梁场安全管理非常重要,是桥梁施工安全管理的重中之重。制梁场一般包括钢筋加工区、砂石料场、拌和站、制梁台座、存梁台座、生活区。风险分析包括起吊作业、张拉作业、用电、焊接作业、高空作业、防火等。风险控制的重点为防止机械伤害、火灾、触电、煤气中毒。

二、选址与设计安全

大型桥梁工程施工,一般采用现场施工制作预制梁,经运输和吊装安放到设计位置上,其质量与生产进度直接影响整个工程质量与工期进度。因此,预制梁场的选址与设计的好坏在整个工程中是一项十分重要的工作。

(一)现场预制梁场选址的安全影响因素

1. 地基强度与自然环境

许多大型预制梁因为其重量大,为防止因地基不符合要求而发生梁体存放过程中损坏、搬运过程中发生机械伤害、提梁过程中发生起重事故,应尽量选地形、地质条件较好的地基,以减少土石方基础加固工程的投入。对于达不到标准的地基可以适当进行加固,加固后也不能达到标准或加固投资较大的场地一般不选为预制梁场建设,需另选合适的场地。在预制梁场选址之前必须实地调查当地的自然条件,以免出现雨季洪涝等突发情况影响正常施工。

2. 与主体工程施工相互干扰的程度

大型桥梁工程建设施工总平面布置时需要将各个施工单元限定在施工场地总平面设计的范围内,并考虑施工区域内各个施工单元的协调问题。现场预制梁场与主体工程施工场地之间,应尽量避免在生产时相互干扰和影响。如因施工现场用地面积的限制,两者之间无法独立运行时,也要通过合理的布置和有效的施工组织减少生产时的相互干扰和影响。

相互干扰越多,不仅影响施工进度,还可能使大型施工机械与装备之间发生冲突,进而导致安全事故。

3. 利用主体工程施工资源的程度

在预制梁场的选址中，公共设施（供水、供电和供气）的综合利用也是不可忽视的因素。在预制梁生产过程中需要用到一些大型机械设备（如龙门吊），而且为满足施工人员的日常生活所需，电、水等必须提供。

由于现场预制梁场一般位于施工区域边缘或施工区域内，为现场预制梁场充分利用主体工程施工的资源创造了条件，如预制梁场的水电系统可以从主体工程施工现场接入。

此时应注意用电安全和用水安全（施工用水应符合相关规范要求，饮用水应达到饮用标准）。

4. 运输因素

大型桥梁工程建设中各个施工单元由于存在大量物料需要运输，比如原材（石料、水泥、钢筋等）、成品混凝土、各种设备等，因此施工场地交通运输量大、强度高。合理安排工程建设施工场地交通运输问题，对于确保工程顺利施工和节约工程费用投资有重要意义。

施工场地运输一般包括对外交通和对内交通。对外交通是指施工现场与外界之间的交通运输。对内运输主要是指施工场地范围内各个施工单元与主体工程施工场地之间的交通运输。从施工场地选择来看，对外交通对施工场地选择的影响较小。

桥梁施工场地内各施工单元之间的运输量大、运输强度高、地形相对比较复杂，在运输中有时会遇到相当大的困难，因此合理安排运输路线及运输量十分重要。施工场地内的交通运输具有以下特点：

（1）施工场地内运输一般为单向运输，如将骨料运送到混凝土搅拌站、将混凝土运送到施工现场、将大型预制梁运送到桥梁工地等，各场地之间的距离一般不应该设置得太远。

（2）施工场地内的运输距离一般来说不长，但某些物料运输中受物料的特点限制，需要在运达目的地之前保证其特性，如混凝土运输中必须保持它在途中不凝结、不离析。

（3）施工场地运输中一般多采用较大吨位的车辆，车型较宽，能满足重大件运输。

预制梁场生产过程中必须用到大型设备及大量的钢筋等材料，运输量较大，而且，桥梁预制梁大多重达几吨甚至几十吨，运输极不方便。因此，结合桥梁工程实际情况，预制梁场的选址应有利于大型设备、大宗物资及预制梁的安全运输，以减少运输过程中带来的不安全性。

5. 社会环境

梁场选址应尽可能远离村庄和居民生活区，以免夜间施工干扰居民休息。

（二）预制梁场设计布置的安全影响因素

现场预制梁场是桥梁主体工程施工的一个重要组成部分，预制梁场生产的系统性强，资源的匹配性非常重要，要实现资源利用效率的最佳发挥，减少浪费。

现场预制梁场设计布置方案要能够满足主体工程建设对制梁场的要求，这是对设计布置方案进行分析比较的先决条件。根据设计布置原则，预制梁场设计布置时应考虑如下因素：

1. 交通条件

现场预制梁场在生产过程中需要运送大量的原材料、半成品和成品，交通便捷不仅可以提高生产效率，而且可以节约生产成本，保证安全生产。因此，交通条件是设计布置预制梁场的重要因素。交通条件包括以下方面：

（1）对外交通。现场预制梁场生产所需要的各种物资能够顺畅地送往场内相关的功能区，尽量避免或减少二次搬运。

（2）内部交通。按照预制梁的生产工艺要求，相关功能区之间存在材料运送的问题，如混凝土要从混凝土加工区运送到制梁区，加工的钢筋要从钢筋加工区运送到制梁区，成品梁要从制梁区移至存梁区等，场内运输应以运输距离最小为目标。

（3）成品梁起运。对于大型桥梁工程，预制的成品梁往往是大体积、大重量，架梁时需要特殊的运输工具，对场内道路有特殊的要求。首先，特殊运输工具要能够驶入龙门吊下，通过龙门吊将存梁区的预制梁装载到特殊运输工具上；其次，特殊运输工具能够从龙门吊下驶出，将预制梁运往大桥需要架梁处。现场预制梁场设计布置时要充分考虑特殊的运输工具对道路的要求。

2. 工作环境

工作环境是指人们在生产和生活中所处的环境，包括生产安全性、生活条件以及生产的便利程度等。

（1）生产安全性。梁场在生产过程中存在着施工风险，在加强安全生产管理的同时，要在梁场设计布置上杜绝影响安全生产的隐患，如龙门吊下不得设置人行便道等。

蒸汽锅炉房、配电房及易燃易爆等危险源应远离生活和工作区域，在寒冷地区还要考虑冬季施工的保温措施，以减少安全事故隐患。

（2）生活环境条件。劳动者不仅要创造财富还要享受生活。因此，在现场预制梁场设计布置时，应尽量使生活区远离混凝土加工区和制梁区，以减少施工噪声和粉尘对人员的影响。

三、钢筋加工场的安全管理

钢筋加工场的安全隐患主要有钢筋棚架搭设不牢，场地内用电线路未按"三相五线"制铺设，小型机具未接地处理、未安装防护罩，对焊工人未按要求佩戴防护眼罩，对焊场地未铺设绝缘橡胶皮等，违章使用切割机具，使用切割机进行打磨作业。

特别强调的是，钢筋场的棚架一般都是四面敞开的，对棚架的牢固性要求较高。尤其在北方地区，既要考虑防风要求，也要考虑抗积雪压力的作用。所以钢筋棚架在保证足够的支撑强度的同时还要设置好缆风绳等加固措施。为防止意外，在出现大风和暴雪时应及时停止棚内的一切作业活动，人员不得留在棚内，以防作业棚坍塌造成伤害事故。

四、临时用电安全管理

根据现场施工特点和工期的要求，梁场一般需要使用起重机械、混凝土工程机械、金属加工机械、动力机械运输机械、预应力设备、试验及测量检测设备等，这些机械和设备的使用都需要电力供应做保障。并且，预制梁生产的一个重要特点，就是混凝土灌注从开始到完成，不能因为任何原因停下来，否则会导致灌注失败，给企业带来经济损失。因此，确保梁场供电的可靠性和安全性至关重要。

（一）风险控制总体策略

梁场的临时用电管理工作专业技术性强，实施难度较大。影响梁场临时用电安全管理的因素有用电临时性强，施工环境差；施工现场复杂多变，同时存在上下作业交叉和多工种作业交叉；工人流动频繁，文化素质较低，安全意识薄弱；手持电动工具多等。

总体上来看，梁场的临时用电风险级别高，其风险控制的重点在于：

（1）严防临时用电施工组织设计的编制与实际情况不符的不安全状态，杜绝没有编制临时用电施工准则的不安全行为。

（2）严防施工现场的配电线路和配电箱不符合规范要求的不安全状态。

（3）杜绝电缆不符合三相五线制的不安全状态。

（4）杜绝在施工现场使用国家明令禁止和淘汰的电气元件的不安全行为。

（5）杜绝通用门式起重机轨道之间不做电气连接的不安全行为。

（6）严防重要用电设备不进行重复接地的不安全行为，杜绝不测量并记录用电设备接地电阻的不安全行为。

（7）杜绝项目部不配置专职维修电工的不安全行为。

(二)临时用电施工组织设计

临时用电施工组织设计是保障安全用电的首要工作,其宗旨是指导项目部建立一个既能够确保施工用电安全,又能够兼顾施工用电方便的临时用电系统。《施工现场临时用电安全技术规范》规定:"施工现场临时用电设备在5台及以上或设备总容量在50kW及以上者,应编制用电组织设计。"同时又规定:"临时用电组织设计及变更时,必须履行'编制、审核、批准'程序,由电气工程技术人员组织编制,经相关部门审核及具有法人资格企业的技术负责人批准后实施。变更用电组织设计时应补充有关图纸资料。"施工现场的配电设计不符合要求,就不能正确指导电气施工,导致用电不合理,产生严重的安全隐患,危及施工人员生命和设备的安全。因此,在项目部成立之初,应根据相关规范和规程,结合梁场的设备配置情况,合理地编制临时用电施工组织标准。

梁场的临时用电施工组织设计主要内容如下:现场勘测;负荷计算;选择变压器容量;设计配电系统,包括选择导线或电缆、设计配电装置,选择电器、绘制临时用电工程图纸,接地装置设计等;设计防雷装置;制定安全用电措施、电气防火措施等。若临时用电施工组织设计针对性强,则可指导现场的电气施工和日后的电气维修。临时用电工程应严格按临时用电工程图纸施工,不得随意更改施工方案。

(三)配电线路

1. 配电线路的选择

梁场的临时用电工程必须采用TN-S系统(图2-3),设置专用的保护零线,通过配电箱和开关箱连接电源与用电设备。配电系统应设置总配电箱、分配电箱、开关箱,实行三级配电,即在总配电箱下可设若干分配电箱,分配电箱以下可设若干开关箱,开关箱以下就是用电设备,形成三级配电、两级保护,并做到"一机一闸一漏一箱一锁"。

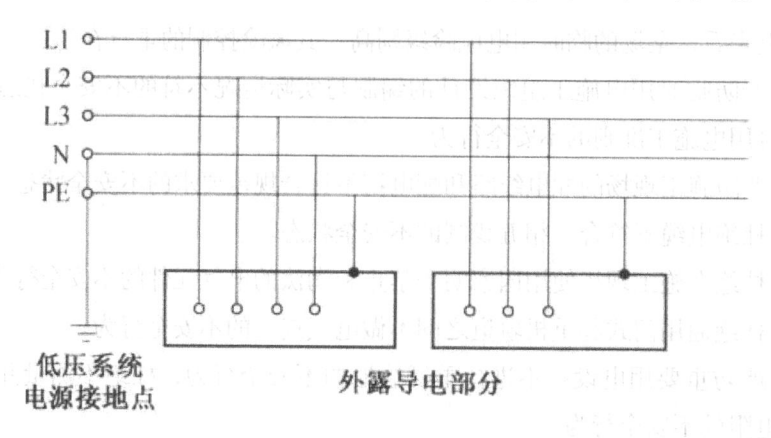

图2-3 TN-S系统

梁场的配电室应尽量靠近负荷中心（搅拌站、钢筋加工棚），以减少配电线路的长度、减小导线截面、提高供电质量，同时使配电线路清晰，便于维护。梁场临时用电工程的配电线路从配电室或总配电箱开始敷设。梁场通常分为制梁区、存梁区（后道工序）、钢筋加工区搅拌站、配件加工区、库房（包括砂石料、配件等）、办公区和生活区等，依据各个区域的配电装置和相对位置，一般采用"放射—树干式"配线形式（图2-4）和架空或埋地的线路敷设方式。

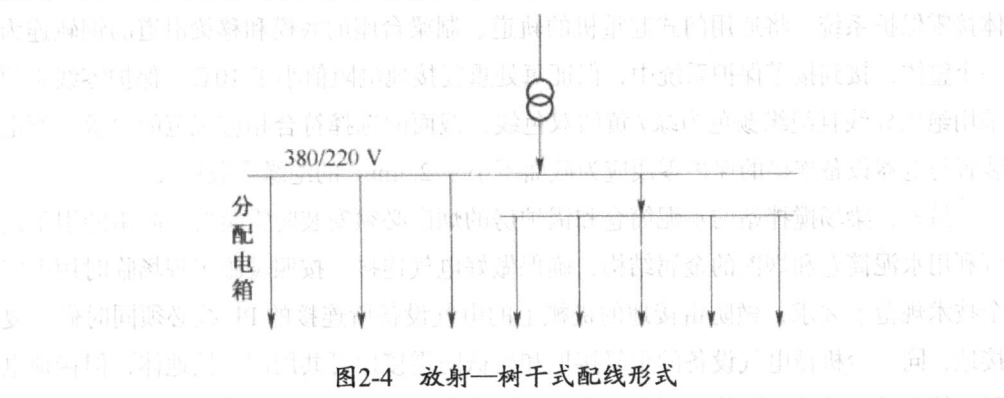

图2-4 放射—树干式配线形式

2. 配电线路施工要求

在配电线路施工的过程中应注意有无以下不安全状态：

（1）电缆线路拖地、埋设深度较浅。

（2）直埋电缆的上下部未铺以100mm厚的软土或砂层。

（3）埋地电缆地下0.2m至引出地面2m处未加保护套管。

（4）电缆接头防水性能差。

（5）电缆沿线没有按照相关规定埋设电缆标志桩或做相应的标志。

施工现场的线路敷设应严格按照相关电气施工规范和临时用电组织设计布设，做到电线埋设深度、引出电缆的截面正确，电缆防护设施符合要求，架空线路应选用合格的钢筋混凝土电线杆，且机械强度符合要求，配好绝缘子、横担等配件，导线截面和线路排序正确并符合要求。

3. 零线的处理

梁场临时用电的工作零线（N线）与保护零线（PE线）必须严格分开。电气设备正常工作时，如果N线与PE线错接，会使不带电的外露金属外壳带电，危及设备和操作人员的安全。在零线处理过程中，应特别注意如下不安全行为或不安全状态：

（1）接零接地保护不规范，如电动机、电焊机外壳的保护零线不接地。

（2）手动工具未采用带有接零保护的插头。

（3）保护零线没有引到配电箱和正常工作的电气设备不带电的外露部分。

（4）保护零线未在多处重复接地或重复接地做法不符合要求。

（5）接地电阻没有定期和季节性检查的遥测记录。

（6）保护零线选用的材料和截面不符合要求。

（7）未采用绝缘颜色为绿/黄的双色线。

梁场的保护零线必须严格按照《施工现场临时用电安全技术规范》要求设置，以降低施工人员触电的危险。梁场属于高度触电的危险场所，保护零线必须与工作零线分离，工作零线必须通过漏电保护器保护零线，严禁中间断开，严禁通过工作电流和通过任何断路器等开关电器，并且在保护零线的末端及中间应多处重复接地，形成整体接零保护系统。将通用门式起重机的轨道、制梁台座的底模和移梁滑道的钢轨连为一个整体，接到接零保护系统中，保证每处重复接地电阻值小于 10Ω。保护零线必须采用绝缘导线且绝缘颜色为绿/黄的双色线，截面的选择符合相应规范的要求，配电装置与电器设备连接的保护零线应为截面不小于 $2.5mm^2$ 的绝缘多股铜线。

另外，梁场搅拌站的水泥筒仓和锅炉房的烟囱必须安装防雷装置，防雷的引下线可利用水泥筒仓和烟囱的金属结构，确保做好电气连接。按照《施工现场临时用电安全技术规范》要求，做防雷接地的机械上的电气设备所连接的 PE 线必须同时做重复接地，同一台机械电气设备的重复接地和机械防雷接地可共用同一接地体，但接地电阻应符合重复接地电阻值的要求。施工现场内所有的防雷装置的冲击接地电阻值不得大于 30Ω。在搅拌站和锅炉房的电源处，PE 线必须做重复接地。

（四）配电箱和开关箱

1. 配电箱和开关箱的要求

配电箱和开关箱具有多种电气保护功能，如过载保护、短路保护，漏电保护和分级保护。分级保护能缩小事故停电的范围，提高供电的可靠性；漏电保护分为二级保护，既具有缩小事故停电范围的功能，又提高了用电的保险系数。

（1）总配电箱、分配电箱、开关箱应装设有透明塑料罩的空气开关作为电源总开关，并将其设置于电源的进线端。

（2）配电箱、开关箱的选择、设置和使用应符合规定，配电箱、开关箱内的电器应可靠、完好，严禁使用国家明令禁止使用的淘汰电器。

（3）各级配电箱的总开关要选用有透明塑料罩、可见明显断开点的断路器。

（4）总配电箱、分配电箱、开关箱应采用冷轧钢板或其他阻燃材料制作，外形结构和功能满足使用要求，能够防雨、防尘。

（5）配电箱和开关箱的箱体尺寸应与箱内电器的数量相匹配，不妨碍操作，箱内电器设备能够紧固、规范地安装在金属电器梁或阻燃的绝缘板上。

（6）配电箱和开关箱的进出线的进出口应设在箱体的下底面，进出线必须加绝缘护套并安装牢固，不得与箱体直接接触，金属箱体和金属箱门之间必须用编织软铜线做电气连接。

（7）做好配电箱、开关箱的分路标记。配电箱内分设 N 线端子板和 PE 线端子板并做明显标记，N 线端子板必须与金属电器安装板绝缘，PE 线端子板必须与金属电器安装板做电气连接，确保端子数与进出线数保持一致。

2. 配电箱和开关箱安装

配电箱和开关箱应安装在干燥、通风及常温场所，避免受其他物体的撞击和强烈振动，并留有 2 人同时工作的空间或通道。配电箱前不得堆放任何妨碍操作、维修的物品。固定配电箱箱体安装要端正、牢固，箱底与地面垂直距离为 1.4～1.6m；移动配电箱应安装在紧固、稳定的支架上，箱底距地面的垂直距离为 0.8～1.6m。分配电箱与开关箱的距离不得超过 30m，开关箱与其控制的固定式用电设备的水平距离不宜超过 3m。

3. 开关和漏电保护器

正确地选用和使用漏电保护器是施工现场安全用电的主要防护措施之一。应选用带透明塑料罩并可见明显的断开点空气开关，将空气开关与漏电保护器串联。

空气开关具有过载保护和短路保护功能，漏电保护器具有漏电保护功能。一般来说，额定漏电动作时间越短越好。规范中规定，开关箱中漏电保护器的额定漏电动作电流不应大于 30mA，额定漏电动作时间不应大于 0.1 s。电源至末级负荷漏电保护器额定漏电动作电流和动作时间应按先后顺序合理选配，逐级减少减短，但额定漏电动作电流和漏电动作时间的乘积不应超过 30mA·s；漏电保护器额定电流要与用电设备的额定电流一致。

一般要求漏电保护器安装在总断路器负荷侧，不能将漏电保护器作为总开关使用。在使用过程中应经常注意检查漏电保护器是否失灵（一般要求每月检查 1 次），即在合闸通电情况下按动试验按钮，如不动作，应更换新的漏电保护器。安装漏电保护器时，必须严格区分 N 线和 PE 线，N 线不得在漏电保护器负荷侧重复接地。使用三极四线式和四极四线式漏电保护器时，中性线应接入漏电保护器，经过漏电保护器的中性线不得作为保护线。

重视漏电保护器防患于未然的作用，绝不允许在漏电保护器工作时进行将漏电保护器短接或拆除的危险操作。

第六节 水泥混凝土搅拌站安全技术与风险控制

一、风险控制策略

水泥混凝土是公路桥梁建设中非常重要的建筑材料，而混凝土搅拌站作为对混凝土拌和物进行生产的设备，是保证公路桥梁施工企业将公路桥梁施工工程顺利完成的关键。

水泥混凝土搅拌站的风险级别较高，其风险控制的重点在于：选购搅拌站设备时，必须确保其质量符合要求以防发生各种故障、事故；搅拌站的电气系统必须符合绝缘性、耐电压、电阻等相关要求；搅拌站的结构必须符合各项安全规定，以防止发生高处坠落伤害、物体打击伤害；控制系统、搅拌机、提升斗、带式输送机等应进行安全性设计，以防发生触电伤害、物体打击伤害、高处坠落伤害、机械伤害等；拌和站修建时，防止地基处理措施不当或基础不牢而造成不均匀沉降导致设备损坏；拌和设备安装时严防发生起重事故、机械伤害、高处坠落伤害；搅拌站使用过程中，严防作业人员在机械运转时进行维修、保养、润滑、紧固等作业而发生机械伤害。

二、设备选购安全策略

企业采购设备时要严格执行索证索票制度，向制造商或经销商索取其制造资质证明并应通过网上或其他方式确认，同时制造资质证明在有效期之内。对购进的每台或每批次产品，应索取有效的质量合格证书，并归档保存。在商品混凝土搅拌站发货文件档案中，都应保存这些重要部件的质量合格证书及说明书等资料。质量检验及相关部门的主要管理人员，应搜集到国家制造许可管理部门发布的有效的产品目录，进行仔细核对，确保本部门采购或使用的制造许可证管理的产品不是假冒伪劣产品。特别要注意：获得强制认证或某种产品的制造许可证的企业，并不是所有的品种规格都能取得制造许可，选购时应逐一进行落实。

1. 选用实行"计量仪器制造许可证"管理的产品

计量仪器制造企业必须获得省级计量管理部门颁发的相应规格的"计量仪器制造许可证"，并在有效期之内。企业的采购及质检部门要确定合格的供方，并进行有效的质量控制，如压缩空气容器上的压力表、主机生产企业采购（或自制）商品混凝土搅拌站电气控制台，骨料（砂子、石子）秤、水泥秤、液体或粉状外加剂秤等计量仪器。

2. 选用实行"3C认证"（国家强制认证）管理的产品

此类产品生产企业必须获得国家认证认可管理监督委员会发放的制造许可证书。如采购的额定电压450/750V及以下绝缘电线电缆、电路开关、工业插头、插座、耦合器、低压电器、三相电泵、小功率电动机（≤1.1kW）等，其生产企业必须获得相应产品规格的"3C认证"证书。

3. 选用实行"特种设备制造许可证管理"的产品

采购的压力容器如搅拌站压缩空气系统用压力容器（储气罐）[最高工作压力大于或等于0.1MPa（表压），且压力与容积的乘积大于或者等于2.5MPa·L的气体（按《特种设备安全监察条例》的规定）]、安全阀等的生产企业必须获得"特种设备生产许可证"。

4. 选用实行"工业产品生产许可证管理"的产品

应详细了解所采购的材料或设备部件的产品标准，如空气压缩机、液体外加剂供给用磁力驱动离心泵、井用潜水泵、带式输送机、钢丝绳、普通电线电缆、电焊条、铝合金及塑钢门窗的生产企业，都应具备生产资质（有经国家技术监督部门颁发的生产许可证）。

5. 重要部件的使用管理

属于计量仪器及特种设备管理的部件，要按质量手册或程序文件的规定，由分管人员登记造册，必须保证按规定周期向当地技术监督部门的计量所和特检所申请，对计量仪器和特种设备进行检验，检定合格证要登记归档保存。

各配件的说明书应有详细的安全要求，各重要部件配有吊装示意图，包括吊装部位（产品对应部位有吊装标志符号），基本部件的质量、重心位置和吊装方法；控制室内配挂灭火器；对使用含有酸、碱等的胶凝剂、外加剂，其结构部位应有防护措施和防止外泄的装置等。

三、电气系统的安全要求

1. 紧急断电开关的设置

控制台应设紧急断电开关，在紧急情况下应能切断总电源，紧急断电开关不能自动复位。

2. 检修盖与启闭电源应有联锁装置

国家有关标准规定，强制式搅拌机的检修盖与启闭电源应有联锁装置，当检修盖打开时应切断电源，配套主机应不能启动。若新出厂的搅拌机因检修盖与主机启闭电源无联锁装置而引起事故，制造企业将会被追究法律责任。

3. 电气系统绝缘强度要求

大于1.1kW的三相异步电动机按JB/T10391—2008的要求执行；小功率（≤1.1kW）三相异步电动机必须符合相关标准有关规定。其检验内容包括电动机、供电线路、控制线路的耐压试验和绝缘电阻检验。

4. 耐电压试验

电动机定子绕组应能承受试验电压为1760V1min的耐电压试验，漏电流应按仪器使用说明书的要求；电气设备的所有电路导线和保护接地电路之间应能经受（1000V）至少1s时间的耐压试验。

5. 电动机绕组的绝缘电阻

小功率（≤1.1kW）的三相异步电动机的绝缘电阻，在常态下不低于20MΩ，在热态下不低于1MΩ；功率＞1.1kW的三相异步电动机，在热态下的绝缘电阻应不低于0.38MΩ。

6. 电动机定子绕组的温升

电动机定子绕组的温升保持在绝缘等级的限值内。对功率大于1.1kW电动机的定子绕组的温升（电阻法）常用的B级绝缘，三相异步电动机定子绕组的温升限值为90K；E级绝缘，温升限值为80K。小型电动机（功率≤1.1kW）定子绕组的温升，按对应的绝缘等级确定：常用的B级绝缘等级时为80K，E级绝缘等级时为75K。

7. 搅拌站整机安装后的接地电阻检验

设置专用接地网，并与楼体有可靠的电气连接，接地电阻不大于10Ω；计算机应另设独立的接地网，接地电阻不大于4Ω，接地网之间的距离应不大于10m。

此外，搅拌站的防雷击措施应符合国家有关标准的规定；露天工作的电气设备应装设防雨罩等；导线的两端应采用不会脱落的冷压铜端头，导线与端头的连接必须采用专用的冷压钳将其压紧；导线的两端应有与电路图或接线图一致的永久性识别标志；配线技术、动力电路及控制电路的过电流保护、功率大于0.5kW以上的电动机的过载保护应符合有关规定。

8. 导线和电缆的电压降

在正常工作状态下，从电源端到负载的电压降不应超过额定电压的5%，这就要求设计选用合适的电缆，满足正常工作时的载流容量。在施工现场，往往发生因距离增大、电缆选择不当，引起电压降过大而不能启动的情况。

四、结构的安全要求

混凝土搅拌站相关标准规定，作业平台，给料、骨料仓，水泥仓等凡涉及人身安全的部位均应设置安全防护措施。钢结构件应按国家有关标准的规定进行设计，生产和检验。斜梯扶手高度不应低于1.05m，扶手间宽度不应小于600mm；高于地面2m以上的直立梯（如水泥仓等）应设护圈（直径）600mm，间距为（700±50）mm；平台和走台宽度应不小于500mm，边缘应设置不小于50～100mm高度的踢脚板，防止工具、金属等物料从走台踏板的间隙向下掉出而引起人身伤亡事故。

五、设备的安全性设计

（一）控制系统整体设计上的安全性设计

1. 控制电源的安全性设计

控制台上控制电压分别有380V、220V、110V，还有交直流24V、12V、5V等，在一个控制台上有这么多种类的控制电压，似乎考虑很周到，很合理，但给使用者带来了麻烦，也暗藏了不安全因素。如修理时，修理工常常因为在应急修理时碰到高压部件酿成触电事故；而且如果元件坏了，修理配件供应既困难又麻烦，例如同种元件使用不同的电源的现象就很普遍，像常用的电磁阀，同一个系统有的用220V，有的用24V，维修时常会因为换错而产生新的设备故障。

一般控制电源的设计要从两个方面来考虑：安全性和抗干扰。常用的电源有交流220V和直流24V。如果工人在现场需要接触到的电器应使用24V，如操作面板上的按钮、指示灯及现场的电磁阀、安全开关等。而交流220V则主要是用于交流接触器，并且应通过380/220V的隔离变压器取得，这种设计除了配件供应方便外，最主要的有以下两个好处：

（1）安全性。公共点只要不和零线连接，一般来讲对于修理工在修理时是比较安全的。

（2）在总线路上发生故障，三相严重不平衡时，220V控制电压变化不至于太大。如果直接取相线和零线的220V，常常会由于线路三相不平衡造成控制电压波动比较大，容易损坏控制元件。

控制电源应严格区分公共点。对于零线、隔离变压器的220V的公共点、直流24V的公共点是不允许连接起来的，以确保安全电压更安全。

设计时还应注意同种元件最好使用同种类型电源，这样对使用者来说既方便又安全。

2. 控制流程的安全性设计

控制流程的安全性设计就是将每一个环节的控制都与上下环节的控制联系起来。例如向搅拌机内投料前，首先要确认搅拌机是否开启、搅拌机门是否关好、搅拌机中的熟料是否卸空、所有该配的料是否已配好，系统只要有一个条件不符合或没完成，就必须停止下一步的工作，并进行提示，重大的问题还要报警。这样做避免了误操作和误动作，大大降低了事故率，提高了生产效率。

3. 软件、硬件自锁互锁的安全性设计

实际中由于搅拌站的生产环境差，常会有故障、干扰因素等影响计算机程序的正常运行，最常见的是计算机死机，秤斗里的材料溢出来还在秤料，实际上是计算机已不参与控制了。

控制系统在软件设计上有了完整的安全设计后还必须在硬件上进行保护，而且是硬件保护优先。例如水泥秤斗门没有关好是绝不允许秤料的，但是若有干扰或误动作启动了水泥螺旋机，后果就很难设想，而如果加上秤斗门限位的硬件互锁保护，那么即使发生误动作也不至于秤斗门没关好就启动螺旋机。对于上述计算机死机问题，只要利用电子秤仪表上的最高称量保护就能解决。由于气压、温度、粉尘、振动等因素都会影响自动控制系统的稳定性和可靠性，所以软件保护和硬件保护结合起来自动控制系统才能更可靠更安全。

4. 软硬件互补控制方式的安全性设计

有些搅拌站的自控系统中，凡是能在软件里实现的功能就不再配套硬件了。但是在实际使用中就给使用者带来诸多不安全的隐患和不方便。例如最常见的做法是不用称量仪表，把传感器的信号通过放大器直接给计算机，而计算机仅对输入的信号取个零点基数，再设定一个放大倍数就好了，似乎既省钱又省事，调试也简单。但是，若计算机发生故障，就只能全线停产，而计算机又不能马上恢复，势必会造成损失。

（二）搅拌机控制的安全性设计

1. 人身安全保护

很多事故都发生在清理维护或修理搅拌机时，一般的搅拌机都有搅拌机机盖限位，只要一掀开机盖，就切断控制电路，这是简单的保护。但是如果人在搅拌机里清理一旦不知什么原因合上了机盖，就很危险。另外，由于搅拌机在工作过程中振动较大，往往机盖保护开关容易接触不良，在生产时关断搅拌机，为了继续生产，就把保护开关临时短接，此时就形成了极大的安全隐患。为了消除上述安全隐患，下面介绍几种方法供参考。

（1）在搅拌机旁增加1个带钥匙的急停开关，一旦维修人员需要进入搅拌机工作，先把开关停止，再把钥匙拔掉，并由进入搅拌机人员保管。

（2）将机盖保护开关换成可靠的接近开关，并加大接触面，使振动不至于停止搅拌机。

（3）在操作台上增加一把专门控制搅拌机的钥匙开关，若需修理，由修理人员关断并把钥匙拔下，钥匙由修理人员保管。

建议将以上几种方法结合起来，这样效果更好。

2. 设备安全保护

一般在搅拌机控制上，采用了三个保护装置：过流保护、过载保护和过热保护。其中过流、过载保护都在使用，但是有些设计者不大注意过热保护，实际上这种保护措施很有效。对于电机在短时间内过载、电流快速上升的情况，过流、过载保护开关在短时间内就会切断电源，可是如果负载是慢慢增加的情况，过流、过载保护就很难及时反应了。

烧坏电机往往发生在两种情况下：一是堵料后，频繁强行启动搅拌机；二是在中间斗有泄漏时，搅拌机里有一拌料正拌着，中间斗慢慢把下一拌的材料加到搅拌机里，待搅拌机拌不动时，电机就烧毁了。现场分析表明，故障往往就是中间斗关门限位失灵所致。这种情况下热敏保护确实能在电机缓慢过载时及时切断电源进行保护。

（三）带式输送机控制系统的安全性设计

搅拌站常发生输送机上轧伤工人手脚的事故，也有皮带跑偏、打滑等故障损坏皮带。为避免这些事故，在设计自动控制系统时应重视以下几个方面：

（1）防跑偏拉绳开关。在输送机周围有一个由拉绳包围起来的防跑偏拉绳开关，一旦发生跑偏，碰到拉绳或人为紧急拉动拉绳开关，输送机就会立即停止。

（2）带钥匙的急停开关应装在输送机附近，发生情况可以立即停止。

（3）警铃按钮，在工作前操作员必须按动警铃开关才能启动带式输送机。

（4）斜带和平带互锁，平带和中间斗关门限位互锁，斜带不工作或中间斗门未关好，平带就启动不了。这种有效的互锁是保证生产正常稳定的必要条件。

（5）热敏、过流、过载保护、止逆装置以及结合机械防护方面的常规保护。

（四）生产过程中的安全性设计

在生产过程中每个环节的机械执行机构都在自动控制系统的控制下有序地工作，搅拌站环境中的粉尘、泥浆、噪声、振动、温度、湿度等都会导致某个环节的执行机构发生故障，常见的有中间斗重复进料、搅拌机重复进料、坍落度失控等。而这些故障有些是在控制系统设计时加以重视就能避免的。

1. 防止中间斗（过渡料仓）重复上料的安全性设计

对于这种故障常用的安全性设计有三种：

（1）重量判断法。在中间斗一侧装一个称重传感器，通过调节称重仪表的零区重量来确定是否允许向中间斗送料。这种方式的优点是直观、可靠，缺点是代价高，时间长了会失控，由于只装1个传感器，另一边是活动的，若发生移位、锈蚀、传感器的损坏都会造成重量控制不准，因此对这种保护方式要经常检查和校正。

（2）监视器加关门限位控制方式。其优点是简单易行；缺点是操作人员容易疲劳分心。下雨天或在使用黏性材料时，若不注意就会发生故障。

（3）逻辑判断法。在中间斗门上装两个限位——开门限位和关门限位，在逻辑上开门后一定时间内是不允许进料的，开门时间过后关上门才允许进料。其优点是简单可靠，缺点是要根据天气状况和材料黏度情况及时调整开门时间。

2. 防止向搅拌机内重复投料的安全性设计

搅拌机在向搅拌车卸料不畅时经常会导致下一拌材料进入搅拌机，形成搅拌机堵料现象。防止这种故障出现一般有三种方式可供选择：

（1）在搅拌机底座上安装四个称重传感器，从重量上来控制搅拌机的进料量。

（2）在搅拌机电路中增加有可调控制点的电流控制器，通过调整电流的大小来控制是否向搅拌机内投料。

（3）用逻辑控制方法来进行控制。

第一种方法投资大，而且由于搅拌机振动较大，传感器容易损坏，一般很少使用；第二种方法在进口的搅拌站中经常使用，优点是控制容易，缺点是容易造成错误动作，因为影响拌机空载电流的因素比较多，例如保养、黏料、混凝土抱轴等问题都会影响搅拌机的空载电流，因此一般都把空载电流调得稍高一些；第三种方法简单易行，也比较可靠，逻辑控制主要是第一拌材料进搅拌机后就禁止下一拌材料的投料，一定要在搅拌机开足大门延时若干秒后再关好门才允许投下一拌材料，而且控制面板上也有搅拌机中有料的指示灯。

3. 防止坍落度失控的安全性设计

坍落度是商品混凝土的一个重要指标，保证坍落度最好的办法是全部使用干燥过的砂石料，但这种工艺成本非常高。一般搅拌站均采用按水灰比和砂石含水率的大小来进行调整得到合格的坍落度。一般计算机都有按砂石含水率自动调整砂、石、水的用量，同时还可选用下列方式来辅助控制坍落度。

（1）最简单的方法就是安装一个数字电流表，根据搅拌机的工作电流来大致判断混凝土的坍落度。有的搅拌站把搅拌机电流的信号输入计算机里，通过计算得出坍落度的大致曲线，从而在显示屏上显示出来。

（2）使用功率表显示搅拌机出力功率的大小。

（3）使用微波含水率测定仪，通过测定仪测出的动态数值来判断混凝土的坍落度。

以上三种方法，第一种简单，但误差大，主要是凭经验，用得较普遍；第二种方法比第一种方法要好一些；第三种方法投资比较大，同时需要经常标定。

六、搅拌站基础设计与施工安全

参考起重机械标准的要求，搅拌站地面许用压应力一般取 0.2~0.3MPa，混凝土基础强度按《建筑地基基础设计规范》标准进行计算。混凝土基础的设计应由具有建筑资质的设计人员根据当地的地质勘探或实际现场了解的真实情况进行设计或确认，一般使用 C30 混凝土。混凝土基础的设计、完工验收质量证明材料都应由主管部门归档保存。同时，安装部件的垂直度也有相应的标准，如水泥仓，轴线对地面的垂直度应不大于 1/1000（中心线偏差与高度的比值），从而达到台风、地震等自然灾害侵袭时抗倾翻的能力。安装时应采用经纬仪进行测量，以便及时调整。

七、设备使用过程中的安全技术

（1）搅拌机等机械旁应设置机械操作规程牌。禁止在机械运转中进行维修、保养、润滑、紧固等作业，禁止将手、脚放在闸门、搅拌鼓、螺旋管等附近。搅拌站工作时，禁止人员在储料区内、提升斗下作业活动。

（2）电气控制柜必须由技术好的专职电工保管，其他人员不得擅自打开电气柜。

（3）确保提升斗和拉铲的钢丝绳安装、卷筒缠绕正确。限位开关应调整正确、安全可靠。确保提升斗的保险销安全可靠，如有人在提升斗下工作时，必须将提升斗用保险销锁住。

（4）发现钢绳磨损和腐蚀，直径减少 10% 及以上时，必须报相关技术人员处理。

（5）发生机械故障时，必须及时停止作业，并报相关人员予以维修。

八、设备拆除安全技术

设备拆除前，应及时清空配料器、粉料罐及成品料仓中的余料，对整机进行全面清理，清除场地内的废料和杂物，然后按拆除方案进行拆机。实施过程中应由有经验的技术人员统一指挥，协调控制拆机秩序和进度。

1. 整机检查和记录

准备工作完成后，收集整理好设备在生产过程中的使用记录（包括配置上存在缺陷、设备存在的问题等）和设备需要改进的设计建议。对照历史记录，仔细检查拆机前各总成的情况，做好记录，会同仓管人员和机械操作人员共同清点设备所有工具的安全防护用品是否齐备，并做好记录，随设备移交。

2. 精密仪器

贵重易损小部件，如计算机、流量传感器等，做好物件的保管和物品清单的填制，提前集中运走，以防被盗。

3. 电缆拆卸

（1）拆卸电缆时做好标记和记录，用防潮物品包扎好线头。

（2）拆卸电缆时，查清线路有无更改部位，并做好记录，以备下次安装时用，同时减少电机正反转的调试工作。

（3）电机接线全部做好标记，这样下次装线时只需要按原来的接线位置连接，如条件允许，可只拆控制室一端的电缆，另一端缠绕在电缆盘上，再将电缆盘直接绑扎在机械上。

（4）拆线后，所有电机和接线箱用薄膜包扎，严防进水。

4. 机械拆解

（1）清理拌和站场地→拆除拌和站内所有用电连接→拆除水泥输送泵→拆除搅拌机及支腿→拆除水泥罐→拆除控制室→人工拆除小件零件和设备→清理现场。

（2）拌和设备从停用到拆卸前，应对设备进行正常的恢复性保养维修和更换磨损件。

5. 运输转场

（1）对运输进行检查，各部件装车时，派专人跟踪装车情况，严防压坏部件，做好详细记录，填好随车发货清单。

（2）各部件运到后，按实施方案组织熟悉设备安装的专人进行验收。

（3）大件应尽量靠近安装位置放置，散件有序地集中安放，并做好标记设置围栏，由专人保管，以免丢失。

第三章　公路桥梁基础工程施工安全技术与风险控制

第一节　风险控制总体策略

桥梁的基础通常可分为两大类：浅基础和深基础。浅基础是指其埋置深度或相对埋深（深宽比）不大，一般用基坑法施工的基础。而深基础除少量也用基坑法施工外，一般均采取特殊的施工方法，如沉井基础、桩基础、管柱基础、地下连续墙基础等。

一、风险控制策略

（1）在旱地基础施工前，严防不对地下管线、地下构筑物等进行准确的调查（尤其是城市桥梁）而盲目施工，以免造成管线损毁。

（2）打桩机、挖掘机、开槽机等大中型施工机械与装备，在使用前，严防不对其进行安全性能检查的不安全行为，以免因机械设备存在不安全状态而发生机械伤害。

（3）水上基础易发生溺水事故，沉井基础、明挖基础易发生高处坠落伤害，应杜绝这些危险处所不设置防护设施和警示标志的不安全行为，以免发生落水淹溺事故和高处坠落伤害。水上施工时，还应严防无救生和消防等设施、无防汛措施的不安全状态，以免发生落水事故时无法及时救援，发生洪水时无法有效避灾。

（4）围堰易发生变形、渗水和冲刷等情况，严防监测不到位或发现问题处理不及时，以免造成严重的围堰失稳事故。另外，对于双壁钢围堰，还要严防其尺寸、强度、刚度、稳定性和锚碇方法不能满足施工要求。采用钢板桩围堰时，要特别注意严防钢板桩吊环焊接质量不合格、违章起吊等不安全状态和不安全行为，以免造成起重伤害和物体打击伤害。

（5）挖孔桩的风险很高，尤其要严防缺氧窒息伤害，严防孔壁坍塌造成埋压事故和物体打击伤害。

（6）涉及爆破的情况时，必须严防违规进行爆破作业，以免造成爆炸伤害。

二、风险控制总体方案

（1）双壁钢围堰、吊箱围堰、深基坑、挖孔桩及沉井施工前，应编制专项施工方案，专项施工方案应与现场实际相符。

（2）桥梁基础工程开工前，必须调查探明作业区内地下管线、地下构筑物以及地面以上通信、电力线路等，有碍施工时，应先进行加固防护或改移。

（3）基坑、挖井、沉井、泥浆池、挖孔桩、浇筑后的钻孔桩四周必须设置护栏及明显的警示标志，夜间应悬挂示警红灯，严防非工作人员进入施工区。钻、挖孔桩停止施工时，孔口应加盖防护。特别强调的是，防护盖必须是可靠的，不易被风吹走，且不得人为移作他用。

（4）基坑及围堰施工，应根据气象、水文、地质条件、机械设备能力等因素选择适当的支护方案。

（5）在不稳定的土或砂土中采用吸泥、吹砂等方法下沉围堰或沉井时，应备有向围堰（沉井）内补水的设备，保持围堰（沉井）内外水压平衡，防止翻砂。吸泥器应均匀移动作业，防止吸泥过深，造成结构下沉偏斜。

（6）深水钢围堰、水上作业平台施工，当遇到大风、暴雨等恶劣天气时，应停止施工作业并采取有效的应对措施。

（7）桥梁基础施工安全风险与天气条件有很大的关系，因此务必加强气象监测，及时获取气象预报信息。

第二节　围堰施工安全技术与风险控制

一、土石围堰

1.风险分析

围堰防水不严密，若水压力较大，可能挤塌围堰。

围堰施工过程中，未加强对其变形、渗水和冲刷情况的监测，若出现异常情况时不能及时采取措施，会使围堰垮塌。

土、石围堰填筑宽度较小，不满足承受水压力和流水冲刷的要求时，围堰可能出现垮塌。

围堰外侧迎水面未采取防冲刷措施，在流水的冲刷作用下，围堰可能垮塌。

土、石围堰填筑内侧坡脚与基坑开挖边缘距离小于1.0m,可能使基坑边坡失稳滑坍或基坑坍塌,继而使围堰垮塌。

河床横坡较大时,未在土、石围堰外侧设置防滑桩,可能使围堰失稳滑坍。

钢筋笼卵(片)石围堰,钢筋笼下水时打桩不牢固,若水流冲刷严重或者水压力较大,可能出现围堰垮塌。

以上风险一旦失控,均会导致围堰垮塌、人员淹溺和窒息、物体打击等事故。

2. 风险控制重点

进行土、石围堰施工时,必须重点防范围堰垮塌、人员淹溺和窒息等伤害。

3. 风险控制技术

围堰经设计检算,其结构应能承受水、土和外来的压力,并应防水严密。

围堰顶高出施工期间可能出现的最高水位的高度,应根据水文、地质及施工需要等实际情况确定。

围堰施工过程中,应加强对其变形、渗水和冲刷情况的监测,发现异常应及时处理。

土、石围堰填筑宽度应满足承受水压力和流水冲刷的要求。

围堰外侧迎水面应采取防冲刷措施。

围堰填筑内侧坡脚与基坑开挖边缘距离应根据河床土质和基坑深度而定,且不得小于1.0m。

当河床横坡较大时,应在围堰外侧打设防滑桩,在桩内侧放入竹笆后堆码土袋围堰。

采用吸泥船吹砂筑岛,作业区内严禁其他船舶和无关人员进入;作业人员不得在承载吸泥管道的浮筒上行走。

钢筋笼卵(片)石围堰,钢筋笼下水时应打桩牢固。

二、钢板桩围堰

1. 风险分析

吊桩时,吊点位置距离桩顶太远,会使桩发生偏斜,不易控制,导致物体撞击事故。

钢板桩组拼插打时,未沿桩长设置横向夹板,极可能影响组拼钢板桩刚度和强度,导致围堰的强度和稳定性不足。

将吊具捆在钢板桩上进行吊装,可能出现钢板桩在起吊过程中坠落。

正式起吊前未进行试吊,若吊环的焊接质量不合格,继而钢板桩坠落,极易造成物体打击事故。

吊起钢板桩未就位前,桩位附近站人,可能出现物体打击事故。

桩帽(垫)与钢板桩连接不牢固或者桩帽(垫)变形时,不及时更换,会使钢板桩桩身倾斜。

拔桩时，超载硬拔，可能使拔桩设备倒塌。

2. 风险控制重点

钢板桩组拼、插打，必须沿桩长设置横向夹板，确保组拼钢板桩刚度，以防围堰强度和稳定性不足。

严禁将吊具拴在钢板桩夹具上或捆在钢板桩上进行吊装，以防发生物体打击伤害。

施工时必须确保吊环的焊接质量，并进行试吊后方可正式起吊。

吊起钢板桩未就位前，桩位附近不得站人，以防发生物体打击伤害。

桩帽（垫）与钢板桩连接应牢固，初始阶段应轻打贯入，桩帽（垫）变形时，应及时更换。

拔桩设备必须有超载限制器，严禁超载硬拔，以防发生物体打击和机械伤害。

3. 风险控制技术

水中插打钢板桩，必须有安全可靠的打桩船或工作平台，四周设安全防护。

吊桩时吊点位置不得低于桩顶以下 1/3 桩长处。

钢板桩组拼插打，应沿桩长设置横向夹板，确保组拼钢板桩刚度，夹板间距视具体情况确定。

严禁将吊具拴在钢板桩夹具上或捆在钢板桩上进行吊装。

施工时必须确保吊环的焊接质量，并必须进行试吊方可正式起吊。

起吊钢板桩时，应拴好溜绳；吊起钢板桩未就位前，桩位附近不得站人。

桩帽（垫）与钢板桩连接应牢固，初始阶段应轻打贯入，桩帽（垫）变形时，应及时更换。

拔桩前应向围堰内灌水，使围堰内外水位基本相等。

拔桩设备应有超载限制器，严禁超载硬拔。

钢板桩顶层围檩不得一次性预先拆除，应拆除一组拔一组。

拔桩作业应从下游开始，向上游依次进行。

三、双壁钢围堰

1. 风险分析

起吊双壁钢围堰组件时，未拴好溜绳，会使组件坠落，导致物体打击事故发生。

在壁板或隔板内焊接钢围堰时，未采用机械通风，若舱内温度过高或者有害气体浓度较高，会引起中毒和窒息事故。

在浮船或浮箱上组装钢围堰时，四周未设置缆风绳，浮船或浮箱会在较大水流和风力作用下发生倾覆，使围堰和作业人员坠入水中，发生淹溺和物体打击等事故。

浮船及浮箱上，未备有足够数量的救生及防火设备，可能引起淹溺事故和火灾。

当双壁钢围堰使用两台以上起重机或起重船起吊时，未设专人统一指挥，可能出现起重机或起重船之间动作不协调，使起重机或起重船倒塌，导致机械伤害、物体打击和淹溺等事故。

双壁钢围堰在浮运前未对定位船、固定座、钢丝绳、连接设备、起吊塔架、水上供电、通信以及导向船压舱等进行全面检查，在浮运过程中，围堰可能出现进水等意外情况，使围堰倾覆，发生淹溺和物体打击等事故。

双壁钢围堰浮运前，未与气象、水文站（台）联系，未掌握天气和水文情况，若在浮运时出现暴风雨等情况，可能使围堰倾覆，导致围堰不能浮运至指定作业地点以及发生淹溺和物体打击等事故。

双壁钢围堰浮运过程中，未设救生船并配备救生、消防及通信设施设备，可能发生淹溺事故和火灾。

围堰着床前未根据水位的涨落情况，随时调整锚缆的受力状态，可能使围堰倾覆，导致淹溺和物体打击等事故。

双壁钢围堰接高下沉加载时，未对称均匀加载，会使围堰倾斜甚至倾覆，导致物体打击等事故。

双壁钢围堰内取土下沉时，如抓泥斗碰撞钢围堰侧壁，可能使围堰倾斜甚至倾覆，导致物体打击等事故。

钢围堰落床尚未稳定前，有往来船舶、漂流物等碰撞导向船和锚索等，可引起围堰倾覆，导致淹溺和物体打击等事故。

水下爆破作业不符合现行国家标准《爆破安全规程》的有关规定时，可能发生放炮事故。

2. 风险控制重点

进行双壁钢围堰施工时，必须重点防范围堰倾覆、淹溺和物体打击等伤害。

在壁板或隔板内焊接钢围堰时，应采用机械通风，以防发生中毒和窒息伤害。

在浮船或浮箱上组装钢围堰时，四周应设置缆风绳，并下锚固定，以防发生淹溺和物体打击等事故。

浮船及浮箱上，应备有足够数量的救生及防火设备，以防发生淹溺伤害和火灾。

双壁钢围堰在浮运前应对定位船、固定座、钢丝绳、连接设备、起吊塔架、水上供电、通信以及导向船压舱等进行全面检查，以防围堰倾覆以及发生淹溺和物体打击等伤害。

双壁钢围堰浮运前，应与气象、水文站（台）联系，掌握天气和水文情况，浮运时，应选择风速小、正常流速、无雨的白天进行，以防围堰倾覆以及发生淹溺和物体打击等伤害。

围堰着床前，应根据水位的涨落情况，随时调整锚缆的受力状态，以防围堰倾覆以及发生淹溺和物体打击等伤害。

双壁钢围堰接高下沉加载时，应对称均匀加载，以防围堰倾斜或者倾覆，发生淹溺和物体打击等伤害。

钢围堰落床尚未稳定前，应防止往来船舶、漂流物等碰撞导向船和锚索等，防止围堰倾覆，导致淹溺和物体打击等事故。

需要水下爆破时，应严格执行现行国家标准《爆破安全规程》中的有关规定，以防发生放炮事故。

3. 风险控制技术

起吊双壁钢围堰组件时，应拴好溜绳。

在壁板或隔板内焊接钢围堰时，应采用机械通风，舱内的空气温度不得超过25℃，二氧化碳等有害气体的浓度含量不得超过1.0%。

在浮船或浮箱上组装钢围堰时，四周应设置缆风绳，并下锚固定，在锚碗线路上应设浮标。

船锚在施放时，位置应准确，并要采取措施防止下锚时锚链（绳）缠绕或刮伤人员。

浮船及浮箱上，应备有足够数量的救生及防火设备。

当双壁钢围堰使用两台以上起重机或起重船起吊时，对其吊点、吊具及围堰加固应进行设计，同时设专人统一指挥。

双壁钢围堰在浮运前应对定位船、导向船上的马口、系缆桩、复式滑车组、绞车、固定座、钢丝绳、连接设备、起吊塔架水上供电、通信以及导向船压舱等进行全面检查，确认合格后方可使用。

双壁钢围堰浮运前，应与气象、水文站（台）联系，掌握天气和水文情况；浮运时，应选择风小、正常流速、无雨的白天进行。

双壁钢围堰浮运过程中，应有救生船并配备救生、消防及通信设施设备。

围堰到位下锚时，应防止锚链（绳）缠绕或刮伤人员。

围堰着床前，应根据水位的涨落情况随时调整锚缆的受力状态，同时锚链系应由专人负责检查。

双壁钢围堰接高下沉加载时，应对称均匀加载。

围堰顶应高出施工期间可能出现的最高水位，有涨潮或风浪时应适当加高。

双壁钢围堰内取土下沉时，抓泥斗不得碰撞钢围堰侧壁。

钢围堰落床尚未稳定前，应防止往来船舶、漂流物等碰撞导向船、浮标和锚索等。

需要水下爆破时，应执行现行国家标准《爆破安全规程》中的有关规定。

四、吊箱围堰

1. 风险分析

在平台上组装时，若底板、侧板连接不牢固，浮运过程中，围堰可能在较大水流或风力作用下发生倾覆，导致淹溺和物体打击等事故发生。

采用多吊点同步吊放，整体下落时，若各吊杆受力不均匀，可能使围堰和起吊设备倾覆，发生淹溺和物体打击等事故。

如果封底混凝土未采用对称浇筑，可能出现厚度不均匀、底面不平坦，增加了承台施工的难度，例如施工设备摆放不平。

如果在单臂钢吊箱内抽水时，未设置内支撑，围堰结构稳定性得不到保证，可能出现围堰倾覆，发生淹溺和物体打击等事故。

潜水及加压前未对潜水设备进行检查，若潜水过程中潜水设备出现意外情况，可能引起淹溺事故。

如果潜水员下潜时未使用安全带，可能发生淹溺事故。

2. 风险控制重点

进行吊箱围堰施工时，必须重点防范围堰倾覆、淹溺和物体打击等伤害。

在平台上组装时，底板、侧板必须连接牢固，以防围堰在浮运过程中倾覆，导致淹溺和物体打击等事故发生。

采用多吊点同步吊放，整体下落时，应使各吊杆受力均匀，以防围堰和起吊设备倾覆引起淹溺和物体打击等事故。

在单臂钢吊箱内抽水时，必须设置内支撑，以防围堰倾覆发生淹溺和物体打击等事故。

3. 风险控制技术

在平台上组装时，底板、侧板必须连接牢固。

采用多吊点同步吊放，整体下落时，应使各吊杆受力均匀。

封底混凝土应采用多导管对称浇筑，厚度应均匀。

抽水过程中应加强观测，若有异常，应及时处理。

采用水密板封底时结构接缝应满足水密要求，并采取措施防止吊箱上浮。

在单臂钢吊箱内抽水时，应及时设置内支撑，保证围堰结构的稳定。

潜水及加压前应对潜水设备进行检查，确认良好后方可进行潜水作业。

潜水员下潜时应使用安全带，安全带经检查后套在下潜导绳上。

第三节 明挖基础施工安全技术与风险控制

明挖基础施工中，安全风险控制的总体策略是控制基坑坍塌风险、基坑降水导致邻近建筑物或构筑物损毁的风险、基坑坍塌导致的埋压风险、基坑边缘施工时人员高处坠落的风险、围堰内开挖基坑时的人员淹溺风险、混凝土灌注时的触电风险等。

一、放坡开挖

1.风险分析

如果基坑开挖对周围建筑物或者邻近设施设备有影响，且未采取安全防护措施，可能使周围建筑物和一些设备设施倒塌，从而发生基坑坍塌、物体打击和高处坠落事故。若周围建筑物为居民楼或者工厂、办公楼等人群密集区，还可能引起触电、火灾、爆炸事故。

如果基坑在开挖前，未将地面以下的管线和构筑物等情况调查清楚，盲目进行施工，可能会破坏地下管线和地下构筑物，导致基坑在施工过程中坍塌。若地下管线为天然气等易燃易爆物输送管道，还可能引发火灾、爆炸事故。

如果基坑在开挖之前，未将地面以上的通信设施和电力线路等情况了解清楚，可能导致触电事故。

作业时，如果采用局部开挖深坑从底层向四周掏土的方法进行施工，可能引起基坑坍塌、施工设备倒塌，从而引发高处坠落和物体打击等事故。

若弃土堆坡脚与坑口边缘的距离小于安全距离，会使基坑边坡失稳滑坍或基坑坍塌，引起窒息事故。

当基坑顶有动载时，若坑口边缘与动载间的距离小于根据基坑深度、坡度及动载大小等情况确定的安全距离，可使基坑边坡失稳滑坍或基坑坍塌，从而导致窒息和高处坠落事故。基坑坍塌严重时还会对周围的车辆、行人等产生影响，发生车辆伤害。

爆破开挖基坑时，若未按国家标准的规定进行作业，极可能在爆破作业中发生人员伤亡事故。

垂直运输土方时，如果未检查吊斗绳索、挂钩和机具等的牢固性，可能发生吊斗坠落，导致物体打击事故。若吊斗内有土，还可能引起窒息事故。

吊斗升降时，坑内作业人员未离开吊斗升降移动范围，若因意外情况吊斗坠落，可能导致物体打击事故；若吊斗内有土，还可能导致窒息事故。

吊斗不使用时，未及时摘下，若因意外情况吊斗坠落，可能导致物体打击事故。

如果基坑四周未按相关规定设置防护设施以及警示标志,可能发生高处坠落事故。若基坑四周夜间未悬挂示警红灯,可能导致高处坠落事故。

基坑开挖时,未观测坡面稳定情况,如果在坑沿顶面出现裂缝、坑壁松塌或遇涌水、涌砂等情况时,施工人员未及时采取加固防护措施,从而引发基坑边坡失稳滑坍、基坑坍塌以及窒息事故。

2. 风险控制重点

进行基坑放坡开挖时,必须重点防范基坑坍塌、窒息伤害、高处坠落伤害和放炮伤害等。

禁止采用局部开挖深坑,从底层向四周掏土的方法施工,以防基坑坍塌以及发生高处坠落伤害和物体打击伤害。

基坑开挖对周围建筑物或者邻近设施设备有影响时,必须采取安全防护措施,以防周围建筑物和设施设备倒塌以及发生物体打击和高处坠落等伤害。

基坑开挖之前,应将地面以下的管线、构筑物和地面以上的通信、电力线路等情况调查清楚,以防基坑坍塌以及发生火灾和触电等伤害。

当基坑顶有动载时,必须确保坑口边缘与动载间的距离在安全距离之内,以防基坑边坡失稳滑坍、基坑坍塌以及作业人员发生窒息和高处坠落等伤害。

确保弃土堆坡脚与坑口边缘的距离在安全距离之内,以防基坑边坡失稳滑坍、基坑坍塌以及作业人员发生窒息伤害。

当基坑开挖需要爆破时,必须按国家标准的规定进行作业,以防发生放炮伤害。

基坑四周应按相关规定设置防护设施以及警示标志,以防发生高处坠落伤害。

基坑四周夜间应悬挂示警红灯,以防发生高处坠落伤害。

基坑开挖时,首先应观测坡面稳定情况,在坑沿顶面出现裂缝、坑壁松塌或遇涌水、涌砂等情况时,施工人员应及时采取加固防护措施,以防基坑边坡失稳滑坍,基坑坍塌以及作业人员发生窒息伤害。

3. 风险控制技术

开挖基坑时应根据具体的地质和水文状况,分层作业。

基坑开挖对周围建筑物或者邻近设施设备有影响时,应立即采取安全防护措施。

基坑开挖之前,应将地下管线、地下构筑物和地面以上的通信设施、电力线路等情况调查清楚,禁止盲目施工。

当基坑顶有动载时,坑口边缘与动载间的距离必须保持在根据基坑深度、坡度及动载大小等情况确定的安全距离之内,且均不应小于1.0m。

弃土堆坡脚与坑口边缘的距离必须保持在安全距离之内,以防影响基坑边坡的稳定性。

当基坑开挖需要爆破时,应按国家规定的标准进行作业。

采用垂直运输出土时，每班作业均应检查吊斗绳索、挂钩、机具等是否完好且连接牢固。

吊斗升降时，坑内作业人员应躲离吊斗升降移动范围。

吊斗不使用时，应及时摘下，不得悬挂。

基坑四周应按相关规定设置防护设施以及警示标志，夜间还应悬挂示警红灯。

基坑开挖时，应随时观测坡面稳定情况，在坑沿顶面出现裂缝、坑壁松塌或遇涌水、涌砂等不良情况时，作业人员应立即采取加固防护措施。

二、支护开挖

（一）风险分析

当基坑边坡不能自行稳定或者因条件限制不能放坡时，如果未对坑壁进行支护加固后开挖，会引起基坑边坡失稳滑坍或基坑坍塌，同时导致窒息事故。

1. 挡板护壁施工

基坑开挖时，若未边挖边支，可能使基坑坍塌，同时发生施工人员的埋压伤害。

未能随时检查支撑结构的变形情况，从而使施工人员不能及时加固或者更换支撑结构，当支撑结构物破坏时会引发物体打击事故，严重时还可能使基坑坍塌，同时导致窒息事故。

用吊斗出土时，如果吊斗碰撞支撑，可能使支撑结构物破坏，导致物体打击事故，严重时还可能使基坑坍塌，同时发生窒息事故。

2. 排桩支护施工

如果排桩支护结构未进行设计检算，可能出现支护结构的刚度和强度等指标不能满足施工要求，导致施工过程中基坑坍塌并引发窒息事故。

如果排桩支护结构未按设计施工要求，未能严格遵守先支撑后开挖的原则，可能使基坑后塌，同时导致窒息事故。

若钢支撑的连接不符合相关规定，可能出现钢支撑连接不牢固、不顺直以及支撑端头局部不稳定等情况，从而由于钢支撑破坏而引发物体打击事故，严重时还可能使基坑坍塌，同时导致窒息事故。

采用挖掘机出土时，挖斗碰撞排桩，可能使排桩和支撑结构物倒塌，导致基坑坍塌和窒息事故。

3. 喷支护施工

如果喷射过程中碾压、踩踏管路，可能使喷射方向不受控制，导致物体打击事故。

喷射混凝土时，如果喷嘴朝向人，可能导致物体打击事故。

锚杆施工前若未进行现场拉拔和锚杆群锚效果试验等，盲目施工，易导致锚杆折断引发的物体打击事故以及边坡由于锚杆断裂而失稳滑坍。

施工人员未佩戴安全帽和口罩等防护用品，可能发生物体打击和机械伤害等事故。

（二）风险控制重点

进行基坑支护开挖时，必须重点防范基坑坍塌、窒息伤害和物体打击伤害等。

当基坑边坡不能自行稳定或者因条件限制不能放坡时，必须对坑壁进行支护加固后开挖，以防基坑坍塌，作业人员发生窒息伤害。

支护结构和支撑结构应随时检查，发现变形时，必须及时加固或者更换，以防基坑坍塌，作业人员发生窒息伤害和物体打击伤害。

出土时，必须有防护措施，吊斗不得碰撞支护结构和支撑结构，以防基坑坍塌，作业人员发生窒息伤害。

（三）风险控制技术

当基坑边坡不能自稳或因条件限制不能放坡时，必须对坑壁进行支护加固后开挖。

1. 挡板护壁施工应符合下列规定

（1）基坑每层开挖深度应根据地质情况确定，并应边挖边支。

（2）支撑结构应随时检查，发现变形，应及时加固或更换。

（3）支撑拆除时应按自下而上的顺序，待下层支撑拆除并回填土后，再拆除上层支撑。

（4）用吊斗出土，应有防护措施，吊斗不得碰撞支撑。

2. 排桩支护施工应符合下列规定

排桩支护结构应进行设计检算，并按设计要求进行施工，严格遵守先支撑后开挖的原则。

钢支撑的连接必须牢固、顺直；拉锚应做抗拔试验，确保锚固稳定可靠。

当地下水位高于基坑底面时，应先行降水或在排桩外围施工隔水帷幕后再开挖基坑。

3. 锚喷支护施工应符合下列规定

喷射混凝土作业前应检查现场环境、管路、接头、压力表及安全阀；作业过程中应设专人指挥、专人操作喷射设备；严禁喷射过程中碾压、踩踏管路。

根据土质与渗水情况，每次下挖后应及时喷护，对无水或少水坑壁，喷射顺序应由下而上，但对渗水的坑壁应由上而下；喷射混凝土终凝 2h 后，应进行湿润养护。

喷射混凝土时，喷嘴不得面对有人方向，喷射机发生故障时，应先停风、水后再处理。

锚杆施工所用的钢材、锚具、砂浆等材料和钻孔、张拉、注浆设备等均应按国家有关规定进行检验。

锚杆施工前应进行现场拉拔和锚杆群锚效果试验等，以判明锚杆能否满足设计要求的性能。

锚杆锚固段的强度达到设计要求后方可进行张拉，锚杆锁定应按设计要求进行；锚杆的张拉顺序应考虑对邻近锚杆的影响。

三、基坑降、排水

1. 风险分析

如果基坑顶面四周未开挖排水沟，可能导致地表水流入基坑，减缓施工进度，增加施工难度，也为清基工作带来很多不便；若遇到暴雨天气，还可能使基坑边坡受到冲刷导致坍塌事故。

基坑降、排水时，未对周边的建筑物加强观测，使施工人员不能在必要时及时采取防范措施，可能使周围建筑物倒塌以及基坑坍塌，从而导致物体打击和高处坠落事故；若周围建筑物为居民楼或者工厂办公楼等人群密集区，还可能导致触电、火灾、爆炸事故。

基坑在降、排水过程中，当出现大量涌砂、涌水、坑壁坍塌等情况时，未停止抽水，同时未采取加固措施，可能导致基坑坍塌和透水事故。

当地下水位较高，基坑降、排水措施效果不佳时，未考虑在基坑围护结构外围设置隔水帷幕，可能增加施工难度，减缓施工进度，导致透水事故。

2. 风险控制重点

进行基坑降、排水时，必须重点防范基坑坍塌和透水事故。

基坑顶面四周必须开挖排水沟，以防地表水流入基坑，发生基坑坍塌。

基坑降、排水时，必须对周边的建筑物加强观测，必要时应及时采取防范措施，以防发生周围建筑物倒塌和基坑坍塌。

基坑在降、排水过程中，当出现大量涌砂、涌水、坑壁坍塌等情况时，必须停止抽水，同时采取加固措施，以防发生透水事故。

当地下水位较高，基坑降、排水措施效果不佳时，必须考虑在基坑围护结构外围设置隔水帷幕，以防发生透水伤害。

3. 风险控制技术

基坑顶面四周应开挖排水沟。

基坑降、排水时，应加强对周边建筑物或者建构物的观测，必要时，施工人员应及时采取防范措施。

在降、排水过程中，当出现大量涌砂、涌水、坑壁坍塌等情况时，应立即停止抽水，同时采取加固措施。

当地下水位较高，基坑降、排水措施效果不佳时，应考虑在基坑围护结构外围设置隔水帷幕。

第四节 桩基础与承台施工安全技术与风险控制

一、沉桩

1. 风险分析

打桩机的移动轨道铺设不平顺、轨距不均匀，极易使打桩机在移动过程中脱离轨道，毁坏机械设备，导致机械伤害和物体打击事故。

在起吊桩或桩锤时，作业人员在吊钩或者桩架下停留，若起吊过程中由于意外情况桩身坠落或者桩架倒塌时，会导致物体打击事故。

桩机停止作业后，未及时切断动力源，当有不知情的施工人员靠近或者不小心触碰桩机时，很有可能使桩机在无防护情况下自行工作，造成机械伤害和物体打击事故。

在沉桩过程中，遇地基沉陷、桩机倾斜、吊具损坏时继续操作，这种在施工机具不安全状态下进行的施工，不仅会加剧设备磨损，而且还可引起设备故障，导致物体打击和机械伤害事故。

桩机在工作状态时进行维修，会引发机械伤害事故。

射水沉桩时，未在桩身入土达到稳定时再射水，可使桩身和桩架倾斜，导致机械伤害和物体打击事故。

2. 风险控制重点

进行沉桩施工时，必须重点防范由于桩身倾斜和机械设备引发的物体打击伤害和机械伤害。

打桩机的移动轨道必须铺设平顺，轨距正确，轨道钉牢，钢轨端部必须设止轮器，并设专人进行检查，确定无误后方可进行下一步作业。

在起吊桩或桩锤时，严禁作业人员在吊钩或桩架下停留，以防发生物体打击伤害。

桩机停止作业后，必须立即切断动力源，以防发生机械伤害和物体打击伤害。

在沉桩过程中，遇地基沉陷、桩机倾斜、吊具损坏，必须立即停止施工，查明情况，并将问题上报，采取措施，以防发生物体打击和机械伤害事故。

桩机工作时，严禁对其进行维修，以防发生机械伤害。

采用高压射水辅助沉桩施工时，必须防止沉桩急剧下沉，造成桩身和桩架倾斜，射水沉桩时，应待桩身入土达到稳定时再射水，以防发生机械伤害和物体打击伤害。

3. 风险控制技术

锤击沉桩应考虑对邻近建（构）筑物和周边土体的影响，对其沉降和位移应进行观测，发现异常应停止沉桩并及时处理。

有潮汐的水域，应采用固定平台或专用打桩船，水上打桩平台应与打桩机底座连接牢固；当采用专用打桩船沉桩时，桩架与船体的连接和船体的锚碇应牢固；当其他船舶通过施工区，船行波影响打桩船稳定性时，应暂停沉桩。

接长钢筋混凝土管桩时，严禁把手伸入桩头和法兰螺栓孔中。

打桩机工作时，严禁对其进行维修，严禁桩锤在悬挂状态下进行检查维修。

打桩机移动时，机体应平稳，桩锤应放在机架的最低位置。

振动打桩机与桩帽及桩的连接螺栓，应上满拧紧，每振动一次必须进行检查，若有松动，应及时予以处理。

用起重机具悬吊振动锤沉桩时，其吊钩上方应有防松脱的保护装置，并应控制吊钩下降速度与沉桩速度一致，保持桩身稳定。

压桩前，应根据压桩地区的水文、地质情况正确估算压桩阻力，选用适当的压桩设备。

桩的吊点应符合设计要求；吊桩时应在桩上拴好溜绳，不得碰撞桩机。

压桩过程中，应保持桩机压梁中轴线与桩中轴线在同一直线上，发生桩身倾斜应立即停止加压，查明原因并处理后方可继续施工。

压桩机严禁超负荷运行，当压桩阻力超过压桩机能力时，应立即停止施工，避免发生断桩或倒架事故。

采用高压水泵等辅助沉桩措施，高压水泵的压力表、安全阀、水泵、输水管道及水压大小应符合安全要求，高压射水辅助沉桩，应根据地质情况，采用相应水压。

在地势低洼处采用辅助射水沉桩时，应有排水设施，保持排水正常，施工中严禁射水管口对着人、设备和设施。

靠近既有桥梁部位的基桩，不得采用射水辅助沉桩。

管桩打好后，应随即将桩口盖好，避免不明物体落入管桩，影响后期施工。

二、钻孔桩

1. 风险分析

在高压线或营业线附近施工时，钻机与高压线或营业线的距离不符合要求，同时未采取防护措施，可能导致人体触电事故，若机械设备倾覆，还可能导致机械伤害和物体打击事故。

发生卡钻、掉钻时，施工人员在没有护筒或其他防护措施的情况下进入钻孔，钻孔如发生坍塌，则会导致窒息事故；若孔内有有害气体，则还可能导致中毒事故。

钻孔时，钻速过快或骤然变速，不仅加剧设备损耗，同时可能在出现意外情况时，不能及时采取防护措施，导致钻孔坍塌事故。

孔内弃土堆积在钻孔周围，可能使钻孔坍塌，若孔内有施工人员还有可能导致人员窒息事故。

停钻后，钻头未提出孔外安全放置，若钻机出现意外情况自行工作，不仅加剧设备损耗，还可能导致钻孔坍塌事故。

由于走行道路不平坦或者机架不稳定等不能满足钻机正常移动和工作要求，可使钻机倾覆，导致机械伤害和物体打击事故，还可能使钻孔坍塌。

2. 风险控制重点

进行钻孔桩施工时，必须重点防范钻孔坍塌、触电伤害、物体打击伤害和机械伤害等。

在高压线或营业线附近施工，必须有防触电和防设备倾覆措施，当钻机与高压线的距离不符合要求时，可在施工前将原地面降低一定的高度，使钻机与高压线的距离不小于安全距离，以防发生触电伤害。

发生卡钻、掉钻时，严禁人员进入没有护筒或其他防护设施的钻孔内；若必须进入有防护设施的钻孔时，应确认钻孔内无有害气体并备齐防毒、防溺水、防埋等安全设施后，方可进入；并应有专人负责现场指挥，以防发生中毒和窒息伤害。

钻孔时，钻速不得过快或骤然变速，以防发生钻孔坍塌。

孔内弃土不得堆积在钻孔周围，以防发生钻孔坍塌。

停钻后，钻头必须提出孔外安全放置，以防发生钻孔坍塌。

应满足钻机正常移动和工作要求，以防钻机倾覆，发生钻孔坍塌、机械伤害和物体打击伤害。

3. 风险控制技术

在高压线或营业线附近施工，应有防触电和防设备倾覆措施。

钻机的施工场地及走行道路应平坦坚实，满足钻机正常工作和移动的要求。

钻机安装时，机架应垫平，保持稳定，不得产生位移或沉陷，钻架顶端应用缆风绳对称张拉，地锚应牢固。

停钻后，钻头应提出孔外进行安全放置。

冲孔时，非作业人员不得进入冲击区域范围内；当检测钻孔或吊泥浆出孔时，钻头应放置在安全位置。

提升钻头到接近护筒底缘时，应减速平稳提升。

钻机移动时，不得挤压电缆线和风、水管路。

在钻孔作业中高压软管不得与机架接触，导管加接时，机体应支垫平稳，不得下沉歪斜。

开挖时，当冲抓钻头脱离皇冠后，上导向环应快速放绳，防止钢丝绳被折断，制动装置应安全可靠。

钻孔时，钻速不得过快或骤然变速；孔内弃土不得堆积在钻孔周围。

清孔使用的高压水或高压风的管路接头，应连接牢固，并能承受水、风压力。

钻孔作业过程中，应观察主机所在地面和支腿支承处地面变化情况，发现下沉现象应及时停机处理；因故停机时间较长时，应将套管口保险钩挂牢。

发生卡钻时，不得强提，应查明原因，尽快处理。

发生卡钻、掉钻时，严禁人员进入没有护筒或其他防护设施的钻孔内；必须进入有防护设施的钻孔时，应确认钻孔内无有害气体并备齐防毒、防溺水、防埋等安全设施后，方可进入，并应有专人负责现场指挥。

岩溶地质条件钻孔前，应制定专项安全措施，备足钻孔泥浆及填充材料等应急物资。

施工时，禁止抽取岩溶地质条件地区的地下水。

钢筋笼孔口连接时，孔内钢筋笼应固定牢靠，钢筋连接人员与起重机操作人员应协调一致；钢筋笼下孔时，要小心操作，防止碰撞，保护钢筋笼的整体性。

钢筋笼吊装前，应采取措施防止其产生过大变形。

夜间施工时应设置灯光照明，照明灯光应避免强光直射江面，影响船舶驾驶人员的瞭望；临时航道设置助航标志，与施工无关的船只严禁进入作业区。

水下浇筑混凝土时，应搭设浇筑工作平台，并设井口防护，确保施工操作人员安全；拆卸导管时，在导管完全松开后，方可起吊移开；采用人工抬运导管时，应有防滑措施。

三、挖孔桩

1. 风险分析

施工人员在施工时未采取安全防护措施，例如未戴安全帽、未挂好安全绳等，一旦孔井上方有物体掉落等意外情况发生，极易导致物体打击，同时高空作业时还可能导致高空坠落事故。

护壁支护未完成便继续开挖，当未支护护壁较长时，可能会因支撑力不足，使孔井坍塌，发生窒息事故。

弃渣未及时运走在孔口周围堆积，可能导致孔井坍塌。

孔内通风条件不符合相关规定，可能引起中毒和窒息事故。

孔内排水不符合相关规定，例如孔内积水未及时抽排，可能使孔井坍塌，导致窒息事故。

桩孔内岩石需要爆破时，爆破施工不满足相关规定，可能导致放炮事故。若孔口未加防护盖，邻近孔的作业人员未撤离至安全地带，石渣飞出时易导致物体打击事故。

孔内作业时，孔外作业人员未随时注意护壁变化及孔底施工情况，可能发生孔井坍塌；当发现异常时，不能立即协助孔内人员撤出，会导致窒息事故。

2. 风险控制重点

进行挖孔桩施工时，必须重点防范孔井坍塌、窒息伤害、放炮事故和物体打击伤害等。

孔内施工人员必须戴好安全帽，挂好安全绳，穿好绝缘胶鞋，人员上下不得携带任何工具和材料，孔内必须设置应急软梯，以防发生物体打击和高空坠落伤害。

孔内作业时，孔口必须有专人看守，随时与孔内人员保持联系，并随时注意护壁变化及孔底施工情况，发现异常时，应立即协助孔内人员撤出，以防孔井坍塌、作业人员发生窒息事故。

孔内通风作业时，若没有安全可靠的措施严禁采取人工挖孔作业方式。需经常检查有害气体浓度，必要时采取机械通风措施；爆破后需迅速排烟，以防作业人员发生中毒和窒息事故。

孔内积水必须及时抽排，以防孔井坍塌导致作业人员窒息伤害。

弃渣必须及时运走，不得在孔口周围堆积，以防孔井坍塌导致作业人员窒息事故。

桩孔内岩石需要爆破时必须采用小直径浅孔微差爆破，严格控制装药量，孔口应加防护盖，以防石渣飞出；一孔进行爆破，邻近孔的作业人员应撤离至安全地带，以防发生放炮伤害和物体打击伤害。

杜绝施工人员一味追求施工进度，在护壁支护未完成前向下开挖，以防孔井坍塌导致埋压事故。

3. 风险控制技术

设计为非人工挖孔成孔的桩基础，未经设计、监理和建设单位同意，严禁采用人工挖孔施工。

孔内作业人员必须戴好安全帽，挂好安全绳，穿好绝缘胶鞋，人员上下不得携带任何工具和材料，孔内必须设置应急软梯。

孔内通风及排水应符合下列规定：

（1）如没有安全可靠的措施不得采取人工挖孔作业。

（2）应经常检查有害气体浓度，二氧化碳含量超过0.1%，其他有害气体超过允许浓度或孔深超过10m时，均应采用机械通风措施。

（3）爆破后应迅速排烟，及时清除松动石块、土块。

（4）孔内积水应及时抽排。

弃渣应及时运走，不得堆在孔口周围。

桩孔内岩石需要爆破时必须采用小直径浅孔微差爆破，严格控制装药量，孔口应加防护盖，以防石渣飞出，一孔进行爆破，邻近孔的作业人员应撤离至安全地带。

护壁施工应符合设计要求，当采用混凝土护壁时，应随挖随护，开挖后必须随即施作钢筋混凝土护壁；护壁经验收合格后方可继续下挖。

孔口围圈应高出地面 0.3m 以上，并设防护栏，夜间作业时应悬挂示警红灯。

绞车、绞绳、吊斗、卷扬机等机具必须经常检查维修，孔内应设置护盖等防止物体坠落的设施，孔内照明应采用低压行灯，起吊设备必须有限位器和防脱钩装置。

[案例] CFG 桩施工方案

编制依据：

1. 中华人民共和国交通部《公路工程标准施工招标文件》（2009 年版）；
2. 《邢衡高速公路衡水段 LQ7 标段招标文件》；
3. 《邢衡高速公路衡水段 LQ7 标段两阶段施工图设计》；
4. 《邢衡高速公路衡水段 LQ7 标段合同文件》
5. 中华人民共和国行业标准《公路路基施工技术规范》（JTG F10—2006）；
6. 筹建处、总监办对本工程质量、工期、安全、环保等方面要求；
7. 项目部的施工能力、技术实力、管理水平及多年施工经验。

工程概况：

CFG 桩的骨料为碎石，石子的粒径为 5~20mm，混合料的坍落度为 160~200mm。

CFG 桩径 0.4m，按正三角形布置，桩间距由密到疏进行渐变，桥后处理长度 50 米，桥后 20 米内桩间距为 1.4 米，往外 20 米桩间距为 1.6 米，最外面桩间距为 1.8 米。桥后首排 CFG 桩距离基础 60cm。CFG 桩处治宽度至坡脚外 0.5m，横向最外侧 4 排桩采用变桩长设计，桩长分别减少 2m、2m、1.5m 和 1m。CFG 桩 28d 无侧限抗压强度不低于 6MPa，90d 单桩承载力不小于 200kN，单位复合地基承载力不小于 150kPa。采用 C20 混凝土进行施工。

施工组织：

此工程由路基分部负责施工，主要人员组成：路基工程师 1 名，现场技术负责人 1 名，安全负责人 1 名，试验负责人 1 名，质检工程师 1 名，测量工程师 1 名，现场安全员 1 名，机长 1 名，测量员 1 名，试验员 2 名，施工员 2 名，民工 10 名。

施工工艺：

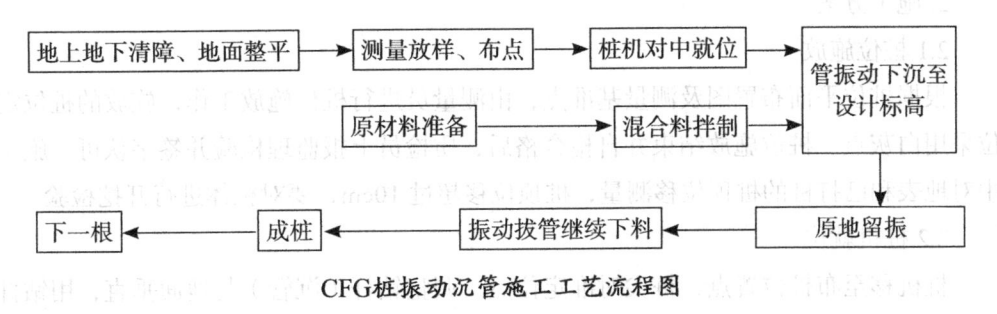

```
地上地下清障、地面整平 → 测量放样、布点 → 桩机对中就位 → 管振动下沉至设计标高
原材料准备 → 混合料拌制 ↗                                    ↓
下一根 ← 成桩 ← 振动拔管继续下料 ← 原地留振
```

CFG桩振动沉管施工工艺流程图

本次首件位置定在K35+216 - K35+266段，CFG桩试桩桩间距为1.8m，桩径0.4m，桩长12m，按等边三角形布置。

CFG桩试验段进行试桩7根，以确定机械设备、施工工艺、技术参数等。CFG桩施工时，采用隔行隔桩跳打，相邻桩之间施工间隔时间大于7天，避免对已成桩造成伤害。

1. 施工前的准备工作

1.1 现场准备

CFG桩施工前我项目部安全负责人、技术负责人已对施工现场进行调查，无障碍物。完成清表工作，并对试验段施工现场进行整平。路基坡脚两侧外缘3m处开挖100cm×100cm临时排水沟。

1.2 机械设备准备

机械设备已经进场，我项目部技术人员对现场各机械设备进行全面检修，以保证设备性能良好。现场配备200KW发电机组，提供用电，派专职电工负责。确保工程能在最短时间内完成。

1.3 施工放样准备

依据施工图纸的现场平面坐标轴线，结合导线复测成果进行CFG桩试验段中桩恢复。边桩为坡脚两侧外缘1m处并撒灰线，确定施工宽度。放样结束并自检合格后，由质检员上报监理测量工程师检验并签字认可。

1.4 试验室准备

试验室将配合比上报驻地试验室，由驻地试验工程师进行审核批复。

1.5 技术、安全、环境交底准备

在CFG桩开工前，我项目部将由技术负责人向参加施工的施工负责人、试验人员和测量人员等，以会议形式结合驻地监理工程师进行技术交底。对各种机械操作手和技术工人，进行现场技术、安全、环境交底。交底内容除工程概况、施工方案、施工工艺、操作规程、技术要求、质量标准、试验检测方法外，还要使全体施工人员做到"五个明确"，即岗位职责明确、施工程序明确、操作规程明确、技术要求明确、质量标准明确，从而使 CFG 桩施工顺利完成。

2. 施工方案

2.1 桩位施放

根据桩位平面布置图及测量基准点，由测量员进行桩位施放工作，施放的桩位定位采用白灰点。桩位施放结束并自检合格后，质检员上报监理检验并签字认可。施工中对地表和已打桩的桩顶位移测量，桩顶位移超过 10cm，要对桩体进行开挖检验。

2.2 桩机就位

桩机移至布桩位置点，桩尖对准定位点，调整钻杆（沉管）与地面垂直，用钻杆垂线法检测竖直度且竖直度偏差不大于桩长的 1%。

2.3 沉管至设计深度

启动马达，沉管到预定标高，停机。施工员结合机长在沉管过程中必须做好记录。激振电流每沉 1m 记录一次，对土层变化处特别说明。测量员检测标高，并做好记录。

2.4 停振投料

待沉管至设计标高后，立即用料斗进行空中投料，直到混合料面与钢管料口齐平。当上料量不够，必须在拔管过程中进行空中补充投料，以保证成桩桩顶标高满足设计要求。

按设计配比配置混合料，使用拌合楼进行拌和，一般坍落度为 160~200mm。成桩后桩顶浮浆不超过 200mm。混合料搅拌必须均匀，拌合时间不得少于 2min。

2.5 拔管

当混合料加至钢管投料口平齐后，启动马达，留振 10s 左右，开始拔管，拔管速率为 1.2 ~ 1.5m/min（拔管速度为线速度，不是平均速度），如遇淤泥或淤泥土质，拔管速率放慢。拔管过程中不允许反插。成桩后桩顶标高考虑计入保护桩长。

2.6 桩机移位

沉管拔出地面，确认成桩符合设计要求后，用粒状材料或湿粘性土封顶。然后移机进行下一根桩的施工。

2.7 取样

成桩过程中，抽样做混合料试块，每台机械每台班做三组（9 块）试块（边长 150mm 立方体），标准养护，测定其立方体 28 天的抗压强度。施工中抽样检查混合料坍落度，每台机械每台班不少于 3 次。

2.8 铺设 5% 灰土垫层

施工时，桩顶标高高出设计标高，高出长度根据桩距、布桩形式、现场地质条件和施打顺序等综合确定，不小于 0.5m，施工完成 7 天后，开挖至设计高程，截去保护桩长，待最后一批次 CFG 桩施工完成 28 天，方可填筑灰土垫层。灰土垫层采用质量比为 5% 的灰土，土料宜采用粉质黏土，不宜使用块状黏土和砂质黏土，不得含有松软杂质，并应过筛，其颗粒不得大于 15mm。石灰宜用消石灰，其颗粒不得大于 5mm。

（1）灰土垫层铺设的宽度，每边应宽出坡脚外 1m。

（2）灰土垫层厚度为 30cm。

（3）灰土垫层的压实系数不应小于 0.95。

CFG 桩的施工质量控制：

1. 施工顺序采取隔行隔桩跳打施工。施工打新桩时与已打桩间隔时间不小于 7d。

2. 打桩过程中施工人员随时观测地面是否发生隆起。

3. 混合料坍落度：为避免桩浮浆过多，混合料坍落度控制在 160~200mm，每班次检验不少于 3 次。

4. 保护桩长：成桩时预先设定加长一段桩长，保证成桩质量。

5. 成桩过程中，测量员对已打桩顶进行位移观测。

6. 混合料制备 150mm×150mm×150mm 的试件，每一施工点每班次不少于 3 组。

CFG 桩质量检测：

CFG 桩的质量控制应贯彻于施工的全过程，施工质检人员、现场监理必须严格控制施工工艺质量。施工中随时检查施工记录，并依照施工工艺对每根桩进行质量评价。

1. 7 天桩头取芯，与 7 天标养试件强度进行比较。

2. 7 天进行小应变检测判断桩体成桩完好性。

3. 28 天压标养试件测定 28d 强度。

4. 28 天用静荷载试验，测定单桩承载力和复合地基承载力。

5. 施工过程质量检验主要检查施工记录、混合料坍落度、桩数、桩位偏差、桩顶标高及桩体试块抗压强度。

6. 桩位允许偏差：±100mm、桩身倾斜不大于桩长的 1%、桩体有效直径不小于设计值。

7. 复合地基承载力试验在施工结束 28 天后进行。实验数量为总桩数的 0.2%，每个单体工程的实验数量不少于 3 根。

8. 检验标准如下表：

项目	检查项目	允许偏差或允许值 单位	允许偏差或允许值 数值	检查方法
1	原材料	设计要求		检查产品合格证或抽样送检
2	桩距	m	±100	抽查桩数3%
3	桩径	不小于设计值		抽查桩数3%
4	桩长	不小于设计值		检查施工记录
5	竖直度	%	1	抽查桩数3%
6	桩体强度	不小于设计值		取芯法，总桩数5%
7	单桩和复合桩地基承载力	不小于设计值		成桩数的0.2%，不少于3根

施工注意事项：

1. 桩体采用 C20，设计强度 R28=20MPa，其各材料配合比根据试验室 28 天强度试验确定计算。

2. 停机后尽快向管内投料，直到混合料与进料口齐平。混合料按设计配比经搅拌机加水拌合，拌合时间不得少于 1min。出料时坍落度按 170mm 控制，成桩后浮浆厚度不超过 20cm。

3. 采用隔行隔桩跳打工艺，避免对已成桩造成伤害。

4. 桩机卷扬系统提升沉管线速度太快时，为控制平均速度，采用提升一段距离，停下留振 10s 左右时间，非留振时，速度太快可能导致缩颈断桩。拔管太慢或留振时间太长都会使桩的端部桩体水泥含量较少，桩顶浮浆过多，而且混合料也容易产生离析，造成桩身强度不均匀。

5. CFG 桩施工完成 7 天后，进行破除桩头。截取桩头时，采取人工开挖，专人指挥，不得造成桩顶标高以下桩身断裂和扰动桩间土。必须遵循以下原则：

（1）不可对设计桩顶标高以下的桩体产生损害；

（2）对中、高灵敏土，避免扰动桩间土。

凿除桩头时，如有桩体断裂至桩顶设计标高以下，必须采取补救措施。用 C20 混凝土接桩至设计桩顶标高，同时注意在接桩头过程中保护好桩间土。

6. 施工过程中，无论是振动沉管还是振动拔管，都将对周围土体产生扰动或挤密。施工时振动可使土体密度增加，场地发生下沉；不可挤密的土则要发生地表隆起（隆起可能发生在施工作业面以外地段），桩距越小隆起量越大，导致已打的桩产生缩颈或断桩。在施工过程中要加强地面观测。

7. 现场施工人员要做好混凝土罐车的调配工作，防止罐车在行进过程中对已完成桩体的破坏。

雨季施工措施：

① 严禁在雨天进行施工，并及时做好防排水工作。

② 及时了解当地的天气情况，合理安排 CFG 桩（沉管灌注桩）施工日期。

③ 在路基两侧修筑临时泄水槽，以利于排水，并保持排水沟畅通。

④ 施工过程中下雨，必须保护桩位，雨水会造成桩位的偏移，偏移过多，会造成施工质量事故。采取必要的防雨措施将材料与雨水隔离，材料中混入较多的水分，导致坍落度过大，从而使强度降低。

⑤ 降雨过后，施工现场负责人结合质检员对 CFG 桩（沉管灌注桩）进行检测。

质保体系和质保措施：

1. 建立健全质保体系

为实现项目部制定的质量目标，本着"质量就是生命"的指导思想，坚持质量就是信誉，质量就是效益的观念，特制定如下质量措施：

（1）组织保证

建立以项目经理李卫波为核心的质量管理网络，成立全面质量管理（TQC）领导小组。加强质量管理，不断改善施工工艺和管理方法，严格自检制度，把质量控制落实施工过程中去，对施工全过程进行质量、控制和监督。

质量管理（TQC）领导小组人员如下：

组　长：李卫波

副组长：周建江　王庆杰

组　员：杜　毅　崔占敏　刘永刚　关志杰

（2）制度保证

① 内部质控体系

成立以该项目总工周建江为核心的项目内部质控体系，独立行使质量监督权利并有质量否决权，结合本项目技术规范对施工全过程进行质量、控制和监督并制定创优规划。

项目内部质控体系人员如下：

组　长：周建江

副组长：王庆杰

组　员：杜　毅　崔占敏　刘永刚　关志杰

② 建立质量终身责任制，按 ISO9001 标准进行现场管理。

建立质量终身责任制，从材料进场到工序质量控制，严格按公司的质量控制程序进行，项目实施期间有项目经理部按质量手册、程序文件和作业指导书进行内部质量体系的管理、审核。

③ 建立健全包括图纸会审制度、技术交底制度、测量检验复核制度等各项技术制度，做到施工前有可行的技术方案，施工中有明确的质量目标和控制措施，施工结束后有及时、准确的检测报告。

④ 实行工序负责制及工程任务制度

由施工管理人员将施工员、试验员技术员每天的工作、地点、桩号、工作量等开出工程任务单，然后由质检员检查合格后方可有效。

由统计工程师归纳上报有关部门，以便查找原因，责任到人。

⑤ 建立质量奖惩制度

建立与行政管理相配套的经济管理制度，根据质量责任制的量化指标，按工序进行考核兑现，体现出优质优价，保证施工质量达到优良的目标，树立样板工程。

⑥ 建立施工过程中的质量检查和验收制度

工程质量检查以工程最初工序开始，逐道工序进行质量检查，发现问题及时纠正处理，未经处理，不得进入下道工序。施工过程中，严格按照自检体系、质量保证体系进行。质检是对整个工程的每道工序进行过程质量检测控制，只有自始至终地把好每道工序的质量关，加强对过程质量检控，才能尽量消除和避免质量事故的发生，起到提前预防的效果，确保整个工程的工程质量。

⑦建立质量管理例会制度

项目经理部定期召开质量管理例会，主要听取施工组和质检工程师的工作情况汇报，研究解决发现的问题，并听取和贯彻监理工程师对质量管理工作的意见和指示。

（3）施工与技术保证

人员、设备、物资供应是工程施工的前提和要素，根据工程实际情况，项目部合理配置了足够的人员、机械设备以及测试设备，为工程的开展提供了充分保障，安排专人做物资供应工作，特别是原材料进场工作，以保证工程进度和工程质量。

（4）标准化计量保证

加强规范化管理，严格施工程序，为使施工达到高标准状态，为建设优质工程打好基础。每道工序都有标准化要求、标准做法，做到工作有方圆之规、长短之绳，使工程质量再上新台阶。

做好计量达标工作。试验仪器、测量仪器、施工磅秤定期检测检验，从计量方面保证工程质量。

2. 关键环节的几种质保措施

我项目经理部针对该工程实际情况，除建立并运行上述质保体系外，还需特别采取以下几种质保措施：

（1）严格执行监理程序

从开工准备到施工各阶段都要严格遵循监理程序，做到每一工序都得到监理工程师的验收和批准才进行下一道工序，随时听取监理工程师的意见、指导，并及时采取措施认真落实。

（2）加强质量检测和控制

按要求频率对施工过程进行控制和检测。

（3）加强运输控制

将不可利用的材料运输至指定的地点进行妥善处理，并保护运输途中不对沿线造成污染。

安全生产措施：

1. 建立完善的以项目经理李卫波为核心的安全生产领导小组，路立强为专职安全员，有组织有领导地开展安全管理活动。

安全生产领导小组成员如下：

组　长：李卫波

副组长：王庆杰

组　员：崔占敏　毕浩军　路立强　高昌文　王月斌　张栋　李贵山

2. 加强安全生产教育，提高全员安全意识，重点是搞好四个方面的教育：高度责任感和安全第一的教育；本职工作、安全基本知识、技能的教育；遵守规范制度和岗位标准作业教育；违章违纪案例的教育，平时经常进行安全教育，利用班前交代安全注意事项。

3. 健全安全岗位责任制，做到奖惩严明、施工安全要求纳入工程承包内容，逐级签订安全生产承包责任状，明确分工，责任到人，把安全工作落到实处。

4. 大力宣传安全的重要性，利用多种形式对职工进行安全生产教育。

5. 教育施工人员严格执行《安全操作规程》，并定期进行安全检查，堵塞漏洞，防止安全事故发生。

6. 施工前对路基施工范围内地上、地下各类设施，如电线、通讯光缆、管道等做好调查，及时与有关部门联系，妥善处理，以免发生事故。

7. 在施工现场及其附近重要交叉口，设置醒目安全标志，必要时设专人指挥，防止各种事故发生。

8. 加强与当地政府、公安、交通部门及地方的联系，做好地方群众工作，使其积极配合，确保工程顺利进行；做好防火、防盗、防破坏工作，确保安全生产。

9. 严格加强行政管理，杜绝各种非生产性事故的发生，把事故隐患消灭在萌芽状态。

10. 进入施工现场人员应戴好安全帽，施工操作人员穿戴好必要的劳动防护用品。

11. 凡患有高血压、心脏病及视力不清等症的人员，不得进行机上作业。

12. 施工现场应全面规划，并有施工现场平面布置图；其现场道路应平坦、坚实、畅通，交叉点及危险地区应设明显标志。

13. 各种机电设备的操作人员，都必须经过专业培训、考试合格并具有上岗证书，懂得本机械的构造、性能、操作规程，能维护保养和排除一般故障。

14. 驾驶人员及操作者，必须领取经有关部门批准的驾驶证或操作证后方可开车。禁止其他人员擅自开车或开机。

环境保护措施：

1. 遵照国家环境保护法，在本工程中，严格组织管理，保护周围环境不受污染。

2. 施工现场整洁、有序，垃圾集中堆放、定期清理，防止造成水及环境污染。建筑垃圾及废弃物进行回收，集中存放、统一清除处理，工程完工后恢复原来的地形面貌。

3. 施工完毕后把施工场地所用的临时设施，使用的塑料布、油毡等材料和废弃物品彻底清理干净，不允许随意丢弃在施工场地上，确保施工后环境美观，无污染。

4. 施工便道及时洒水湿润，降低扬尘。

5. 设环境督查小组，人员组成如下：

组　长：路立强

组　员：王月斌　李贵山

督查组责任为督查施工现场生态环境，并对不到位的施工现场予以整改，根据现场情况进行经济处罚。

文明施工措施：

1. 认真落实文明施工管理有关规定，做到现场整洁、布局合理。
2. 主要人员及特殊工种持证上岗，现场施工人员佩卡上岗，坚守岗位。
3. 施工人员无违章指挥、违章作业，确保施工安全。
4. 加强对现场施工人员的教育，不动用、不损坏当地群众财产，保护当地自然环境。
5. 施工场地要有明显标牌、警示牌，使之一目了然。
6. 健全管理组织，经济责任制和岗位责任制。
7. 加强教育培训工作，进行岗前培训和文明施工教育工作，提高全员文明施工意识。
8. 设文明施工督查小组，人员组成如下：

组　长：路立强

组　员：王月斌　李贵山

督查组责任为督查施工现场文明施工到位情况，并对不到位的施工现场予以整改，根据现场情况进行经济处罚。

四、承台施工

修筑承台的围堰安全技术与风险控制参见本章第二节的有关内容；基坑开挖安全技术与风险控制参见本章第三节的有关内容。

1. 风险分析

若操作平台搭设不牢固，则可能因承载力不足而导致垮塌事故，进一步引发严重的高处坠落伤害、物体打击伤害或人员落水淹溺伤害。

在双壁钢围堰和吊箱围堰中除土、吸泥或抽水，可能影响围堰的稳定或冲刷围堰下部，若忽略对冲刷情况、稳定情况的检查，可能导致围堰倾斜事故。

凿除超灌桩头混凝土时，若作业人员操作不当，可能导致机械伤害，物体打击伤害。

对于高承台结构，当承台及墩身混凝土浇筑完成后，若承台顶面以上的钢结构没有及时拆除，可能危及通航船只的安全及造成洪水期漂浮物堆积。

2. 风险控制重点

严防操作平台搭设不牢固，以免造成垮塌事故。

在双壁钢围堰和吊箱围堰中除土、吸泥或抽水，严防忽略检查，以免造成围堰倾斜事故。

凿除超灌桩头混凝土时，严防凿除顺序错误、作业人员之间不协调等不安全行为，杜绝大锤不牢靠的不安全状态，杜绝使锤人戴手套、使锤人与扶钎人面对面操作等不安全行为，以免造成物体打击伤害。

3. 风险控制技术

搭设的操作平台及支撑系统应连接牢固，并能承受所有施工人员、机具和用料的重量。

在围堰内除土、吸泥或抽水时，应经常检查围堰稳定情况及围堰内冲刷情况，并有防止围堰倾斜的措施。

凿除超灌桩头混凝土应符合下列规定：①凿除应自上而下进行。②两人作业时，应相互呼应、协调配合，多人作业时应设专人指挥。③使用风动工具必须严格按操作规程进行作业，并佩戴防护用品。④手工凿除时，大锤必须安装牢固，扶钎人应使用专门工具，不得徒手扶钎，使锤人不得戴手套，不得与扶钎人面对面操作。⑤应及时清除拆除的碎块。

高承台结构中，当承台及墩身混凝土浇筑完成后，应将承台顶面以上的钢结构切除，不得危及通航船只的安全及造成洪水期漂浮物堆积。

[案例]K33+623.51-13m 张柳林村通道 1# 台右幅承台首件工程施工方案

编制依据：

1. 根据河北省交通规划设计院《邢衡高速公路衡水段桥梁通用图施工图》；

2. 《邢衡高速公路衡水段二期工程施工招标文件》及合同中相关技术要求；

3. 《邢衡高速公路衡水段二期工程（枣园至衡水北互通段）XH-LQ7合同两阶段施工图设计》；

4. 《公路工程国内招标文件范本》；

5. 《公路桥涵施工技术规范》（JTG/T F50—2011）；

6. 《公路工程质量检验评定标准》（JTG F80/1—2004）；

7. 《公路工程施工安全技术规程》（JTG076—95）；

8. 建设单位对本工程质量、工期、安全、环保等方面要求；

9. 《河北省高速公路桥梁施工标准化管理指南》；

工程概况：

K33+623.5 1-13m 通道，该桥中心桩号为 K33+623.5，交角 105°，全长 13 米。桥梁全宽 28.5 米，中间相隔 0.476 米，单幅桥桥面净宽 12.88 米，两侧各设 0.75 米和 0.382 米防撞护栏。上部结构为 1×13m 后张法预应力砼 T 梁，半幅桥为一联。下部结构为轻型台，桥台采用钻孔灌注桩基础。

桥台为轻型薄壁台，共 4 个。本次承台首件选择 1# 台右幅，该承台设计 Φ25 钢筋 1756.8kg，Φ12 钢筋 1709.6kg，C30 混凝土 48.65m³。

首件施工的目的：

1. 确定施工中的人员、机械配备；

2. 确定施工工艺、施工方案；

3. 验证 C30 混凝土配合比。

施工组织计划：

2014 年 10 月 10 日进行承台底模混凝土的浇筑，10 月 16 日进行钢筋绑扎，10 月 18 日进行模板的安装，10 月 20 日进行混凝土浇筑。

施工准备：

1. 技术准备

1.1 在收到设计图纸和技术文件后立即组织工程技术人员熟悉、研究所有技术文件和图纸，全面领会设计意图；检查图纸与其各组成部分之间有无矛盾和错误之处；在几何尺寸、标高、说明等方面是否一致；并与现场情况进行核对。同时做出详细记录，记录应包括对设计图纸的疑问和有关建议。

1.2 工地试验室配备满足施工需要的试验检测仪器和设备，配足配齐试验人员，在监理工程师的监督下及时完成各类原材料试验及砼配比设计试验工作，并按监理工程师的要求，建立档案，专人负责。

2. 原材料准备

水泥采用邢台市隆尧县奎山 P.O42.5 水泥。

碎石采用 10~20mm、5~10mm、16~31.5mm，产地：井陉。

水洗砂购自灵寿县。

外加剂购自河北金舵建材科技开发有限公司。

粉煤灰：采用邢台电厂 I 级粉煤灰。

矿粉：采用辛集钢信水泥有限公司生产的 S95 级矿渣粉。

水：采用人、畜可直接饮用的地下水。

钢筋：承钢产 HRB400 钢筋 Φ12.Φ25。

截至目前，我项目部已进场水泥 3169.25t，5~10 碎石 10875m³，10~20 碎石 15885m³，16~31.5 碎石 8320m³，粉煤灰 1500t，矿粉 798t，减水剂 154t，Φ12 钢筋 586.545t，Φ25 钢筋 373.402t，满足施工的需要。各种原材料已按要求进场，检测合格，并已报驻地监理工程师批复。

C30 混凝土配合比：

水泥：粉煤灰：矿粉：水洗砂：5~10 碎石：10~20 碎石：16~31.5 碎石：外加剂：水 =289：50：46：782：216：647：216：3.85：154。

承台工艺流程、施工方法：

工艺流程：施工准备→定位放线→加工绑扎钢筋→支模板→浇筑砼→拆模→养生。

1. 施工准备

组织人员、机械进场，保证投入的机械设备、模具等能够正常使用，做好开工的一切准备工作。

组织测量人员做好构造物平面方位、高程的测量工作，建立平面和高程控制系统，并报监理工程师批准，已经过驻地办、总监办监理工程师的批复。

1.1 桩头破除

①灌注桩混凝土强度达到设计强度的80%以上时方可破除桩头，禁止采用以淘代破、软破和爆破破除桩头。采用："基坑开挖→高程测量→无齿锯环切（桩顶高程+2cm）→剥出钢筋→断桩头→吊车吊出→桩头清理"桩头破除工序。

②环切时注意不要伤及钢筋，钢筋弯折不能超过15°。桩头破除后，桩顶部分微凸（桩中心略高，周边略低）。

③在破桩头过程中，要保护好桩头钢筋和声测管，不得随意弯折桩头钢筋。

④采用高压水枪将桩头部分松散混凝土清理干净。破除后的桩头密实、无松散层。

1.2 基坑开挖

开挖基坑前，设置防止地表水流入基坑的设施。

机械开挖基础时，预留至少20cm，由人工开挖至设计高程底以下至少10cm，不得用虚土回填基底。

基础断面边缘较设计断面宽50～100cm。保证有效的作业面和基坑壁的稳定。

1.3 基础底作业面用厚度为10cm、C20水泥混凝土硬化，硬化面边缘较承台、系梁设计断面至少宽50cm。如基坑内有渗水，基坑四周应开挖排水沟集中抽水排出。

2. 定位放线

用全站仪在处理好的桩基顶面精确放样。利用全站仪放样桩基中心位置，在基础顶面测定中线、高程，经监理工程师复核后方可进行下一步工作。

3. 加工钢筋

在硬化后的混凝土表面上加工钢筋前应首先在混凝土底模上用墨线标示出各种钢筋位置，以保证钢筋位置的准确。在绑扎钢筋之前先将桩顶钢筋表面进行处理，清除表面锈迹，然后进行绑扎、焊接。承台钢筋的绑扎过程中注意台身钢筋的预埋焊接。焊接过程中受力钢筋的定位要准确，要与承台钢筋共同形成骨架，并注意起弧落弧位置、焊缝长度、饱满度、平整度等技术指标是否达到规范要求，接头双面焊缝长度必须达到5d+2cm，单面焊缝长度必须达到10d+2cm；焊缝宽度允许偏差+0.1d、0，焊缝厚度允许偏差+0.05d、0；焊缝应表面平整，不得有较大的凹陷、焊瘤，接头处不得有裂纹并杜绝焊伤。对于电弧焊接，钢筋接头位置设置在结构内力较小位置处，并错开布置。在焊接接头区域内（35D，且不小于50cm）不得布置两个接头，同时在接头长度区段内（35D，且不小于50cm），其钢筋接头的截面面积在受拉区不超过

50%，在受压区不做限制。承台钢筋加工好后应对主筋长度、箍筋间距等各项指标进行检测，在承台中应沿长度方向交错布置，钢筋与模板之间应设置与砼同标号的砼垫块，不得使用塑料垫块，垫块应与钢筋绑扎牢固，并互相错开，每平米 4~5 个。

钢筋检查项目及要求：

序号	检查项目		规定值或允许偏差	检查方法和频率
1	受力钢筋间距		±20mm	尺量：2断面
2	箍筋间距		±10mm	尺量：5~10个间距
3	钢筋骨架尺寸	长	±10mm	尺量：按骨架总数30%抽查
		宽、高	±5mm	
4	保护层厚度		±10mm	尺量：沿周边检查8处

4. 模板安装

承台模板全部采用大块钢模，钢模板在使用之前进行除锈处理，用抛光机打磨干净后方可使用，在使用时先在模板内均匀涂抹脱模剂，以增加拆模后混凝土表面的光洁度，防止黏膜。安装侧模板时，应防止模板位移和凸出，用对拉螺栓和支撑钢管进行定位和加固，模板接缝处采用砂浆进行封堵，保证接缝严密不漏浆。模板支立好以后对其进行纵横双向轴线偏位，以及保护层厚度、垂直度、模板顶高程、稳定度检验，检验合格后清理干净桩头。报监理工程师批准方可进行下一步工序。浇筑时，发现模板有超过允许偏差变形值的可能，应及时纠正。

5. 混凝土浇筑

混凝土采用拌和站拌和，以保证混凝土的坍落度和易性满足要求。混凝土拌和物拌和要均匀，颜色一致。不得有离析和泌水现象。混凝土拌和物在拌和浇筑地点分别取样检测。评定时应以浇筑地点的测定值为准。混凝土运送采用混凝土搅拌运输车。采用吊车配合料斗进行下料。振捣时使用插入式振动棒，振捣时遵循快插慢拔的原则，移动间距不应超过振捣棒作用半径的 1.5 倍，振捣棒与模板保持 5~10cm 间距，避免振动棒碰撞模板。

砼浇筑分层从一头成阶梯形往前推进，在浇筑上层时，振捣器应稍插入下层 5~10cm，使两层结合成为整体。砼应振捣到停止下沉为止，无显著气泡上升，表面平坦一致，呈现薄层水泥浆为止。砼浇主要连续进行，中间因故间断不能超过前层砼的初凝时间，否则按施工缝处理，砼浇注到顶面，按要求二次收浆，用钢抹子将混凝土表面压光。与肋板、墩柱、薄壁台身结合部位采用机械凿毛。必须当混凝土强度达到设计强度标准值的 50% 以上，方可进行机械凿毛。

在浇筑期间，设专人指挥吊车，避免料斗碰撞模板或钢筋，造成模板或钢筋移位，并设专人检查模板、钢筋等稳固情况，当发生松动、移位、变形时，应及时进行处理。

6. 拆模养生

当混凝土强度能保证其表面及棱角不致因拆模而受损坏时方可拆除，在混凝土抗压强度达到 2.5MPa 时方可进行模板的拆除。模板拆除时按设计的顺序进行，设计无要求时遵循先支后拆、后支先拆的顺序，严禁抛扔。拆除模板时将钢模板的连接螺丝分开。采用吊车起吊拆模。拆模时不允许用猛烈敲打和强扭等方法进行，以免造成混凝土的破损。模板拆除后要分类妥善保管，及时清除模板表面污渍，清除完后涂上脱模剂，以防生锈。同时拆模后及时用养生布覆盖混凝土，混凝土养生采用不断洒水的方式，养生期不少于 7 天。

7. 注意事项

a. 在承台施工时应注意台身、支撑梁钢筋的预埋；绑扎钢筋前，对伸入承台、系梁的桩头钢筋进行校正。

b. 在进行混凝土底模施工时，严禁混凝土进入桩体范围。

c. 测量承台、系梁顶高程并有效标识，保证模板高出设计高程至少 2mm。

d. 模板支设后用砂浆将模板四周缝隙进行封堵，防止漏浆。

e. 严格分层浇筑、振捣密实；二次收浆，用钢抹子将混凝土表面压光。

f. 与肋板、墩柱、薄壁台身结合部位采用机械凿毛。混凝土强度必须达到设计强度标准值的 50% 以上，方可进行机械凿毛。

8. 质量检验

承台施工完成后，应按下表进行检查。

项次	检查项目	允许偏差（mm）	检查方法和频率	权值
1	混凝土强度（MPa）	在合格标准内	按《公路工程质量检验评定标准》附录D检查	3
2	断面尺寸（mm）	±30	用尺测量长宽高各2处	1
3	顶面高程（mm）	±20	用水准仪检查8～10处	2
4	轴线偏位（mm）	15	全占仪纵横各2点	2

施工质量保证措施：

1. 加强质量意识教育，组织有关人员认真学习招标文件《技术规范》和交通部各种施工、验收规范，搞清每道工序的关键环节，在施工中加以认真贯彻落实。

2. 建立岗位责任制和质量责任制，岗位责任制定员定岗、职责分明、权力适当、利益均衡、奖罚分明；质量责任制突出质量、责任终身，做到质量工作事事有人管、人人有专责、办事有目标、工作有检查。

3. 制订有效可行的质量工作计划，使质量管理规范化、程序化，具有可操作性，更有效地达到既定目标，而不至于流于形式。以此为基础，进行质量评比，对搞得好的个人或工段进行奖励，对搞不好的、出问题的进行相应的处罚。

4. 严格按照质保体系中的质检程序进行质检，不合格产品决不在复检中出现。

5. 建立健全各项技术管理制度，做到施工前有可行的技术方案，施工中有明确的质量目标和控制措施，施工结束后有及时、准确的检测报告。

6. 严把材料质量关，杜绝不合格材料进场，一经发现，立即清除出场，并对有关责任人给予处罚。

7. 优化施工方案，积极采用新材料、新工艺，以先进的技术和科学的管理，确保施工质量和施工进度，实现创优目标。

8. 建立健全工地试验室，配齐试验器材和试验人员，及时对工程质量进行检测。

9. 施工前做好技术交底工作，对关键岗位人员做好技术培训，防止技术事故的发生，专人专职，杜绝违章作业。

安全生产：

1. 建立完善的以项目经理为首的安全生产领导组织，有组织有领导地开展安全管理活动。

2. 加强安全生产教育，提高全员安全意识，重点是搞好四个方面的教育：高度责任感和安全第一的教育；本职工作、安全基本知识、技能的教育；遵守规范制度和岗位标准作业教育；违章违纪案例的教育，平时经常进行安全教育，利用班前交代安全注意事项。

3. 健全安全岗位责任制，做到奖惩严明、施工安全要求纳入工程承包内容，逐级签订安全生产承包责任状，明确分工，责任到人，把安全工作落到实处。

4. 大力宣传安全的重要性，利用多种形式对职工进行安全生产教育。定期对职工进行考核，不达标者不能上岗。

5. 施工现场要配备防火器材，对于与施工无关的易燃、易爆物品不得带入施工现场，如因施工需要使用这些物品，要加强保管，防止发生意外。当发生火情时立即与消防部门联系。

6. 要求所有现场施工人员必须按要求佩戴安全防护用品。

7. 电工、焊工等特种作业人员持证上岗。

8. 吊装作业专人指挥，禁止违章操作。

9. 施工机械禁止违章操作，防止发生机械伤害。

环境保护：

1. 遵照国家环境保护法，在本工程中，严格组织管理，保护周围环境不受污染。

2. 临时生活区按要求修建必要的卫生设施，定期对周围环境和卫生设施进行消毒和检查。

3. 泥浆按规定排放，防止污染环境。

4. 废旧物资不乱扔乱放，生活垃圾随时清理，建筑垃圾及废弃物进行回收，统一清除处理，工程完工后恢复原来的地形面貌。

5. 施工完毕后把施工场地所用的临时设施，使用的砂、石料、材料、废弃物品彻底清理干净，确保施工后场地平整、环境美观。

文明施工：

1. 认真落实文明施工管理有关规定，做到现场整洁、布局合理。

2. 主要人员及特殊工种持证上岗。

3. 砂石料存放场地要硬化处理或存放在通风的砖地、木排上并加油毛毡等隔离材料，钢筋加工场地要平整，成品钢筋下垫木板防止触地而锈蚀。

4. 便道及时洒水，靠近便道的集料用篷布覆盖，防止扬尘污染集料，集料应分类，分规格存放，码放整齐，界限分明，并插放标牌。

5. 施工现场按标准化文明施工要求，设置各项安全警示标志、标牌。

6. 健全管理组织、经济责任制和岗位责任制。

7. 加强教育培训工作，进行岗前培训和文明施工教育工作，提高全员文明施工意识。

第五节　沉井基础施工安全技术与风险控制

一、筑岛沉井

1. 风险分析

筑岛围堰不牢固，其地基承载力不满足设计要求，可能使围堰在施工时受水流冲刷造成塌陷，增加施工难度，还可能导致透水事故。

制作底节沉井时，脚手架平台未搭设牢固，若脚手架在使用过程中失稳，可能导致高处坠落和物体打击事故。

拆除沉井垫木不符合相关规定，可能使沉井偏斜，导致物体打击事故。

沉井下沉时，先挖沉井外圈土，在刃脚处掘进速度不一致，可能使沉井偏斜，导致物体打击事故。

井下操作人员未配齐安全防护用品，例如，井内无安全照明设施、各室未挂钢梯及安全绳等，当出现沉井偏斜，井内大量涌水、涌砂等意外情况时，井内施工人员无法及时撤离，导致物体打击和透水事故。

井上搭设的抽水机台座（架）未安装牢靠，可能出现台座（架）倒塌，导致物体打击事故；电路未使用防水胶线，可能出现漏电，导致触电事故。

沉井顶面未设安全防护围栏，可能发生高处坠落事故。

垂直运输土方时，未检查吊斗绳索、挂钩和机具等的牢固性，若吊斗坠落，则导致物体打击和窒息事故；吊斗升降时，坑内作业人员未躲离吊斗升降移动范围，可能发生物体打击和窒息事故。

2. 风险控制重点

进行筑岛沉井施工时，必须重点防范沉井偏斜、物体打击伤害和透水事故等发生。

筑岛围堰应牢固，其地基承载力必须满足设计要求，以防发生透水事故。

脚手架平台和井上搭设的抽水机台座（架）必须搭设安装牢固，以防发生高处坠落和物体打击伤害。

拆除沉井垫木必须符合规定，以防沉井偏斜，发生物体打击伤害。

沉井下沉时，不得先挖沉井外圈土，必须在刃脚处均匀掘进，保持沉井均衡下沉，以防沉井偏斜，发生物体打击伤害。

井下操作人员必须配齐安全防护用品，以防发生物体打击和透水等伤害。

吊斗出土时，斗梁与吊钩必须封绑牢固，若发现损伤部位应及时更换或加固；吊斗升降时，井顶指挥人员应通知井下人员暂时避开，躲离吊斗升降移动范围，以防发生物体打击和窒息伤害。

3. 风险控制技术

筑岛围堰应修筑牢固，其地基承载力应满足设计要求。

制作底节沉井时，脚手架平台应搭设牢固，模板支撑应牢固。拆除沉井垫木应符合下列规定：

（1）混凝土强度应能满足设计规定的沉井抽垫受力的要求。

（2）拆除垫木应分区、依次、对称、同步地进行；拆除垫术后，应随即用砂土回填捣实，拆除垫木时应防止沉井偏斜。

（3）定位支垫处垫木，应最后同时抽出。

（4）拆除沉井模板及垫木时，应派专人在沉井外观察和指挥。

沉井下沉时，不得先挖沉井外圈土，应在刃脚处均匀掘进，保持沉井均衡下沉。

井下操作人员必须配齐安全防护用品，井内要有充足的安全照明设施。沉井各室均应悬挂钢梯及安全绳等。当出现沉井偏斜，井内大量涌水、涌砂等意外情况时，井内施工人员应及时撤离。

井上搭设的抽水机台座（架）必须安装牢靠，电路应使用防水胶线。

沉井顶面应设安全防护围栏。

吊斗出土时，斗梁与吊钩应封绑牢固，并应经常检查斗梁、斗门等磨损情况，发现损伤部位应及时更换或加固；吊斗升降时，井顶指挥人员应通知井下人员暂时避开，躲离吊斗升降移动范围。

二、浮式沉井

1. 风险分析

浮式沉井在下水前，沉井各节以及临时性井底水密性试验检查不合格或者未做水密性检查试验就下水，可能使沉井在浮运过程中进水，导致沉井不能浮运至指点作业地点，减缓施工进度。

当采用起吊下水时，未对起重设备合理配置，沉井在下水过程中，可能使起重设备受力不均匀，导致设备和沉井倾覆，坠入水中，从而发生淹溺事故。

当河岸有适合坡度，采用滑移、牵引等措施下水时，下滑速度过快，沉井后侧溜绳控制不得当，会导致沉井倾覆。

导向船、定位船连接时发生剧烈碰撞，可使沉井倾覆以及船上的设备倒塌，导致物体打击和淹溺事故。

浮式沉井在悬浮状态下的接高和下沉不符合相关规定，例如沉井在悬浮状态下的施工各阶段，未随时观测沉井的稳定性和出水高度；接高时，未均匀对称加载；浮式沉井定位落床前，未考虑潮水涨落的影响；沉井落床后，未采取措施，使其尽快下沉达到并保持稳定的深度，这些均可能导致沉井偏斜甚至倾覆等事故。

施工人员未穿好救生衣、戴好安全帽等防护用品，可能发生淹溺事故和物体打击事故。

2. 风险控制重点

进行浮式沉井施工时，必须重点防范沉井偏斜、倾覆和发生淹溺事故。

当采用起吊下水时，必须对起重设备合理配置，使起重设备受力均匀，以防设备和沉井倾覆，发生淹溺伤害。

当河岸有适合坡度，采用滑移、牵引等措施下水时，下滑速度应缓慢，沉井后侧应始终以溜绳控制，以防沉井倾覆。

导向船、定位船连接时，严禁剧烈碰撞，以防发生物体打击伤害和淹溺伤害。

浮式沉井在悬浮状态下的接高和下沉必须符合相关规定，例如沉井在悬浮状态下的施工各阶段，应随时观测沉井的稳定性和出水高度；接高时，应均匀对称加载，以防沉井偏斜和倾覆。

施工人员必须穿好救生衣，佩戴好安全帽等防护用品，以防发生淹溺伤害和物体打击伤害。

3. 风险控制技术

浮式沉井在下水前，沉井各节以及临时性井底应做水密性试验检查，合格后方可下水。

浮式沉井下水前，应制订下水方案；当采用起吊下水时，应对起重设备合理配置使其受力均匀；当河岸有适合坡度，采用滑移、牵引等措施下水时，下滑速度应缓慢，沉井后侧应始终以溜绳控制。

船上（或支架平台上）制造完成的浮式沉井，下水应在水面波浪较小时进行，当有船只驶过时，应暂缓入水。

导向船、定位船连接时，不得发生剧烈碰撞，汛期应经常检查锚碇系统。

浮式沉井在悬浮状态下的接高和下沉应符合下列规定：

（1）沉井在悬浮状态下的施工各阶段，应随时观测沉井的稳定性和出水高度。

（2）接高时，必须均匀对称加载，沉井顶面应高出施工时水位1.5m以上。

（3）带气筒的浮式沉井，气筒应加强防护。

（4）浮式沉井定位落床前，应考虑潮水涨落的影响；沉井落床后，应采取措施，使其尽快下沉，并使沉井达到保持稳定的深度。

施工人员必须穿好救生衣、佩戴好安全帽等防护用品。

三、沉井清理、封底及填充

1. 风险分析

清理基底时，基底面未整平，可能使基底面距离隔墙底面的高度及刃脚斜面露出的高度不满足设计要求，导致浇筑的封底混凝土不均匀，从而影响整个沉井基础的承载力和稳定性。

基底浮泥或岩面残留物未清理，基底和封底混凝土间有害夹层，可能导致整个沉井基础的承载力和稳定性不足。

封底混凝土强度未满足受力要求就进行抽水填充，可能导致封底混凝土破坏，使整个沉井基础的承载力和稳定性不足。

水下浇筑混凝土时，未搭设浇筑工作平台，可使料斗倾覆，导致物体打击伤害。

水下浇筑混凝土时，未设置井口防护，可能引起高处坠落事故。

采用人工抬运导管时，无防滑措施，可能出现导管坠落，损坏导管，同时导致物体打击事故。

2. 风险控制重点

清理基底时，基底面必须整平，以防沉井基础的承载力和稳定性不足。

基底浮泥或岩面残留物必须清理，基底和封底混凝土间不得存在有害夹层，以防沉井基础的承载力和稳定性不足。

封底混凝土强度必须在满足受力要求后进行抽水填充，以防沉井基础的承载力和稳定性不足。

水下浇筑混凝土时，必须搭设浇筑工作平台，以防料斗倾覆，发生物体打击伤害。

水下浇筑混凝土时，应设置井口防护，以防高处坠落事故发生。

人工抬运导管时，应有防滑措施，以防损坏导管，同时导致物体打击事故。

3. 风险控制技术

需要进行水下作业清理基底时，基底面应整平，整平后的基底面距离隔墙底面的高度及刃脚斜面露出的高度，应满足设计要求。

基底浮泥或岩面残留物均应清理，基底和封底混凝土间不得产生有害夹层，清理后的有效面积不得小于设计要求。

沉井应待封底混凝土强度满足受力要求后进行抽水填充和施工井盖板。

水下浇筑混凝土时，应搭设浇筑工作平台，并设井口防护。

拆卸导管时，应在导管完全松开后，方可起吊移开；采用人工抬运导管时，应有防滑措施。

采用水下混凝土封底时，固定导管和料斗的井架应搭设牢固，料斗应采用起重机悬吊或其他措施加固。

安装、拆卸导管或漏斗过程中，应有专人指挥。

[案例] 袋装砂井施工方案

编制依据：

1. 中华人民共和国交通部《公路工程标准施工招标文件》（2009年版）；
2. 《邢衡高速公路衡水段LQ7标段招标文件》；
3. 《邢衡高速公路衡水段LQ7标段两阶段施工图设计》；
4. 《邢衡高速公路衡水段LQ7标段合同文件》
5. 中华人民共和国行业标准《公路路基施工技术规范》（JTG F10—2006）；
6. 筹建处、总监办对本工程质量、工期、安全、环保等方面要求；
7. 我项目部的施工能力、技术实力、管理水平及多年施工经验。

工程概况：

本项目为邢衡高速公路衡水段LQ7合同标段，路基起讫桩号为K27+500～K37+800，全长10.3km；路面起讫桩号K18+600-K37+800，全长19.2Km；项目区域路线跨越地貌单元较多，各类不良地质发育，沿线不良地质主要是砂土液化、软土、软弱土。

本标段设计排水预压段落共计10段，分别为：

K32+712~K32+858.5段，处理深度9m，该段设计袋装砂井2548根，共计22932m；

K34+397.5~K34+713.5段，处理深度9m，该段设计袋装砂井5665根，共计50985m；

K35+085~K35+216段，处理深度7m，该段设计袋装砂井2573根，共计

18011m；

K36+413~K36+640 段，处理深度 10m，该段设计袋装砂井 3900 根，共计 39000m；

K36+753~K36+876 段，处理深度 10m，该段设计袋装砂井 2021 根，共计 20210m；

K36+942~K37+030 段，处理深度 10m，该段设计袋装砂井 1371 根，共计 13710m；

K37+094~K37+323 段，处理深度 10m，该段设计袋装砂井 3028 根，共计 30280m；

K29+116~K29+268 段，处理深度 7m，该段设计袋装砂井 2530 根，共计 17710m；

K29+416~K29+543.5 段，处理深度 7m，该段设计袋装砂井 2163 根，共计 15141m；

K29+607.5~K29+674 段，处理深度 7m，该段设计袋装砂井 1164 根，共计 8148m；

排水预压袋装砂井总长共计 236127m，直径 10cm，按正三角形布设，间距 1.8m，深度穿透软土、软弱土层，顶部伸入沙砾垫层至少 50cm。

本次试桩位置定在 K35+085~K35+216 段，试桩选择 5 根进行。该区袋装砂井间距为 1.8m，桩径 0.1m，处理深度 7m，按等边三角形布置。

施工前的准备：

1. 场地平整。清除施工现场地上、地下一切障碍物后再予以平整压实。遇有水塘、明沟应先排水和清淤，再分层回填砂性土料并压实，不得回填杂填土。

2. 熟悉设计文件，组织施工人员学习和掌握有关设计图纸及相关施工技术规范的有关规定，结合本合同段的工程地质和水文气象条件，制订符合实际的施工方案，落实岗位责任制，确保工程质量安全和进度。

3. 施工前对施工现场进行补充勘察，可以采用静力触探方法加密勘察，查明施工场地软土分布与性质，如果发现地质条件勘察资料有较大的偏差时，及时通知设计单位对设计进行调整。

4. 根据施工组织设计编制分项工程施工技术方案并进行技术交底。

5. 对原材料的质量进行检验，合格后方可使用。

6. 机械组装与检查。

施工组织及进度计划：

施工组织安排。根据设计及现场实际情况，总体施工顺序为自小桩号向大桩号方向，由中心向两侧推进施工。

进度控制。根据总体进度计划要求，袋装砂井计划开工时间 2014 年 6 月 22 日，计划完工时间 2014 年 6 月 22 日。

袋装砂井施工工艺及方法：

1. 施工工艺

袋装砂井施工工艺：整平原地面（清除地表）→摊铺沙砾垫层→测设放样（布桩）→机具定位→打入钢套管→沉入沙袋→拔钢套管→机具移位→埋沙袋头→预压土运输、填筑，其工艺流程见下表"袋装砂井施工工艺流程图"。

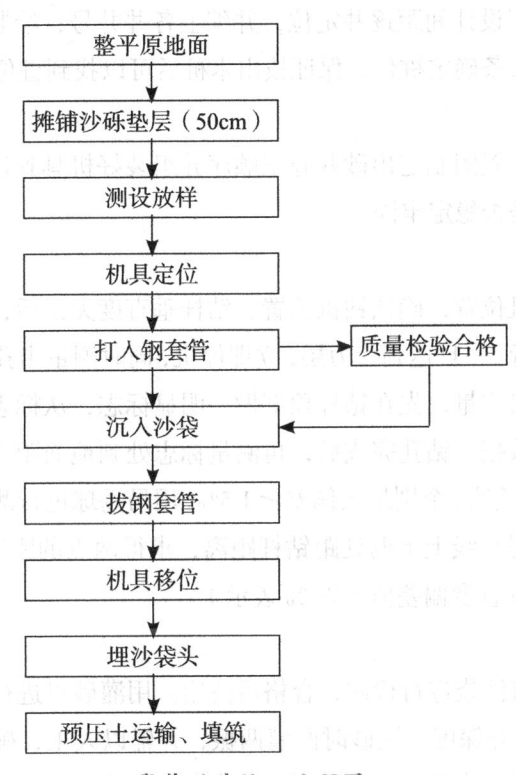

```
整平原地面
    ↓
摊铺沙砾垫层（50cm）
    ↓
测设放样
    ↓
机具定位
    ↓
打入钢套管 → 质量检验合格
    ↓            ↓
沉入沙袋 ←──────┘
    ↓
拔钢套管
    ↓
机具移位
    ↓
埋沙袋头
    ↓
预压土运输、填筑
```

袋装砂井施工流程图

2. 施工方法

袋装砂井施工前先进行试钻孔，根据设计深度，钻机钻进情况判断是否达到设计要求的地质层。钻机在钻进过程中，钻进速度突然发生变化，钻杆同时发生振动，则认为进入持力层，此时即可停止钻进，然后测定钻孔深度。如地质情况发生变化，需要调整设计桩长时，在及时通知业主、总监办、设计代表现场勘察后确定。

2.1 整平原地面

测量人员首先对原地面进行断面复测，放出地基处理边线，利用挖掘机清除地表后用平地机整平，顶面向外设 1%~2% 横坡。

2.2 摊铺沙砾垫层

沙砾垫层的材料为中粗砂及砂砾，含泥量不大于 3%；施工中应避免砂砾受到污染，污染严重的换料重填。沙砾垫层总厚度50cm，根据现场实际情况，为防止砂砾填筑时出现翻浆现象，沙砾垫层不采用分层填筑，一次填筑50cm厚；垫层宽度两侧各宽出路基边脚100cm左右，以防止在施工过程中由于施工机械的破坏影响垫层的有效作用。

2.3 孔位放样

先采用全钻仪定出中线，然后根据设计图的处理宽度准确放出边线，如实测横断面图的宽度与该处砂井设计宽度出入较大，应按实测横断面图宽度予以调整。中线、边线定出后，再根据设计间距逐井定位，并编上各井井号，绘制出砂井平面布置图。现场采用木桩绑红布条确定桩位，保证拔出木桩后可以找到桩位。

2.4 机具定位

根据砂井平面布置图制定出砂井施工顺序并组装好机具到达指定位置，机具定位后检查砂井机基础是否稳定牢固。

2.5 打入钢套管

移动并调整钻机位置，确认钻机位置、钻杆垂直度无误后，即可开机钻孔，钻孔按试钻时的要求进行。一旦达到持力层，立即停机，同时测量出孔深，并做好深度记录。孔深测量方法用钢尺丈量，先在钻杆顶部做一明显标志，从标志处往下一直量到钻头得出总长并记录好数据，钻孔完成后，再测量标志处到地面距离，用总长减去该距离即为孔深。砂井尽量垂直，个别最大偏差<1.5%，用吊垂球进行测定，垂球自己顶吊下，待垂球稳定后，量得垂线上下两处距钻杆距离，求得两点的距离差a，再量垂线两点间长度S，a/s即为垂直度偏差值（以%表示）。

2.6 沉入沙袋

沉入沙袋前应对沙袋进行检测，合格后使用。用灌砂机进行灌砂，灌砂机有效高度要大于1/2最大砂井深度。灌砂时两灌两振，并辅以人工，确保沙袋灌砂饱满，灌砂量严格控制在设计要求的5%以内。沙袋长度与砂井深度一致，超长部分剪除。安装时不可产生回带，如产生回带则进行冲水拔出，查明原因重新安装沙袋。如再次回带则在旁重新打孔安装。沙袋安装完成后及时进行埋头，防止阳光暴晒而沙袋老化。

2.7 拔钢套管及机具移位

灌砂完成后拔出钢套管，在拔出时必须垂直起吊，然后移动机具到下一根袋装砂井位置定位施工。

2.8 预压土施工

预压土按照设计的宽度、高度分层进行填筑，并保证其顶面良好的横向排水坡度。填筑时采用挖掘机或装载机装土，自卸汽车运输，推土机摊铺，平地机配合人工整平，压路机静压，边堆土边摊平，严格控制加载速率，堆载过程中进行沉降观测并保护好沉降观测设施，同时根据沉降观测数据及时调整加载速率。第一层预压土填筑采用轻型机具摊铺后压实，防止破坏沙砾垫层。堆载预压荷载分级逐渐施加，确保每级荷载下地基的稳定性；预压土填筑每层厚度不大于 0.2m，填筑完成后采用中型碾压机具压实；堆载时应边堆土边摊平，顶面应平整。预压土填筑过程中应加强路基变形与沉降观测，确保路基填筑过程中的稳定，当变形过大时，应暂停加载，待变形稳定后，才能继续加载。路基两侧边沿采用沙袋堆载，堆载两层。预压土的质量应符合规范要求，土中不能出现垃圾、草根及草皮等杂物，没有化学污染等等。堆载完成后的预压期内按照设计要求的频次进行沉降监测。

预压土填筑即路堤填筑，施工工艺如下：

测量放线（恢复中线、底面标高、边线）→打格上土→推土机摊土粗平→平地机精平→22t 振动压路机静压 1 遍→22t 振动低档振压 2 遍→25t 振动高档振压 1 遍→25t 压路机静压 1 遍→30t 胶轮静压至无明显轮迹印。

a. 路基填方每层填筑前，测量工程师用全站仪根据设计逐桩坐标，恢复路线中桩，确定路基土方填筑坡脚，坡角外侧加宽 50cm 处撒出灰线，作为填土边缘控制线。

b. 路基土方备土由现场施工员负责。根据自卸式运输车运输能力合理安排，通过计算每辆车可上土方量约为 19.5 方，撒灰格备土，划格尺寸为 5×15m。由自卸式运输车运输上土，土方虚铺厚度按平均 26.6cm 控制备土数量。

c. 路基填筑时，按路面平行线分层填筑，控制横坡为 2%～3%，虚铺厚度按平均 26.6cm 控制。在土方填筑两侧边缘纵向每 20m 打一长 70cm 断面 5×5cm 的木桩，按设定的松铺厚度、挂线控制标高及填土厚度。

d. 摊铺

采用装载机配合推土机粗平（粗平后由试验员检测含水量，进行适当补水）、平地机精平，依据两侧木桩挂线控制标高及厚度。平地机精平后由试验员检测含水量控制略高于最佳含水量 1%～2%。

e. 压实

（a）遵循先轻后重原则：用 22t 振动压路机振压静压 1 遍→22t 低档振压 2 遍→25t 振动高档振压 1 遍→25t 压路机静压 1 遍→30t 胶轮静压至无明显轮迹。

（b）遵循先低后高原则：先慢后快，先坡角后内侧，压实时，先静压 1 遍，然后用微振压实 2 遍后再进行强振压实，强振压实时压路机行进速度不大于 2.3Km/h，相邻两次的轮迹应为重叠轮宽的三分之一，保持压实均匀，不漏压。

（c）碾压速度：

22t 静压 1 遍：采用 1 档（1.5～1.7km/h）

22t 振压 2 遍：采用 1 档（1.5～1.7km/h）低档

25t 振压 1 遍：采用 2 档（2.0～2.5km/h）高档

25t 振压 1 遍：采用 2 档（2.0～2.5km/h）高档

30t胶轮静碾至无明显轮迹，采用2档（2.0～2.5km/h）

（d）检测：22t地震2遍后，由试验员开始第一次压实度检测。每车道检测2个点，共计8个点，检测压实度是否达到规范要求。然后25t高振一遍后，由试验员进行第二次压实度检测。每车道检测2个点，共计8个点，检测压实度是否达到规范要求或出现反弹现象。最终根据胶轮静碾至无明显轮迹时，由试验员进行最终压实度检测，严格按照检测标准进行检测。汇总压实度结果并提出合理的碾压工艺。

每层路基填筑完成时，测量员检查中线偏位、高程、横坡，测量工程师进行复核。质检员检查平整度、宽度、边坡。

自检合格后，由质检员上报驻地办监理工程师。经监理工程师检查合格后，方可进行下一层填筑。

袋装砂井的质量标准：

袋装砂井：砂的质量、规格、沙袋织物质量必须符合设计要求；沙袋下沉时不得出现扭结、断裂等现象；井底标高必须符合设计要求，其顶端必须按规范要求伸入沙砾垫层。实测项目见下表"袋装砂井实测项目"。

项次	检查项目	规定值或允许偏差	检查方法和频率	权值
1	井（板）间距（mm）	±150	抽查2%	2
2	井（板）长度	不小于设计	查施工记录	3
3	竖直度（%）	1.5	查施工记录	2
4	砂井直径（mm）	+10，-0	挖验2%	1
5	灌砂量（%）	-5	查施工记录	2

施工质量保证措施：

（1）施工前一定要对砂及沙袋的质量进行检测，按进货数量分批进行抽检。砂采用渗水率较高的中粗砂，大于0.5mm的砂的含量占总重的50%以上，含泥量小于3%，渗透系数小于5×10^{-3}cm/s。沙袋材料采用透水性能良好的聚丙烯纺织物。

（2）砂井施工长度考虑袋内砂体积减小、井内的弯曲、超深以及伸入水平沙砾垫层内的长度等因素，通过试验确定，防止砂井全部沉入孔内，造成顶部与排水垫层不连接，影响排水效果；每根砂井的长度均需保证伸入沙砾垫层至少50cm，并不得卧倒。

（3）灌入沙袋的砂，捣固密实，现场存放的沙袋覆盖，避免阳光暴晒和雨淋，存放期不超过一周。

（4）砂井用振动法施工时，导轨垂直，钢套管不弯曲，沉桩时用测锤控制其垂直度。

（5）沙袋入口处的导管装设滚轮，仔细下放沙袋，防止沙袋发生扭结、缩颈、断裂和沙袋磨损；施工中要经常检查桩尖与导管口的密封情况，避免管内进泥过多造成井阻，影响加固深度。

（6）施工员认真记录每天施工情况，如每根桩的位置与进尺，注意控制好施插和拔管速度，防止对土层扰动太大。认真检查沙袋质量，是否有损坏、老化、污染，如发现沙袋质量不符合要求必须立即更换沙袋；检查灌装的沙袋是否符合设计长度与灌砂饱满率要求，是否有漏砂现象等，如不符合设计长度或灌砂率未达到设计的95%时则不得使用。

（7）施工中要进一步核定设计要求的施工区域及桩体位置，防止间距拉大或布置不均匀，同时应检查桩机垂直度，井间距允许偏差±150mm，垂直度的允许偏差取桩长1.5%；拔钢套管时，应注意垂直起吊，以防带出或磨损沙袋。

（8）拔出套管时注意垂直起吊，以防止带出或损坏沙袋，施工中若发现上述现象，在原孔边缘重打；连续两次将沙袋带出时，停止施工，待查明原因后再施工。

（9）沙砾垫层表面必须整平。

第六节　地下连续墙基础施工安全技术与风险控制

将钻孔桩的截面取作矩形，让其彼此相邻，然后将其连接就组成了地下连续墙。其优点如下：①地下连续墙基础是以摩阻力为主的摩擦型基础。由于地下连续墙在挖槽时对周围土层的扰动比下沉沉井的扰动要小，加上井箱内围有土芯，墙的内外两面都同土层接触，其摩阻力要比沉箱或沉井都大。因此，地下连续墙可以获得较大的承载力。②地下连续墙基础是一个变形很小的刚性基础。地下连续墙基础的刚度不仅比桩基础的刚度大，而且比沉箱或沉井都大。所以，在水平力作用下，其变位很小。

一、导墙施工

1. 风险分析

安装预制块导墙时，块件连接处不严密，可能出现泥浆渗漏，导致槽壁失稳坍塌。

导墙混凝土强度未达到设计标准就开挖掘导墙槽段下的土方，可能出现导墙破坏或变形。

混凝土导墙浇筑和养护时，重型机械、车辆在其附近作业，使导墙受到周围动荷载的影响，导致导墙变形或破坏。

导墙土方开挖后，直至导墙混凝土浇筑前，未在导墙槽边设围挡或护栏和安全标志，这种情况下很容易使作业人员不慎坠入槽孔内。

未在两导墙间按相关规定设置支撑，可能导致导墙变形或破坏。

导墙的平面轴线与地下连续墙轴线不平行，两导墙的内侧间距比地下连续墙体厚度小，可能导致钢筋笼难以放入槽孔内。

导墙底端埋入土内深度过小且基底土层未夯实，可能出现导墙失稳而破坏。

导墙顶面未高出地面，可能导致侧向土石坍塌事故。

遇地下水位较高时，导墙顶端未高出地下水位，可能出现地下水进入槽孔，导致槽壁坍塌。

内墙面未保持垂直，可能导致钢筋笼难以放入槽孔内。

2. 风险控制重点

进行导墙施工时，必须重点防范导墙变形或破坏以及钢筋笼难以放入槽孔内。

导墙混凝土强度达到设计规定后，方可开挖该导墙槽段下的土方，以防导墙变形或破坏。

混凝土导墙浇筑和养护时，重型机械、车辆不得在其附近作业，以防导墙变形或破坏。

导墙支撑应每隔 1 ~ 1.5m 距离设置，以防导墙变形或破坏。

导墙的平面轴线必须与地下连续墙轴线平行，两导墙的内侧间距宜比地下连续墙体厚度大 40 ~ 60mm，以防钢筋笼难以放入槽孔内。

导墙底端埋入土内深度宜大于 1m，基底土层必须夯实，遇特殊情况应妥善处理，以防导墙破坏。

导墙顶面应高出地面，遇地下水位较高时，导墙顶端应高出地下水位，以防槽壁坍塌。

内墙面必须保持垂直，以防钢筋笼难以放入槽孔内。

3. 风险控制技术

安装预制块导墙时，块件连接处应严密，防止渗漏。

导墙混凝土强度达到设计规定后，方可开挖该导墙槽段下的土方。

混凝土导墙浇筑和养护时，重型机械、车辆不得在其附近作业。

导墙土方开挖后，直至导墙混凝土浇筑前，必须在导墙槽边设围挡或护栏和安全标志。

导墙模板拆除后，应及时在两导墙间每隔 1m 设型号为 φ100mm 圆木横撑 3 根，防止导墙变形失稳。

导墙支撑应每隔 1 ~ 1.5m 距离设置。

导墙的平面轴线应与地下连续墙轴线平行，两导墙的内侧间距宜比地下连续墙体厚度大 40 ~ 60mm。

导墙底端埋入土内深度宜大于 1m，基底土层应夯实，遇特殊情况应妥善处理。

导墙顶面应高出地面，遇地下水位较高时，导墙顶端应高出地下水位。

墙后应填土，并与墙顶平齐，全部导墙顶面应保持水平，内墙面应保持垂直。

二、成槽施工

1. 风险分析

挖槽时,抓斗中心平面未与导墙中心平面相吻合,可能引起挖出的槽段偏斜,从而导致钢筋笼难以放入槽孔内。

成槽机、起重机工作时,吊臂下站人,极可能发生机械伤害事故。

挖槽未采用间隔式开挖,可能导致槽壁坍塌。

挖槽过程中,未观测槽壁变形、垂直度、泥浆液面高度,可能出现槽壁坍塌。

挖槽过程中,未控制抓斗上下运行速度,使泥浆在槽内产生动压、掀起波浪,破坏了槽壁土体的稳定,导致槽壁坍塌。

槽段挖至设计高程,未对成槽质量(例如槽宽、槽深和垂直度等)进行检查,可能出现槽壁坍塌和钢筋笼难以放入槽孔内。

泥浆浓度不满足槽壁稳定的需要,重复使用的泥浆如果性能发生变化,未进行再生处理,可能使泥浆达不到护壁的要求,导致槽壁坍塌。

成槽机械开挖到一定深度时,未立即输入调好的泥浆,泥浆不能及时起到护壁的作用,可能导致槽壁坍塌。

泥浆沉淀池周围未设防护栏杆,作业人员不慎坠入泥浆池导致窒息事故。

在保护设施不齐全的情况下,作业人员下槽内清理障碍物,若槽壁坍塌,极可能导致窒息事故。

槽段距离邻近建筑物较小或在槽段邻近堆放土方、钢筋等重物,使槽壁受到附加的侧向土压力,导致槽壁坍塌。

2. 风险控制重点

进行成槽施工时,须重点防范槽壁坍塌和机械伤害。

严禁在槽段两侧堆放土方、钢筋等重物,槽段与邻近建筑物的距离应保持在安全距离以内,以防槽壁坍塌。

成槽机、起重机工作时,吊臂下严禁站人,以防发生机械伤害。

挖槽须采用间隔式开挖,以防槽壁坍塌。

挖槽过程中,应观测槽壁有无变形、垂直度、泥浆液面高度有无变化,以防出现槽壁坍塌。

挖槽过程中,应控制抓斗上下运行速度,以防槽壁坍塌。

槽段挖至设计高程,应对成槽质量(例如槽宽、槽深和垂直度等)进行检查,以防槽壁坍塌以及钢筋笼难以放入槽孔内。

泥浆浓度须满足槽壁稳定的需要,重复使用的泥浆如果性能发生变化,应进行再生处理。

成槽机械开挖到一定深度时，应立即输入调好的泥浆，以防槽壁坍塌。

在保护设施不齐全、监护人员不到位的情况下，严禁作业人员下槽内清理障碍物，以防槽壁坍塌导致窒息事故。

3. 风险控制技术

挖槽时，抓斗中心平面应与导墙中心平面相吻合。

成槽机、起重机工作时，吊臂下严禁站人。

单元槽段长度应符合设计规定，并采用间隔式开挖，一般地质应间隔一个单元槽段。

挖槽过程中，应观测槽壁有无变形、垂直度、泥浆液面高度，并应控制抓斗上下运行速度。

槽段挖至设计高程后应及时检查槽位、槽深、槽宽和垂直度，并做好记录，然后进行清底。

现场应设泥浆沉淀池，周围应设防护栏杆；废弃泥浆和钻渣应妥善处理，不得污染环境。

成槽机械开挖一定深度后，应立即输入调好的泥浆，泥浆浓度应满足槽壁稳定的要求，泥浆液面高度不低于导墙底面，若重复使用的泥浆性能发生变化，应进行再生处理。

准备一定数量黏土，出现塌孔情况时应立即回填黏土，避免槽壁坍塌范围扩大。

挖槽时应加强观测，遇槽壁发生坍塌、沟槽偏斜等事故时，应立即停止作业，查明原因，采取相应的安全技术措施，待确认安全后方可继续作业。

在保护设施不齐全、监护人员不到位的情况下，严禁人员下槽内清理障碍物。

严禁在槽段两侧堆放土方、钢筋等重物，或停置和通行起重机等重型施工机械；槽段与邻近建筑物的距离须保持在安全距离之内。

三、连续墙施工

1. 风险分析

地下连续墙施工前未平整场地，起重机在作业过程中可能发生起重伤害。

两台起重机同时起吊，未注意负荷的分配，可能使其中一台负荷过大而倒塌，导致起重伤害。

钢筋笼起吊时，未对两台起重机进行统一指挥，可能出现两台起重机动作不协调，发生倒塌，导致起重伤害。

钢筋笼下放过程中，遇到阻碍不能下放时，仍强行下放，可能导致槽壁坍塌。

吊钢筋笼时，未检查起重机的稳定性、制动器的可靠性、吊点和钢筋笼的牢固程度，可能出现起重机倒塌、钢筋笼坠落等现象，导致槽壁坍塌，起重伤害和物体打击事故。

各类钢筋笼未设置纵向抗弯折架，可能使钢筋在吊装过程中产生变形，产生不必要的施工步骤，减缓施工进度。

吊装好钢筋笼后未能及时灌注混凝土，施工槽段因闲置时间过长而引起槽壁坍塌，混凝土灌注后有可能出现夹泥现象，导致地下连续墙渗漏。

混凝土灌注时，未控制好导管的埋管深度，可能使导管拔空，墙体混凝土夹泥，导致地下连续墙渗漏。

灌注地下连续墙的混凝土供料不及时，难以保持浇筑的连续性，混凝土在槽内上升速度慢、流动性差，使土渣夹入墙体之中，导致地下连续墙渗漏。

2. 风险控制重点

进行连续墙施工时，须重点防范起重伤害、槽壁坍塌以及地下连续墙局部夹泥渗漏。

地下连续墙施工前，应平整场地，清除成槽范围内的地面、地下障碍物，以防发生起重伤害。

两台起重机同时起吊，应注意负荷的分配，以防发生起重伤害。

钢筋笼起吊时，应对两台起重机进行统一指挥，以防两台起重机动作不协调，发生起重伤害。

钢筋笼下放过程中，遇到阻碍不能下放时，禁止强行下放，以防槽壁坍塌。

吊钢筋笼时，须检查起重机的稳定性、制动器的可靠性、吊点和钢筋笼的牢固程度，以防槽壁坍塌以及发生起重伤害和物体打击伤害。

吊装好钢筋笼后，应立即灌注混凝土，以防地下连续墙局部夹泥渗漏。

混凝土灌注时，须控制好导管的埋管深度，以防地下连续墙局部夹泥渗漏。

灌注地下墙的混凝土供料应及时，同时保持灌注的连续性，以防地下连续墙局部出现夹泥渗漏。

3. 风险控制技术

地下连续墙施工前，应平整场地，清除成槽范围内的地面、地下障碍物。

钢筋笼下放前必须对槽壁垂直度、平整度、清孔质量及槽底高程进行严格检查。

下放过程中，遇到阻碍，钢筋笼放不下去时，严禁强行下放。

若发现槽壁土体局部凸出或坍落至槽底，则必须整修槽壁，清除槽底坍土后，方可下放钢筋笼。

严禁割短或割小钢筋笼。

起重机吊钢筋笼时，应先吊离地面 0.2~0.5m，检查起重机的稳定性，制动器的可靠性、吊点和钢筋笼的牢固程度，确认可靠后，方能继续起吊。

两台起重机同时起吊,须注意负荷的分配,每台起重机分担的负荷不得超过该机允许负荷的80%。

钢筋笼起吊时,须对两台起重机进行统一指挥,使两台起重机动作协调相互配合。各类钢筋笼均设置纵向抗弯棉架,拐角钢筋笼增设定位斜拉杆。

钢筋笼就位后,应立即进行灌注混凝土,间隔时间不得超过4h。

须保证开始灌注混凝土时埋管深度不小于500mm。

须保证均匀连续灌注混凝土,因故中断灌注时间不得超过30min。

导管随混凝土灌注应逐步提升,其埋入混凝土深度应为1.5~3.0m,相邻两导管内混凝土高差不应大于0.5m。

混凝土灌注应高出设计高程300~500mm。

第四章 墩台与盖梁施工安全技术与风险控制

墩台与盖梁施工作业过程中，易发生的风险主要体现在高处坠落伤害、物体打击伤害、机械伤害、起重伤害、触电伤害等方面。

第一节 施工装备安全技术与风险控制

一、脚手架

1. 风险分析

如果脚手架、工作平台搭设不牢固，在作业过程中易导致高处坠落和物体打击等事故。

脚手架搭设前若未进行受力检算，可能出现承载力不足，从而导致高处坠落和物体打击等事故。

如果支撑脚手架的地基不坚实，在作业过程中脚手架极可能倒塌，从而导致高处坠落和物体打击事故。

当脚手架搭设较高或风力较大时，若未增设缆风绳，则易导致高处坠落和物体打击等事故。

搭拆脚手架时，施工区域未设警戒标志，如因意外情况出现脚手架倒塌，极可能导致物体打击等事故。

在脚手架使用期间，如果松动或拆除任何受力杆件，极可能造成高处坠落和物体打击等事故。

作业平台上若出现超载，则很可能使脚手架倒塌引起高处坠落和物体打击等事故。

2. 风险控制重点

脚手架在使用期间，须重点防范其倒塌，以防导致高处坠落和物体打击等伤害。

脚手架、工作平台须搭设牢固，以防其在作业过程中倒塌导致高处坠落和物体打击等伤害。

支撑脚手架的地基应坚实，四周应设排水沟，以防脚手架倒塌导致高处坠落和物体打击等伤害。

当脚手架搭设较高或风力较大时，应增设缆风绳并锚固牢靠，以防脚手架倒塌导致高处坠落和物体打击等伤害。

在脚手架使用期间，严禁松动或拆除任何受力杆件，以防脚手架倒塌导致高处坠落和物体打击等伤害。

作业平台上严禁超载，以防脚手架倒塌导致高处坠落和物体打击等伤害。

3. 风险控制技术

脚手架、工作平台应搭设牢固，不得与模板及其支撑体系连接。

脚手架搭设前应进行受力检算。

支撑脚手架的地基应坚实，以满足承载力的要求，四周排水应通畅。

当脚手架搭设较高或风力较大时，应增设缆风绳并锚固牢靠，必要时与桥墩拉结。

搭拆脚手架时，施工区域应设警戒标志。

严禁将模板支架、缆风绳、混凝土输送泵管等固定在脚手架上或悬挂在起重设备上。

在脚手架使用期间，严禁松动或拆除任何受力杆件。

作业平台上不得超载，四周应设围栏，并张挂密目安全网，脚手板搁置必须牢固平整，不得有空头板。

二、塔式起重机

1. 风险分析

如果塔式起重机基础不牢固，极可能由于失稳倒塌引发高处坠落和机械伤害等事故。

如果塔式起重机未与桥墩进行可靠连接，极易导致高处坠落和机械伤害等事故。

风力较大时，若进行塔身升降作业，极可能使塔式起重机和重物倾覆，导致高处坠落和机械伤害等事故。

当同一施工地点有两台以上塔式起重机时，若两机间任何接近部位（包括吊重物）距离较小，极可能发生碰撞，使塔式起重机倒塌导致高处坠落和机械伤害等事故。

作业中，当停电或电压下降时，如果没有立即将控制器板到零位，并切断电源，极易使塔式起重机倒塌导致高处坠落和机械伤害等事故。

操作人员临时离开操纵室时未切断电源，如果塔式起重机因为意外情况自行启动，则很可能导致高处坠落和机械伤害等事故。

2. 风险控制重点

塔式起重机在使用期间，须重点防范其倒塌，以防导致高处坠落和机械伤害。

塔式起重机基础须牢固，四周应排水通畅，以防塔式起重机倒塌导致高处坠落和机械伤害。

塔式起重机与桥墩之间的固定连接应牢固可靠，以防塔式起重机倒塌导致高处坠落和机械伤害。

风力较大时，不得进行塔身升降作业，以防塔式起重机和重物倾覆导致高处坠落和机械伤害。

当同一施工地点有两台以上塔式起重机时，应保持两机间任何接近部位（包括吊重物）距离不小于2m，以防塔式起重机倒塌导致高处坠落和机械伤害。

3. 风险控制技术

塔式起重机基础应满足塔式起重机抗倾翻稳定性的要求，四周应排水通畅。

塔式起重机与桥墩之间的固定连接应牢固可靠。

风力较大时，不得进行塔身升降作业。

当同一施工地点有两台以上塔式起重机时，应保持两机间任何接近部位（包括吊重物）距离不小于2m。

严禁塔式起重机提升重物时自由下降。

作业中，当停电或电压下降时，应立即将控制器板到零位，并切断电源。

操作人员临时离开操纵室时，必须切断电源。

停机时，应断开电源总开关，并打开高空指示灯。

三、施工电梯

1. 风险分析

如果施工电梯与墩身或基础连接不牢固，可能出现其在作业过程中倾覆，从而导致高处坠落和物体打击等事故。

电梯运行时，人员及物品伸出安全栏外，极可能导致高处坠落和物体打击等事故。

施工电梯超载运行，可能使电梯出现故障，从而导致高处坠落事故的发生。

2. 风险控制重点

施工电梯在使用期间，须重点防范高处坠落和物体打击伤害。

施工电梯与墩身或基础必须连接牢固，以防发生高处坠落和物体打击等伤害。

电梯运行时，人员及物品不得伸出安全栏外，以防发生高处坠落和物体打击等伤害。

严禁施工电梯超载运行，以防发生高处坠落等事故。

3. 风险控制技术

施工电梯应与墩身或基础连接牢固。

施工电梯每安装一个标准节，必须按照要求安装限位器。

电梯运行时，人员及物品不得伸出安全栏外。

严禁施工电梯超载。

四、起重机械

1. 风险分析

起重机械如果在使用前未检查确认符合要求就进行试吊，极可能发生起重伤害。

如果钢丝绳在任何一个断面内的断丝数量较多且未及时进行更换，可能出现钢丝绳断裂使重物坠落，从而导致物体打击和起重伤害等事故。

如果吊钩磨损严重且未及时更换，可能出现吊钩断裂使重物坠落，从而导致物体打击和起重伤害等事故。

如果吊钩的螺纹已腐蚀，极可能出现吊钩在螺纹处断裂使重物坠落，从而导致物体打击和起重伤害等事故。

吊装作业中，当重物吊起、转向、走行、接近人员，下落时，若未鸣铃示警，极可能导致起重伤害和物体打击等事故。

如果吊装物上站人，极可能导致高处坠落事故。

遇6级及6级以上大风仍进行露天吊装作业，极可能使吊装重物倾覆，从而导致起重伤害和物体打击等事故。

如果在超过起重机械允许荷载和斜拉重物等情况下起吊，可能引发起重伤害。

若在无指挥或信号不清时起吊，可能导致起重伤害。

起重机械在作业中停机时，若将重物悬在空中停机，可能出现重物坠落从而导致起重伤害和物体打击等事故。

如果起重机械越过无防护措施的外电架空线路作业，可能引发触电事故。

2. 风险控制重点

起重机械在使用期间，须重点防范起重伤害。

起重机械使用前须经检查确认符合要求及进行试吊后，方可使用，以防发生起重伤害。

钢丝绳应无死弯、不起油且钢丝绳在任何一个断面内的断丝数量不得超过该断面总钢丝数的5%，以防钢丝绳断裂导致物体打击事故和起重伤害等。

吊钩的螺纹不得腐蚀，且其缺陷部位严禁焊补，以防吊钩断裂导致物体打击事故和起重伤害。

吊装作业中，当重物吊起、转向，走行、接近人员，下落时，必须鸣铃示警，以防发生物体打击事故和起重伤害。

遇6级及6级以上大风必须停止露天吊装作业，以防吊装重物倾覆导致起重伤害和物体打击事故等。

杜绝在超过起重机械容许荷载和斜拉重物的情况下起吊，以防发生起重伤害。

严禁在无指挥或信号不清时起吊，以防发生起重伤害。

起重机械在作业中停机时，必须先将重物落地，以防重物坠落导致起重伤害和物体打击事故等。

3. 风险控制技术

起重机械使用前必须经检查确认符合要求及进行试吊后，方可使用。

钢丝绳应无死弯，不起油。

钢丝绳在任何一个断面内的断丝数量不得超过此断面总钢丝数的5%。

钢丝绳断丝达到规定标准后应进行更换。

吊钩磨损后的危险截面实际高度严禁小于基本尺寸的95%。

吊钩的螺纹不得腐蚀。

吊钩的缺陷严禁焊补。

吊装作业中，当重物吊起、转向，走行、接近人员，下落时，必须鸣铃示警，吊装物上严禁站人。

遇6级及6级以上大风必须停止露天吊装作业。

严禁在超过起重机械容许荷载、荷载不明和斜拉重物的情况下起吊。

无指挥或信号不清时严禁起吊。

起重机械在作业中停机时，必须先将重物落地，不应将重物悬在空中停机。

起重机械严禁越过无任何防护措施的外电架空线路作业。

第二节　墩台施工安全技术与风险控制

一、一般性问题

高大模板、爬模、翻模施工前，应编制专项施工方案。墩台施工模板应有足够的强度、刚度和稳定性，能承受施工过程中可能产生的各项荷载。墩（台）身混凝土施工应加强对模板支撑系统和变形的检查。墩身钢筋安装应搭设支架临时加固，防止钢筋骨架倾覆。墩台施工靠近既有道路时应采取可靠的安全防护措施，确保过往行人和车辆的安全。当墩台位于陡坡处时，应按设计要求及时施工边坡支护及排水工程。隧道或路堑的弃渣，严禁倾倒在墩台一侧，以免造成偏压。

二、大块模板施工

1. 风险分析

采用分段连接整体吊装时，若模板连接不牢固，在吊装过程中模板可能会坠落，导致物体打击事故；也可能出现模板松脱坍塌，使钢筋骨架倾覆，发生高处坠落、物体打击和机械伤害等事故。

模板就位后，若未立即用撑木固定其位置，可能出现模板倾倒导致物体打击事故。

起吊安装过程中，如果碰撞模板和脚手架，可能使模板和脚手架倒塌，导致高处坠落和物体打击等事故。

模板拆除时，若未按规定的程序进行，可能出现模板坍塌，导致物体打击等事故。

模板、材料和工具等随意抛扔，极可能导致物体打击事故。

2. 风险控制重点

进行大块模板施工时，须重点防范物体打击等伤害。

采用分段连接整体吊装时，模板须连接牢固，以防发生高处坠落、物体打击和机械伤害等。

模板就位后，应立即用撑木固定其位置，以防模板倾倒导致物体打击伤害。

模板拆除应遵循自上而下、分节分块、先挂后拆的原则进行，以防发生物体打击伤害。

3. 风险控制技术

采用分段连接整体吊装时，模板应连接牢固。

模板就位后，应立即用撑木固定其位置。

大块模板支撑系统应检算，并有一定的安全储备设施。

起吊安装过程中，应拴溜绳，不得碰撞模板和脚手架。

模板拆除应遵循自上而下、分节分块、先挂后拆的原则进行。

三、高墩爬模施工

1. 风险分析

如果爬模自身脚手架平台、接料平台及安全网等未安装牢固，可能出现脚手架等倒塌，从而导致高处坠落和物体打击等事故。

如果爬升体系未设保险装置，则可能出现失稳导致物体打击等事故。

架体提升时，如果工作人员站在爬升的模板或爬架上，极可能发生高处坠落事故。

提升设备在提升前如果未进行全面检查，则可能在提升过程中发生设备故障，使模板坠落导致物体打击事故。

模板组装完毕后若未经检验合格就浇筑混凝土，如果存在模板拼接不严密等情况，则可能出现漏浆从而导致混凝土成型质量差。

浇筑混凝土时，如果振捣器接触模板和钢筋等，可能使其松动导致混凝土成型质量差；也有可能出现模板和钢筋等倒塌，导致物体打击伤害。

混凝土浇筑后，如果混凝土强度未达到要求就拆模，则可能在进行下一个模板施工时，混凝土由于不能满足承载力的要求而导致墩台部分坍塌。

2. 风险控制重点

进行高墩爬模施工时，须重点防范混凝土成型质量差以及高处坠落和物体打击等伤害。

爬模自身脚手架平台、接料平台及安全网等应安装牢固，以防发生高处坠落和物体打击伤害。

爬升体系须设保险装置，以防发生物体打击伤害。

严禁工作人员站在爬升的模板或爬架上，以防发生高处坠落伤害。

提升设备在提升前须进行全面检查，以防发生物体打击伤害。

模板组装完毕经检验合格后方可浇筑混凝土，以防出现漏浆等现象导致混凝土成型质量差。

浇筑混凝土时，应避免振捣器接触模板和钢筋等，以防混凝土浇筑质量差以及发生物体打击伤害。

混凝土浇筑后，强度达 2.5MPa 以上方可拆模，以防混凝土不满足承载力的要求，导致墩台部分坍塌。

3. 风险控制技术

高墩爬模应有足够的强度、刚度和稳定性。

爬模自身脚手架平台、接料平台、吊挂脚手架及安全网应安装牢固。

爬升体系应设保险装置。

架体提升时，工作人员不能站在爬升的模板或爬架上。

提升设备在提升前应全面检查。

模板组装完毕经检验合格后方可浇筑混凝土。

浇筑混凝土时，应避免振捣器接触模板、对拉螺栓、钢筋或空心支撑。

混凝土浇筑后，强度达 2.5MPa 以上方可拆模。

爬模的接料平台、脚手架平台、拆模吊篮的荷载应均匀，不得超载。

四、高墩翻模施工

1. 风险分析

提升模板时,起重机未分节分块提升安装,可能出现安装不牢固使模板坠落,从而导致物体打击事故。

若翻模分节分块的重量大于起重机的额定起重量,可能出现模板坠落、起重机倒塌,从而导致物体打击和机械伤害等事故。

模板吊装提升和移动速度如果过快,可能出现模板失稳而坠落,从而导致物体打击伤害等。

作业人员攀附在模板上或者模板侧的工作平台上,极可能发生高处坠落事故。

2. 风险控制重点

进行高墩翻模施工时,须重点防范高处坠落和物体打击等伤害。

提升模板时,起重机须分节分块提升并安装牢固,以防发生物体打击伤害。

翻模分节分块的重量应小于起重机的额定起重量,以防发生物体打击和机械伤害等。

模板吊装时应缓慢提升和移动,以防发生物体打击伤害。

严禁作业人员攀附在模板上或者模板侧的工作平台上,以防发生高处坠落危险。

3. 风险控制技术

工作平台应和模板连为一体,提升时,起重机应分节分块提升并安装牢固。

翻模分节分块的重量应小于起重机的额定起重量。

模板吊装时应缓慢提升和移动。

严禁作业人员攀附在模板上或者模板侧的工作平台上。

五、高墩滑模施工

1. 风险分析

设备装置在使用前如果未进行检查、调试,使用过程中会存在安全隐患,如电器漏电,可能导致触电事故。

若夜间施工照明不良,则可能导致高处坠落事故。

如果高空作业人员未系好安全绳等防护用品,极有可能导致高处坠落事故。

架体提升时,作业人员在爬升的模板或爬架上,可能发生高处坠落事故。

如果线路敷设不标准,如未架空或埋地,可能导致触电事故。

滑模在提升时,如果未进行统一指挥,升高时可能会出现异常情况,如模板发生倾斜、扭转等。

2. 风险控制重点

进行高墩滑模施工时，须重点防范高处坠落和触电等伤害。

设备装置使用前须进行检查、调试，以防发生触电伤害。

夜间施工应有充足的照明，以防发生高处坠落伤害。

高空作业人员应做好安全防护工作，如系好安全带，以防发生高处坠落伤害。

架体提升时，严禁作业人员在爬升的模板或爬架上，以防发生高处坠落伤害。

线路敷设须标准化，以防发生触电伤害。

滑模在提升时，应统一指挥，并指定专人负责监视千斤顶，以防模板出现异常情况。

3. 风险控制技术

滑模平台在提升前应对全部设备装置进行检查，调试妥善后方可使用，重点放在检查平台的装配、节点、电器及液压系统上。

作业人员必须服从统一指挥，任何人不得擅自操作液压设备和机械设备。

避雷设备应有接地线装置，平台上振动器、电机等应接地。

通信设备除电铃和信号灯外，还应装备3~4台对讲机。

浇筑混凝土，不得用大罐漏斗直接灌入，以防止冲击模板。

模板每次提升前，应进行检查，排除故障，观察偏斜数值。

滑模在提升时，应统一指挥，并有专人负责千斤顶。

墩身混凝土养护作业人员必须系好安全带。

夜间施工应有足够的照明，在人员上下及运输过道上，均应设置固定的照明设施。

拆除滑模设备时，应做好安全防护措施。

第三节　盖梁及墩柱加固施工安全技术与风险控制

一、风险分析

作业人员登高时若马凳或爬梯安放不牢，则可能造成高处坠落伤害。

电钻成孔时作业人员如违章用电，则可能发生触电事故。

锚固剂溅入作业人员眼睛如不立即就医，则可由于眼睛未能得到及时治疗而导致伤害扩大。

钢板进行防锈涂装刷油漆时，如作业人员未戴防毒口罩，则可造成人员中毒。

二、风险控制技术

作业前,应对作业人员进行安全交底。

进入施工现场,作业人员应戴好安全帽。高处作业时,还应系好安全带。

自制马凳和登高用的爬梯要牢靠,防止人员操作时意外摔伤。

接长盖梁施工,凿除连接部位的混凝土保护层时,作业人员应戴好护目镜和防尘口罩。

新接长的钢筋与原主筋焊接时,应遵守相应的焊接安全操作规程。

加宽盖梁应植筋时,若采用电钻成孔,应注意用电安全。锚固剂配制作业必须具备手套、口罩、护目镜等防护用品;若不慎将锚固剂溅入眼睛,应立即就医。手锤击打钢筋方式入孔时,一手应扶住钢筋或螺栓,以保证对中并避免回弹;手锤对面不得有人。

外包钢加固墩柱应符合下列规定:

采用注浆法外包钢加固时,构件表面应打磨粗糙、无油污。注浆压力不应低于0.1MPa。灌浆后严禁再对型钢进行锤击、焊接。

采用干式外包型钢加固时,型钢与构件之间应用水泥砂浆填实。施焊钢板时,应用夹具夹紧型钢。用螺栓套箍时,拧紧螺帽后可将螺母与垫板点焊。

钢板进行防锈涂装刷油漆时,作业人员应戴好防毒口罩,工作场所应配备各种必要的灭火器以备救护。

[案例] 盖梁施工方案

编制依据:

1. 根据河北省交通规划设计院《邢衡高速公路衡水段桥梁通用图施工图》;

2. 《邢衡高速公路衡水段二期工程施工招标文件》及合同中相关技术要求;

3. 《邢衡高速公路衡水段二期工程(枣园至衡水北互通段)XH-LQ7合同两阶段施工图设计》;

4. 《公路工程国内招标文件范本》;

5. 《公路桥涵施工技术规范》(JTG/T F50—2011);

6. 《公路工程质量检验评定标准》(JTG F80/1—2004);

7. 《公路工程施工安全技术规程》(JTG076—95);

8. 建设单位对本工程质量、工期、安全、环保等方面要求;

9. 《河北省高速公路桥梁施工标准化管理指南》。

工程概况:

邢衡高速公路衡水段LQ7合同路基桥涵工程起讫桩号为:K27+500～K37+800,全长10.3Km;路面工程起讫桩号为:K18+600～K37+800,全长19.2Km。桥梁结构物共 47 座：大桥 7 座，中桥 2 座，分离式立交 3 座，匝道桥 2 座，箱型涵洞 10 道，箱型通道 10 道，波纹管涵洞 1 道，1~13 米预应力混凝土 T 梁通道 5 座，1~16 米预应力混凝土 T 梁通道 4 座，2~16 米预应力混凝土 T 梁通道 2 座，4~16 米预应力混凝土 T 梁通道 1 道。

K33+864 骑河王排干大桥，该桥中心桩号为 K33+864，交角 100°，全长 120 米。桥梁全宽 28.5 米，中间相隔 0.476 米，单幅桥桥面净宽 13.13 米，两侧各设 0.50 米和 0.382 米防撞护栏。上部结构为 4×30m 后张法预应力砼小箱梁，先简支后连续；下部结构桥台采用肋板台，桥墩采用柱式墩。墩台采用钻孔灌注桩基础。

该桥桥台盖梁 4 个，桥墩盖梁 6 个。本次首件工程选择大幅 1# 墩盖梁，该桥墩盖梁 φ32 钢筋 7014.7kg，φ12 钢筋 1927.2kg，C30 混凝土 42.89m³。计划开工日期于 2014 年 11 月 10 日进行钢筋骨架的加工，11 月 11 日—12 日进行钢筋骨架的绑扎，11 月 13 日进行模板安装，11 月 14 日完成盖梁的浇筑工作。

施工准备：

1. 技术准备

1.1 在收到设计图纸和技术文件后立即组织工程技术人员熟悉、研究所有技术文件和图纸，全面领会设计意图；检查图纸与其各组成部分之间有无矛盾和错误；在几何尺寸、标高、说明等方面是否一致；并与现场情况进行核对。同时做出详细记录，记录应包括对设计图纸的疑问和有关建议。

1.2 工地试验室配备满足施工需要的试验检测仪器和设备，配足配齐试验人员，在监理工程师的监督下及时完成各类原材料试验及砼配比设计试验工作，并按监理工程师的要求，建立档案，专人负责。

2. 施工机械准备

根据施工进度合理配制各种机具的进场计划，使用前进行调试，确保机械性能良好，主要施工机械如下表。

机械设备情况一览表

机械名称	型　号	数量（台）	备注
拌和站	HJS120D	1	
水泥砼搅拌运输车	12m³	3	
电焊机	BX1-500	6	
钢筋切断机	DYJ-32	2	
钢筋自动调直机	6~10mm	2	
数控钢筋成型机		1	
钢筋弯曲机	GW4C	2	
插入式振捣棒	30/50	10	
发电机	200KW	2	
吊车	25t	2	

3.原材料准备

水泥采用邢台市隆尧县奎山 P.O42.5 水泥。

碎石采用 10~20mm、5~10mm、16~31.5mm，产地：井陉。

水洗砂购自灵寿县。

外加剂购自河北金舵建材科技开发有限公司。

粉煤灰：采用邢台电厂 I 级粉煤灰。

矿粉：采用辛集钢信水泥有限公司生产的 S95 级矿渣粉。

水：采用人、畜可直接饮用的地下水。

钢筋：承钢产 HRB400 钢筋 Φ12、Φ25。

截至目前，我项目部已进场水泥 3169.25t，5~10 碎石 10875m³，10~20 碎石 15885m³，16~31.5 碎石 8320m³，粉煤灰 1500t，矿粉 798t，减水剂 154t，Φ12 钢筋 586.545t，Φ32 钢筋 373.402t，满足施工的需要。各种原材料已按要求进场，检测合格，并已报驻地监理工程师批复。

C30 混凝土配合比：

水泥：粉煤灰：矿粉：水洗砂：5~10 碎石：10~20 碎石：16~31.5 碎石：外加剂：水 =289：50：46：782：216：647：216：3.85：154。

盖梁工艺流程、施工方案：

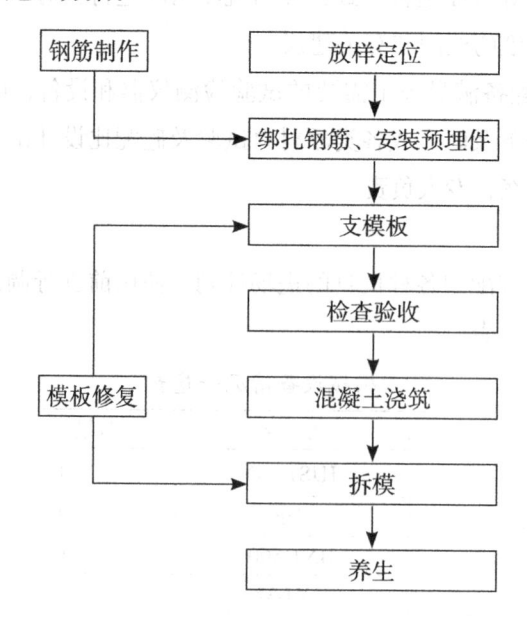

盖梁施工工艺框图

工艺流程：施工准备→定位放线→加工绑扎钢筋→检查验收→支模板→浇筑砼→拆模→养生。

施工现场准备。待墩柱施工完毕验收合格后对柱顶凿毛，标高控制在高出设计标高 1cm 以上。搭设盖梁施工支架，铺设工作平台。在支架搭设前对基底进行混凝土硬化。

测量放样。测量员用全站仪放出两墩柱中心及高程。以便准确定出盖梁横向中线，用以控制底模的准确安装。保证底模的平面位置及高程符合设计规范的要求，并且保证垫石及挡块钢筋钢板的准确预埋。

钢抱箍及底模安装。在柱顶划出盖梁底水平线（用水准仪测量），下量一个高度（底模+方木+承重工字钢的总和）作为钢抱箍的上口线，然后在钢抱箍内圈（除锈，但不可刷油）满衬 5mm 厚的熟橡胶板。钢抱箍上缘对准事先画好的线，抱箍的螺栓接口与盖梁横桥向边线垂直。两片抱箍位置对准后，旋拧高强螺栓。注意：钢抱箍与圆柱间的紧固程度是整个系统受力的关键，一定要注意因钢抱箍上不断加载，而使钢抱箍内侧和不十分规则的墩柱表面间松动减少摩擦力，因此，要求施工时必须在底板铺设完成、盖梁混凝土浇筑前、混凝土浇筑一半时分三次紧固高强螺栓，以消除不规则、不均匀变形造成抱箍与墩柱间松动使摩擦力减少。钢抱箍安装好后，在连接板上架设两根 I40B 型工字钢（对口放置），工字钢之间用 CC 型螺旋扣式拉杆拉紧，每隔 1.5 米设置 1 道，然后铺设横木（12*20cm 方木，间距为 50cm），横木长度为盖梁两边各挑出不少于 80cm，横木上铺设底板。

钢筋加工及安装。钢筋在加工厂按设计及规范要求加工成型后，运至现场绑扎。绑扎成型的钢筋骨架，其受力钢筋间距偏差控制在：排距为 ±5mm，同排钢筋为 ±20mm，箍筋、横向水平钢筋、螺旋筋为（0，-20mm）。采用吊车将骨架吊至底模上，在安放后合理布设垫块，保证盖梁钢筋的保护层厚度能满足设计规范要求，经监理工程师验收合格后再进行下道工序。

预埋件及垫石钢筋安装要正确。施工前测量员必须进行复测，确保位置精确。经监理工程师验收后方可进行下道工序施工。

钢筋采用双面搭接焊，钢筋表面应洁净，如有油污锈蚀等应清除。

当墩柱预留的钢筋和盖梁钢筋发生冲突时，可适当改变墩柱的钢筋的倾斜角度，盖梁钢筋尽可能不动。

模板安装。在盖梁钢筋安装验收合格后，侧模采用组合钢模拼装，用对拉螺杆固定。

盖梁浇筑。盖梁浇筑为 C30 砼。

混凝土浇筑前对钢筋、模板进行复测，经监理工程师检查合格后，开始浇筑砼。砼采用拌和站集中拌和，利用项目部施工现场准备充足的混凝土搅拌运输车运输至现场，砼在拌和过程中注意混凝土的稠度，控制水灰比，随时检查混凝土坍落度，砼运输到施工现场后，再次检查坍落度。砼通过吊车吊料斗入模，其底部距砼面高度必须小于 2m，尽可能减少砼冲击力，以防离析和泌水。浇筑时由专人用振动棒分层振捣，保证成型砼表面光滑、无气泡、颜色一致。混凝土浇筑时要保持连续不间断，振捣上层混凝土时，振动棒要插入下层混凝土 5cm，分层厚度不大于 30cm。浇筑混凝土时，经常检查钢筋位置、保护层厚度及模板的竖直度，发现问题予以调整，确保其不变形。浇筑完的砼顶面标高符合设计要求，并抹光压实。

拆除模板。混凝土浇筑完成后，初凝前及时进行二次收浆，防止盖梁产生收缩裂缝。当混凝土强度达到设计强度 80% 时落架拆除底模。

拆模时要满足以下要求：

模板拆除遵循先支后拆、后支先拆的顺序，拆时严禁抛扔。

卸落支架，卸落量开始宜小，以后逐渐增大。在纵向应对称均衡卸落，在横向应同时一起卸落。

拆除模板、卸落支架时，不允许用猛烈敲打和强扭等方法进行。

模板、支架拆除后，应维修整理，分类妥善存放。

1.8 养生

砼浇拆模后，尽快用土工布予以覆盖并派专人洒水养护不少于 7 天，根据天气情况合理安排洒水时间，确保在养生期间砼保持湿润。

质量检验：

1. 外观鉴定：

混凝土表面平整、光洁，棱角线平直；

2. 质量检验标准

项次	检查项目	规定值或允许偏差	检查方法和频率
1	混凝土强度（Mpa）	在合格标准内	按附录D检查
2	断面尺寸（mm）	±20	尺量：检查3个断面
3	轴线偏位（mm）	10	全站仪：纵横各测量2点
4	顶面高程（mm）	±20	水准仪：检查3~5点
5	支座垫石预留位置（mm）	10	尺量：每个

施工中注意事项：

1. 绑扎时注意预埋支座垫石钢筋和挡块钢筋以及端头预埋梁横移预埋环。

2. 每道工序完成后测量员必须进行复测，保证支座垫石的预埋钢筋位置、模板位置精确。

3. 盖梁与墩身必须连接密贴，不得出现漏浆现象。

4. 施工过程中防止对墩、台身成品造成损伤和污染。

5. 混凝土养生必须到位，由施工负责人安排人员对其进行养生。

6. 桥台盖梁要在台背回填顶面接近盖梁底高程（宜控制在 10cm 左右）后施工。不得直接使用台背做底模，必须用混凝土抹面或使用模板。

施工质量保证措施：

1. 加强质量意识教育，组织有关人员认真学习招标文件《技术规范》和交通部各种施工、验收规范，掌握每道工序的关键环节，在施工中加以认真贯彻落实。

2.建立岗位责任制和质量责任制,岗位责任制定员定岗、职责分明、权力适当、利益均衡、奖罚分明;质量责任制突出质量、责任终身,做到质量工作事事有人管、人人有专责、办事有目标、工作有检查。

3.制订有效可行的质量工作计划,使质量管理规范化、程序化,具有可操作性,更有效地达到既定目标,而不至于流于口号。以此为基础,进行质量评比,对搞得好的个人或工段进行奖励,对搞不好的、出问题的进行相应的处罚。

4.严格按照质保体系中的质检程序进行质检,不合格产品决不在复检中出现。

5.建立健全各项技术管理制度,做到施工前有可行的技术方案,施工中有明确的质量目标和控制措施,施工结束后有及时、准确的检测报告。

6.严把材料质量关,杜绝不合格材料进场,一经发现,立即清除出场,并对有关责任人给予处罚。

7.优化施工方案,积极采用新材料、新工艺,以先进的技术和科学的管理,确保施工质量和施工进度,实现创优目标。

8.建立健全工地试验室,配齐试验器材和试验人员,及时对工程质量进行检测。

9.施工前做好技术交底工作,对关键岗位人员做好技术培训,防止技术事故的发生,专人专职,杜绝违章作业。

安全生产:

1.建立完善的以项目经理为核心的安全生产领导组织,有组织有领导地开展安全管理活动。

2.加强安全生产教育,提高全员安全意识,重点搞好四个方面的教育:高度责任感和安全第一的教育;本职工作、安全基本知识、技能的教育;遵守规范制度和岗位标准作业教育;违章违纪案例的教育,平时经常进行安全教育,利用班前交代安全注意事项。

3.健全安全岗位责任制,做到奖惩严明、施工安全要求纳入工程承包内容,逐级签订安全生产承包责任状,明确分工,责任到人,把安全工作落到实处。

4.大力宣传安全的重要性,利用多种形式对职工进行安全生产教育。定期对职工进行考核,不达标者不上岗。

5.施工现场要配备防火器材,与施工无关的易燃、易爆物品不得带入施工现场,如因施工需要使用这些物品,要加强保管,防止发生意外。当发生火情时立即与消防部门联系。

6.要求所有现场施工人员必须按要求佩戴安全防护用品。

7.电工、焊工等特种作业人员持证上岗。

8.吊装作业专人指挥,禁止违章操作。

9.施工机械禁止违章操作,防止发生机械伤害。

环境保护：

1. 遵照国家环境保护法，在本工程中，严格组织管理，保护周围环境不受污染。

2. 临时生活区按要求修建必要的卫生设施，定期对周围环境和卫生设施进行消毒和检查。

3. 泥浆按规定排放，防止污染环境。

4. 废旧物资不乱扔乱放，生活垃圾随时清理，建筑垃圾及废弃物进行回收，统一清除处理，工程完工后恢复原来的地形面貌。

5. 施工完毕后把施工场地所用的临时设施，采用的砂石料、材料、废弃物品彻底清理干净，确保施工后场地平整、环境美观。

文明施工：

1. 认真落实文明施工管理有关规定，做到现场整洁、布局合理。

2. 主要人员及特殊工种持证上岗。

3. 砂石料存放场地要硬化处理或存放在通风的砖地、木排上并加油毛毡等隔离材料，钢筋加工场地要平整，成品钢筋下垫木板防止触地而锈蚀。

4. 便道及时洒水，靠近便道的集料用篷布覆盖，防止扬尘污染集料，集料应分类、分规格存放，码放整齐，界限分明，并插放标牌。

5. 施工现场按标准化文明施工要求进行，设置各项安全警示标志、标牌。

6. 健全管理组织、经济责任制和岗位责任制。

7. 加强教育培训工作，进行岗前培训和文明施工教育工作，提高全员文明施工意识。

[案例] K33+864 骑河王排干大桥 1# 墩大幅内柱首件工程施工方案

编制依据：

1. 根据河北省交通规划设计院《邢衡高速公路衡水段桥梁通用图施工图》；

2.《邢衡高速公路衡水段二期工程施工招标文件》及合同中相关技术要求；

3.《邢衡高速公路衡水段二期工程（枣园至衡水北互通段）XH-LQ7 合同两阶段施工图设计》；

4.《公路工程国内招标文件范本》；

5.《公路桥涵施工技术规范》（JTG/T F50—2011）；

6.《公路工程质量检验评定标准》（JTG F80/1—2004）；

7.《公路工程施工安全技术规程》（JTG076—95）；

8. 建设单位对本工程质量、工期、安全、环保等方面要求；

9.《河北省高速公路桥梁施工标准化管理指南》。

工程概况：

邢衡高速公路衡水段LQ7合同路基桥涵工程起讫桩号为：K27+500～K37+800，全长10.3Km；路面工程起讫桩号为：K18+600～K37+800，全长19.2Km。桥梁结构物共47座：大桥7座，中桥2座，分离式立交3座，匝道桥2座，箱型涵洞10道，箱型通道10道，波纹管涵洞1道，1~13米预应力混凝土T梁通道5座，1~16米预应力混凝土T梁通道4座，2~16米预应力混凝土T梁通道2座，4~16米预应力混凝土T梁通道1道。

K33+864骑河王排干大桥，该桥中心桩号为K33+864，交角100°，全长120米。桥梁全宽28.5米，中间相隔0.476米，单幅桥桥面净宽13.13米，两侧各设0.5米和0.382米防撞护栏。上部结构为4×30m后张法预应力砼小箱梁，先简支后连续；下部结构桥台采用肋板台，桥墩采用柱式墩。墩台采用钻孔灌注桩基础。

该桥墩柱12根，直径1.4m。本次首件工程选择1#墩大幅内柱，该墩柱ϕ28钢筋1012.5kg，ϕ10钢筋124.2kg，C30混凝土6.25m3。计划开工日期2014年10月20日进行钢筋笼绑扎，10月23日进行钢筋笼焊接，10月25日进行模板安装，10月27日完成墩柱的浇筑工作。

首件施工的目的：

1. 确定施工中的人员、机械配备；
2. 确定施工工艺、施工方案；
3. 验证C30混凝土配合比。

施工准备：

1. 技术准备

1.1 在收到设计图纸和技术文件后立即组织工程技术人员熟悉、研究所有技术文件和图纸，全面领会设计意图；检查图纸与其各组成部分之间有无矛盾和错误；在几何尺寸、标高、说明等方面是否一致；并与现场情况进行核对。同时做出详细记录，记录应包括对设计图纸的疑问和有关建议。

1.2 工地试验室配备满足施工需要的试验检测仪器和设备，配齐试验人员，在监理工程师的监督下及时完成各类原材料试验及砼配比设计试验工作，并按监理工程师的要求建立档案，专人负责。

2. 施工机械准备

根据施工进度合理配制各种机具的进场计划，使用前进行调试，确保机械性能良好，主要施工机械如下表。

机械设备情况一览表

机械名称	型号	数量（台）	备注
拌和站	HJS120D	1	
水泥砼搅拌运输车	12m³	3	
电焊机	BX1-500	6	
钢筋切断机	DYJ-32	2	
钢筋自动调直机	6~10mm	2	
数控钢筋成型机		1	
钢筋弯曲机	GW4C	2	
插入式振捣棒	30/50	10	
发电机	200KW	2	
吊车	25T	2	

3. 原材料准备

水泥采用奎山冀东水泥有限公司生产的 P.O42.5 水泥。

碎石采用 10~20mm、5~10mm、16~31.5mm，产地：井陉。

水洗砂购自灵寿县。

外加剂购自河北金舵建材科技开发有限公司。

粉煤灰：采用邢台电厂I级粉煤灰。

矿粉：采用辛集钢信水泥有限公司生产的 S95 级矿渣粉。

水：采用人、畜可直接饮用的地下水。

钢筋：承钢产 HRB400 钢筋 Φ12、Φ25。

截至目前，我项目部已进场水泥 3169.25t，5~10 碎石 10875m³，10~20 碎石 15885m³，16~31.5 碎石 8320m³，粉煤灰 1500t，矿粉 798t，减水剂 154t，Φ12 钢筋 586.545t，Φ25 钢筋 373.402t，满足施工的需要。各种原材料已按要求进场，检测合格，并已报驻地监理工程师批复。

C30 混凝土配合比：

水泥：粉煤灰：矿粉：水洗砂：5~10 碎石：10~20 碎石：16~31.5 碎石：外加剂：水 =289：50：46：782：216：647：216：3.85：154。

墩柱工艺流程、施工方法：

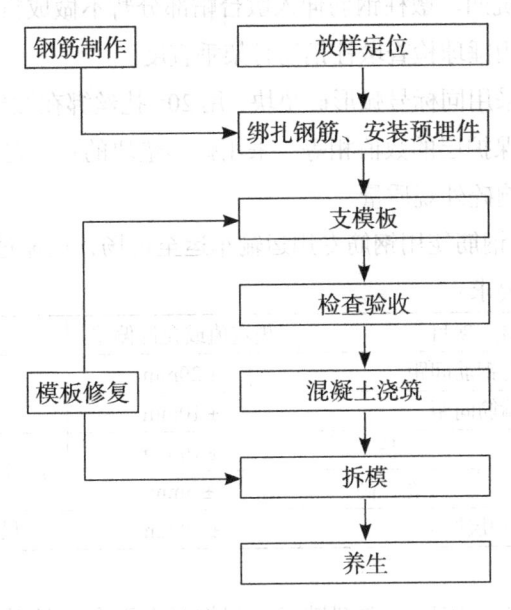

第四章 墩台与盖梁施工安全技术与风险控制

```
钢筋制作 ──┐       放样定位
           │          ↓
           └──→ 绑扎钢筋、安装预埋件
                      ↓
           ┌──→    支模板
           │          ↓
           │       检查验收
           │          ↓
  模板修复 ─┤       混凝土浇筑
           │          ↓
           └──     拆模
                      ↓
                   养生
```

墩柱施工工艺框图

工艺流程：施工准备→定位放线→加工绑扎钢筋→检查验收→支模板→浇筑砼→拆模→养生。

1. 施工准备

组织人员、机械进场，保证投入的机械设备、模具等能够正常使用，做好开工的一切准备工作。

组织测量人员做好构造物平面方位、高程的测量工作，建立平面和高程控制系统，并报监理工程师批准。监理工程师已批复水准点、导线点。

定位放线：用全站仪在处理好的桩基顶面精确放样。利用全站仪放样墩柱中心位置，测定中线、高程，经监理工程师复核后方可进行下一步工作。

2. 加工钢筋

2.1 根据墩柱的净保护层、钢筋间距制作钢筋绑扎台座和胎架，在胎架上绑扎、焊接钢筋骨架；成型后整体吊装就位，再对其中的细部钢筋进行绑扎，钢筋骨架必须有一定刚性。

从钢筋存放处把钢筋运至施工现场，与桩基钢筋进行焊接。焊接墩柱主筋前，环绕墩身采用脚手架搭设操作平台，按每两米高设置一层工作平台。绑扎墩柱钢筋前首先采用全站仪或经纬仪精确放出墩柱中心，按墩柱中心在接桩桩顶以上 $0.2m$ 定位一道墩柱加劲箍筋，加劲箍筋上焊十字筋做支撑，加劲箍筋位置要准确，并调整加劲箍中心与墩柱中心重合，采用经纬仪跟踪作业测量定位加劲箍筋位置，并将加劲筋与主筋点焊牢固。在加劲筋上标出主筋位置并绑扎、焊接其他主筋。

为保证墩身与桩基主筋的对接质量，其搭接部分采用双面焊焊接牢固，保证焊缝饱满、平整、无明显坑凹。墩柱钢筋伸入墩台帽部分暂不做成折线，待墩柱浇筑完成后弯到设计位置。采用锤球检查墩柱钢筋骨架垂直度。

钢筋骨架保护层采用同标号弧形砼垫块，用20#扎丝绑在墩柱钢筋骨架的主筋上，弧形砼垫块厚度与净保护层的数值相等。采用弧形垫块的目的是为了防止拆模后砼表面存有垫块痕迹，影响砼外观质量。

2.2 钢筋笼运输：钢筋笼用钢筋专用运输车运至现场，运输过程中注意安全。

钢筋检查项目及要求：

序号	检查项目		规定值或允许偏差	检查方法和频率
1	受力钢筋间距		±20mm	尺量：2断面
2	箍筋间距		±10mm	尺量：5~10个间距
3	钢筋骨架尺寸	长	±10mm	尺量：按骨架总数30%抽查
		宽、高	±5mm	
4	保护层厚度		±10mm	尺量：沿周边检查8处

3. 模板安装

模板制作墩身模板采用厂制定型模板，制作时在平台上的胎具控制下做整体施焊以保证其整体直度及几何形状。钢模节片之间采用企口工艺，使用定位销钉定位，螺栓联接，节间隙用腻子抹平，以防砼施工时漏浆，保证接缝的错台≤3mm。模板使用前涂刷脱模剂，脱模剂选用优质齿轮油，脱模剂要统一，涂刷要均匀，形成薄膜。

支立模板时采用整体组拼法，整体组拼后的模板用汽车起重机吊装就位，并用经纬仪调整横、纵方向及垂直度，用缆风绳锁定模板，保证砼施工时无扰动。

墩柱钢筋绑扎完成后，精确放出模板位置线，并在桩顶采用墨线弹出检查线，按已放好的模板位置线进行支立模板。墩柱模板必须用缆绳校正固定，并搭设支架稳固模板和搭建操作平台。墩柱模板底四周要用砂浆封堵，防止漏浆。模板安装根据墩身高度分节在场地内拼装成型，待钢筋检查合格后采用吊车吊装。节与节之间采用螺栓联接。墩柱顶高程测量完成后，浇筑前要给混凝土工进行技术交底。模板顶必须高出设计标高至少5cm。

4. 混凝土浇筑

墩柱砼采用拌和站统一拌制，砼输送车送至现场。墩柱砼浇筑前，依据规范和施工图纸要求按工序进行检查，重点检查以下几项：

检查模板支撑是否牢固；

模板接缝拼接是否漏浆；

钢筋间距、位置及保护层；

模板内有无杂物；

模板接缝、错台、模板垂直度是否满足规范要求；

检查振捣人员分工定位情况，并经自检合格报请驻地监理工程师签认后开盘浇筑。

砼的拌和采用搅拌站进行搅拌,严格按试验配合比上料,拌和时间不宜少于2分钟,也不宜超过3分钟,确保砼拌和均匀。在砼拌和过程中,控制砼拌合时间与砼浇筑速度,严格控制水灰比和砼的坍落度,确保搅拌出来的砼的质量。

砼搅拌完成后,在搅拌地点和浇筑地点分别取样检测砼的坍落度,确保入模砼的坍落度控制在16~20cm,并具有良好的和易性。砼运输时以迅速、不间断为原则,采用砼运输搅拌车运输。

砼的浇筑采用水平分层连续浇筑法,砼分层厚度按30cm控制,浇筑时砼均匀下料,防止局部下料过多引起模板位移。墩柱砼浇筑采用25T吊车配投料斗、串筒下料浇筑,料斗设计储料方量为1.0方,串筒采用1.0mm铁皮制成90cm高一节,为便于施工中安装与拆除,节与节间采用挂钩联接,保持串筒与砼面距离不超过2.0m,防止砼自串筒底下落过程中产生离析。浇筑时吊车吊起投料斗对准串筒口投料,浇筑到墩柱顶时严格控制砼标高,墩柱混凝土施工顶面要高出设计标高 1 ~ 2cm,不得低于设计高程。待墩帽施工前对墩顶进行凿毛处理。

5. 墩柱砼振捣

振捣人员必须经培训后上岗,要定人、定位、定责任,分工明确,操作人员要固定,每次浇筑前应根据责任表填写人员名单,并做好操作要求交底工作。

砼振捣采用插入式振捣器振捣,插入式振捣器作用半径一般为30~40cm,振捣棒移动间距不超过振动器作用半径的1.5倍,与侧模保持5 ~ 10cm距离;垂直等距离插入下层砼5 ~ 10cm;每一处振动完毕后边振动边徐徐提出振动棒,避免振动棒碰撞模板、钢筋,对每一振动部位必须振动到该部位砼表面停止下沉,无明显气泡冒出,呈现平坦、泛浆为止。每次振动时间为 0.5 ~ 1.0min。砼浇筑过程中不得任意中断,不得出现漏振、过振现象。

浇筑砼时,设专人检查支撑、模板、钢筋等稳固情况,当发现有松动、变形、移位时要及时处理。墩柱与盖梁混凝土结合面采用凿毛处理。必须当混凝土强度达到设计强度标准值的50%后,方可进行机械凿毛。

6. 拆模养生

当混凝土强度能保证其表面及棱角不致因拆模而受损坏时方可拆除,一般应在混凝土抗压强度达到2.5MPa时方可进行模板的拆除。模板拆除时应按设计的顺序进行,设计无要求时应遵循先支后拆、后支先拆的顺序,严禁抛扔。拆除模板时将钢模板的连接螺丝分开。采用吊车起吊拆模。拆模时不允许用猛烈敲打和强扭等方法进行,以免造成混凝土的破损。模板拆除后要分类妥善保管,及时清除模板表面污渍,清除完后涂上脱模剂,以防生锈。

墩柱砼浇筑完后,为防止日晒、雨淋、低温等影响,及时进行养护,采用"一布一膜"(土工布外包塑料膜)滴灌进行养生,即墩柱拆模后,用沾湿的土工布织物盖好,用塑料薄膜缠裹养护，柱顶放水桶，经常保持墩身砼湿润。安排专人洒水养护，洒水养护时间按规范要求进行。

质量检验：

施工完成后，应按下表进行检查。

项次	检查项目	允许偏差（mm）	检查方法和频率
1	混凝土强度（MPa）	在合格标准内	按附录D检查
2	断面尺寸（mm）	±20	尺量：3个断面
3	竖度或斜度（mm）	0.3%H且不大于20	吊垂线：2点
4	顶面高程（mm）	±10	水准仪：3处
5	轴线偏位（mm）	10	全站仪：纵横各2点
6	节段间错台（mm）	5	尺量：每节4处
7	大面积平整度（mm）	5	2M直尺：水平两个方向
8	预埋件位置（mm）	符合设计规定，设计未规定时：10	尺量：每件

施工中的注意事项：

墩柱钢筋就位要保证竖直度、搭接长度和焊接质量。钢筋笼校正必须支垫集中预制的高标号混凝土或砂浆垫块，顶部用铁丝拉紧校正，不得使用木楔等支垫。

墩柱模板必须用缆绳校正固定，并搭设支架稳固模板和搭建操作平台。墩柱模板底四周要用砂浆封堵，防止漏浆。

墩柱顶高程测量完成后，浇筑前要给混凝土工进行技术交底。模板顶必须高出设计标高至少5cm。墩柱混凝土施工顶面要高出设计标高1~2cm，不得低于设计高程。

墩柱间分节段的混凝土结合面及其与盖梁混凝土结合面采用凿毛处理。混凝土强度必须达到设计强度标准值的50%后，方可进行机械凿毛。

墩、台身高超过10m时，可分节段施工，上一节段施工时，已浇节段的混凝土强度应不低于设计要求，且应不低于设计强度标准值的50%。墩柱分节段浇筑时，每次浇筑墩柱顶面必须高出二步（三步）系梁底至少1~2cm，并对顶面进行机械凿毛处理。

合理安排施工时间，缩短墩柱与系梁、桥墩盖梁与墩柱之间浇筑混凝土的间隔时间，间歇期不宜大于10天。

施工质量保证措施：

加强质量意识教育，组织有关人员认真学习招标文件《技术规范》和交通部各种施工、验收规范，搞清每道工序的关键环节，在施工中加以认真贯彻落实。

建立岗位责任制和质量责任制，岗位责任制定员定岗、职责分明、权力适当、利益均衡、奖罚分明；质量责任制突出质量、责任终身，做到质量工作事事有人管、人人有专责、办事有目标、工作有检查。

制订有效可行的质量工作计划，使质量管理规范化、程序化，具有可操作性，更有效地达到既定目标，而不至于流于口号。以此为基础，进行质量评比，对搞得好的个人或工段进行奖励，对搞不好的、出问题的进行相应的处罚。

严格按照质保体系中的质检程序进行质检，不合格产品决不在复检中出现。

建立健全各项技术管理制度，做到施工前有可行的技术方案，施工中有明确的质量目标和控制措施，施工结束后有及时、准确的检测报告。

严把材料质量关，杜绝不合格材料进场，一经发现，立即清除出场，并对有关责任人给予处罚。

优化施工方案，积极采用新材料、新工艺，以先进的技术和科学的管理，确保施工质量和施工进度，实现创优目标。

建立健全工地试验室，配齐试验器材和试验人员，及时对工程质量进行检测。

施工前做好技术交底工作，对关键岗位人员做好技术培训，防止技术事故的发生，专人专职，杜绝违章作业。

安全生产：

1. 建立完善的以项目经理为首的安全生产领导组织，有组织有领导地开展安全管理活动。

2. 加强安全生产教育，提高全员安全意识，重点搞好四个方面的教育：高度责任感和安全第一的教育；本职工作、安全基本知识、技能的教育；遵守规范制度和岗位标准作业教育；违章违纪案例的教育，平时经常进行安全教育，利用班前交代安全注意事项。

3. 健全安全岗位责任制，做到奖惩严明、施工安全要求纳入工程承包内容，逐级签订安全生产承包责任状，明确分工，责任到人，把安全工作落到实处。

4. 大力宣传安全的重要性，利用多种形式对职工进行安全生产教育。定期对职工进行考核，不达标者不上岗。

5. 施工现场要配备防火器材，对于与施工无关的易燃、易爆物品不得带入施工现场，如因施工需要使用这些物品，要加强保管，防止发生意外。当发生火情时立即与消防部门联系。

6. 要求所有现场施工人员必须按要求佩戴安全防护用品。

7. 电工、焊工等特种作业人员持证上岗。

8. 吊装作业由专人指挥，禁止违章操作。

9. 施工机械禁止违章操作，防止发生机械伤害。

文明施工：

1. 认真落实文明施工管理有关规定，做到现场整洁、布局合理。

2. 主要人员及特殊工种持证上岗。

3. 砂石料存放场地要硬化处理或存放在通风的砖地、木排上并加油毛毡等隔离材料，钢筋加工场地要平整，成品钢筋下垫木板防止触地而锈蚀。

4.便道及时洒水，靠近便道的集料用篷布覆盖，防止扬尘污染集料，集料应分类、分规格存放，码放整齐，界限分明，并插放标牌。

5.施工现场按标准化文明施工要求，设置各项安全警示标志、标牌。

6.健全管理组织、经济责任制和岗位责任制。

7.加强教育培训工作，进行岗前培训和文明施工教育工作，提高全员文明施工意识。

第四节　高墩施工风险控制范例

一、工程概况

××大桥中心桩号K40+871，桥位处有一条小河，常年流水。上部构造采用30m预应力混凝土预制T梁，先简支后结构连续体系；桥跨组合为：4×30m+3×30m，共两联；下部构造桥墩采用双柱式墩接桩基础；桥台采用U形台扩大基础。其中桥墩高度情况见表4-1。

表4-1　桥墩高度情况

桥墩号	大幅（m）	右幅（m）	墩直径（m）
1号	25	22.5	1.8
2号	32	33	2
3号	33.5	34.5	2
4号	31.5	34.5	2
5号	22.5	27	1.8
6号	12	16	1.8

二、机械配置

临时设施有混凝土搅拌站，主要施工车辆和机具有混凝土搅拌运输车、切割机、弯曲机、电焊机、挖掘机、墩柱翻升模板、装载机。

三、施工工序过程风险控制

（一）施工准备

1. 工序

（1）便道修筑。新建一条临时便道连接6号便道和××大桥桥位，临时便道宽5m、长200m。

（2）施工用水。施工用水采用桥位处小河河水，水量能够满足施工用水需求。

（3）施工用电。大桥（K40+871）设置一台315kVA变压器放置在0号台右侧附近，从K41+040左侧800m处原有地方高压线将高压电引入。

（4）场地平整。墩柱施工之前应对施工场地合理规划，并且整平、压实，钢筋加工场地应进行硬化。

2. 风险控制策略

本工序的施工风险控制策略：修建便道时，严防作业人员将弃渣弃置在桥位处的小河内；防止不必要安全标志或安全标志设置错误的不安全状态，以免造成交通事故；维修便道时，防止施工地段的两端未正确设置安全警告标志的不安全行为，以免造成车辆伤害或交通事故；严防小河河水水质不符合施工用水的水质要求，以免造成质量缺陷影响结构安全；严防架空高压电线高度不足而造成触电伤害。

（二）测量放样

1. 工序

地系梁凿毛完毕后由测量人员使用全站仪放出墩柱中心点，并由现场技术员进行点位交底。现场技术人员及施工人员根据实际情况及模板工作面宽度在墩柱中心钉水泥钉。

2. 风险控制策略

本工序基本没有安全风险。

（三）墩身钢筋绑扎安装

1. 工序

钢筋在钢筋加工场下料，运至现场加工。墩身主筋除墩顶部分长度根据各墩高而改变外，中间各节主筋长度一般为9m，主筋对接采用锻粗直螺纹套筒连接，其他钢筋采用JH—506焊条焊接，焊接长度单面焊不小于10d，双面焊不小于5d（d为钢筋直径）。墩柱的加强钢筋每2~2.5m布置1根，耳筋每2~2.5m布置4根。每节骨架均应有半成品标志牌，标明墩号、桩号、节号和质量情况等。钢筋笼加工完成后，运至作业面用塔式起重机进行吊装。

钢筋笼保护层必须满足设计图纸和规范要求。保护层垫块采用绑扎混凝土圆饼形垫块，垫块混凝土强度等级与墩柱混凝土强度等级相同，垫块半径大于保护层厚度，中心穿钢筋焊在主筋上，每隔2m左右设一道，每道沿圆周对称设置不小于4块垫块。

2. 风险控制策略

本工序的风险控制策略如下：钢筋运送、绑扎过程中，严防作业人员一次多根运送长钢筋，以免脱手造成腿脚伤害；钢筋笼加工时，杜绝作业人员抛掷钢筋的不安全行为，以免造成物体打击伤害；钢筋笼吊装时，严防违章起重作业的不安全行为，以免造成起重伤害。

（四）模板安装

1. 工序

模板采用两个半圆的钢模组合拼装，模板采用钢板在专用模板生产厂家定制。模板采用塔式起重机辅助提升，人工安装。内外模水平接缝及竖向拼缝可做成平口或企缝口，安装时填3~5mm厚橡胶止浆条，以防多次周转使用变形、翘曲。为保证安装好的模板的稳定性，在顶端从三个方向用钢丝绳进行加固。

2. 风险控制策略

本工序的风险控制策略如下：模板安装时，严防作业人员将手脚伸入模板缝内和模板底端的不安全行为，以免挤伤手脚；模板安装支撑稳固前，严防松手或摘钩的不安全行为，以免模板倾倒造成物体打击伤害；杜绝作业人员攀附在模板上或者模板侧面的工作平台上，以免造成高处坠落伤害。

（五）安装脚手架、内外作业平台

1. 工序

桥墩施工前必须搭设支架和工作平台，设置"之"字形人行通道，并安装踏步、踢脚板和栏杆。内侧作业平台是在内模支架顶上安设方木，方木上铺设木板；外侧作业平台在顶面牛腿上铺满方木。施工平台上面铺设50mm厚木板或竹脚手板，以供操作人员作业、行走，并存放小型机具。

（1）脚手架的构造。

本工程脚手架采用敞开式双排扣件式单管钢脚手架。钢管杆件：钢管杆件采用$\phi 48\times 3.5$mm，焊接钢管其材质应符合《碳素结构钢》的相应规定。用于立杆、纵向水平杆、剪刀撑和斜杆的钢管长度分别为4m、6m，用于横向水平杆的钢管长度为2m、3m。搭设尺寸为：立杆的纵距为1.50m（局部有所调整，但均不应大于1.50m），立杆的横距为1.05m，立杆的步距为1.80m；计算的脚手架为双排脚手架，搭设高度为H+1m（H为该排墩柱高度最大值），立杆采用单立管；内排架距离墩柱外侧长度为

0.50m；纵向水平杆在上，搭接在横向水平杆上的纵向水平杆根数为2根；采用的钢管类型为φ48×3.5mm；横杆与立杆连接方式为单扣件；扣件抗滑承载力系数为0.80。

立杆：脚手架采用双排单立杆，立杆顶端高出墩柱顶高程1.0m，立杆接头采用对接扣件连接，立杆与横杆采用直角扣件连接。接头交错布置，两个相邻立杆接头避免出现在同步同跨内，并在高度方向错开的距离不小于0.5m；各接头中心距主节点的距离不大于0.6m。

纵向水平杆：大横杆置于小横杆之上，在立柱的内侧，用直角扣件与立杆扣紧；其长度大于3跨且不小于6m，同一步纵向水平杆四周要交圈。大横杆采用对接扣件连接，其接头交错布置，不在同步、同跨内。相邻接头水平距离不小于0.5m，各接头中心距最近主节点的距离不大于0.6m。

横向水平杆：每一立杆与大横杆相交处（主节点）都必须设置一根小横杆，并采用直角扣件扣紧在大横杆上，该杆轴线偏离主节点的距离不大于150mm。根据作业层脚手板搭设的需要，可在两立杆之间在等间距设置增设2根横向水平杆，其最大间距不大于0.6m。

小横杆伸出外排纵向水平杆边缘距离不小于100mm；伸出里排纵向水平杆距结构外边缘150mm。上、下层小横杆应在立杆处错开布置，同层的相邻横向水平杆在立杆处相向布置。

纵、横向扫地杆：纵向扫地杆采用直角扣件固定在距底座下方200mm处的立杆上，横向扫地杆则用直角扣件固定在紧靠纵向扫地杆下方的立柱上。当立杆基础不在同一高度上时，必须将高处的纵向扫地杆向低处延长两跨与立杆固定，高低差不应大于1m。靠边坡上方的立杆轴线到边坡的距离不应小于500mm。

剪刀撑：本脚手架采用剪刀撑与横向斜撑相结合的方式，随立柱、纵横向水平杆同步搭设，在外侧立面整个长度和高度上连续设置剪刀撑。斜杆与地面的夹角在45°~60°。斜杆相交点处于同一条直线上，并沿架高连续布置。剪刀撑的一根斜杆扣在立柱上，另一根斜杆扣在横向水平杆伸出的端头上，两端分别用旋转扣件固定，在其中间增加2~4个扣结点。所有固定点距主节点距离不大于150mm。最下部的斜杆与立杆的连接点距地面的高度控制在300mm内。

剪刀撑的杆件连接采用搭接，其搭接长度≥1m，并用不少于2个旋转扣件固定，端部扣件盖板的边缘至杆端的距离≥100mm。

脚手板：脚手板采用厚50mm，宽350~450mm，长度不少于3.5m的硬木板。在作业层下部架设一道水平兜网，随作业层上升，同时作业层为1层。脚手板设置在3根横向水平杆上，并在两端80mm处用直径4mm的镀锌钢丝箍绕2~3圈固定。当脚手板长度小于2m时，可采用两根横向水平杆，各杆距接缝的距离均不大于150mm。靠墩身一侧的脚手板离墩身的距离不应大于150mm。拐角处两个方向的脚手板应重叠放置，避免出现探头及空挡现象。

防护设施：作业层脚手架立杆子 0.5m 及 1.0m 处设有两道防护栏杆，底部侧面设 180mm 高的挡脚板。

（2）脚手架搭设施工工艺。

落地式双排脚手架的搭设顺序为：场地平整、夯实→定位浇筑通长混凝土块→纵向扫地杆→立杆→纵向水平杆→剪刀撑。

图 4-1 所示为脚手架场地、基础建设。首先进行搭设场地的平整、夯实工作，从墩身主体向外围按照 0.3%～0.5% 找坡。回填土夯实后，在立杆设置位置浇筑 100mm 厚、300mm 宽的混凝土块，沿桥墩外围通常布置，之后在混凝土块上放置槽钢，钢底座上放置立杆，然后按设计的立杆间距进行放线定位，浇筑混凝土块要注意上表面水平。下雨过后要对脚手架架体基础进行全面检查，严禁脚手架基底积水下沉。

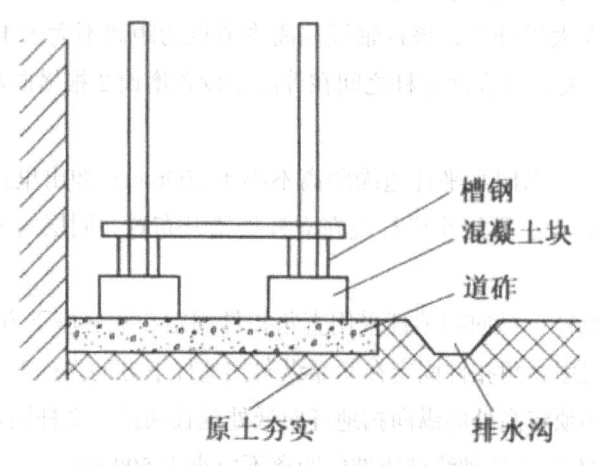

图4-1 脚手架场地、基础建设示意

在距脚手架外排立杆外 0.5m 处，设置一排水沟，排水沟坡度为 0.3%～0.5%。在最低点设置积水坑，水流入坑内，用潜水泵将水排出场外。

根据构造要求在墩柱外侧用尺量出立杆距墩柱外皮距离，并做好标记。用钢卷尺拉直，分出立杆位置，并用白灰点出立杆标记，混凝土块准确浇筑在定位线上，混凝土块浇筑表面一定要平整。沿四周每框架格内设一道斜支撑，拐角处双向增设。钢管搭设根据高度情况每隔 10m 设置横向连杆，与已完成墩柱附着，并且形成框架，增加稳定性。整体脚手架完成后，因整体脚手架超高，为抵抗风载，在两边四个方向打风绳抗载，在计算脚手架荷载时不考虑水平风载。

（3）脚手架拆除施工工艺。

拆架程序应遵守由上而下、先搭后拆的原则。一般的拆除顺序为：剪刀撑→纵向水平杆→立杆。

不准分立面拆架或在上下两步同时进行拆架。做到一步一清、一杆一清、拆立杆时，要先抱住立杆再拆开最后两个扣。拆除纵向水平杆、斜撑、剪刀撑时，应先拆中间扣件，然后托住中间，再解端头扣。分段拆除高差不应大于 2 步，如高差大于 2 步，应加设临时支撑防止变形、失稳。当脚手架拆至下部最后一根长钢管的高度（约 6.5m）时，应先在适当位置搭临时抛撑加固后再拆除连墙件。

2. 风险控制策略

本工序的风险控制策略如下：严防脚手架地基处理不合格或硬化不到位的不安全状态，以免造成脚手架坍塌事故；严防立杆横距过大、立杆步距过大、扫地杆与地面距离过大等不安全状态，杜绝剪刀撑数量不够、搭设方法错误等不安全状态和不安全行为，以免造成脚手架失稳坍塌；杜绝脚手板探头及空挡现象、严防高处作业防护设施不符合规定，以免造成施工人员高处坠落伤害；雨后，严防不认真检查脚手架基础的麻痹心态，以免因基础沉降造成脚手架失稳垮塌；因脚手架超高，应严防抗风绳不牢靠的不安全状态，以免使脚手架垮塌；脚手架拆除时，严防拆除顺序错误，以免造成脚手架垮塌；严防抛扔杆件或配件，以免造成物体打击伤害；高处作业时，杜绝不系好安全带的不安全行为，以免发生高处坠落伤害。

（六）灌注混凝土

1. 工序

（1）混凝土浇筑前，应对模板、钢筋及预埋件进行检查，并做好记录，符合设计要求方可浇筑。

（2）混凝土在拌和站集中拌和，罐车运输，泵送入模，采用插入式振捣棒人工振捣，混凝土入模前，检查混凝土的和易性和坍落度。

（3）混凝土浇筑前按每层 300mm 水平分层、均匀，对称进行补料，并根据混凝土供应情况及时调整补料厚度，尽量在下层混凝土初凝前或重塑前浇筑完上层混凝土。施工人员在内外作业平台上使用 PZ30 或 PZ50 插入式振捣棒振捣，振捣时移动距离保持在振动棒作业半径的 1.5 倍以下，并与侧模保持 50~100mm 的距离；灌注时做到不欠捣、不漏捣，振捣棒插入下层混凝土 50~100mm。每一次振捣至混凝土不下沉、不冒气泡、平坦翻浆位置，振完后徐徐拔出振捣棒。振捣过程中不得碰撞模板和其他预埋件，使其产生位移或损伤。

（4）混凝土一次性浇筑高度不超过 6m，浇筑速度保持在 5m/h，待浇筑模板与已成段留置模板之间、模板节段之间、模板块件之间必须上满拧紧全部螺栓，缆风绳的设置必须安全可靠并通过预拉检验。

（5）翻模前，每节墩顶混凝土面应进行充分凿毛，露出新鲜的混凝土，并冲洗干净，在上节混凝土灌注前，在底节混凝土面浇筑一层 10~20mm 厚的 1∶1 的水泥净浆。

2. 风险控制策略

本工序的风险控制策略如下：严防灌注速度超速，以免造成爆模事故；使用振捣器振捣混凝土时，严防违章用电的不安全行为，杜绝绝缘性不良的不安全状态，以免发生触电伤害；混凝土凿毛时，严防作业人员不佩戴防护眼睛的不安全行为，以免碎屑溅入眼睛造成眼睛伤害。

（七）拆除模板及模板翻升

1. 工序

（1）正常循环时，在第三节段（顶节）混凝土浇筑后养生期间（当第三节段混凝土强度达到 2.5MPa，第一节段混凝土强度达到设计强度的 75% 时），拆除第一节段模板。

（2）拆除后的底节模板利用塔式起重机吊装翻升至第四节段，前一个循环的第三节模板起支撑作用。

2. 风险控制策略

本工序的风险控制策略如下：拆模时，严防不设立警戒区和未禁止非作业人员入内的不安全行为，以免发生物体打击伤害；杜绝模板拆除顺序错误的不安全行为，以免造成模板倒塌伤人事故；杜绝采用起重机械吊拆未松动的模板的不安全行为，以免造成起重伤害；严防作业人员抛扔杆件、配件等不安全行为，以免造成物体打击伤害；杜绝将拆下的模板、构件堆放在脚手架上的不安全行为，以免造成脚手架失稳垮塌。

（八）养生

1. 工序

模板拆除后，墩身混凝土采用在墩身周边包裹土工布并结合喷淋洒水（在底节模板底部周边设置喷淋水管）或采用养护剂的方法进行养生，养生时间不小于 7d。在混凝土强度小于 2.5MPa 时，不能施加任何荷载。

2. 风险控制策略

本工序的风险控制策略如下：严防墩顶养生时作业人员不系好安全带的不安全行为，以免造成高处坠落伤害。

第五章 特殊桥型施工安全技术与风险控制

第一节 拱桥施工安全技术与风险控制

一、拱桥施工风险控制总体策略

拱桥施工大致分为有支架施工和无支架施工，有支架施工主要用于中小跨径、石拱桥和钢筋混凝土拱桥，施工方法包括三种形式——落地支架、拱形支架和移动支架；无支架施工主要应用于大跨径拱桥，施工方法包括转体施工法、缆索吊装施工法和悬臂浇筑施工法。若选址不当、设计不周、施工质量不良、运营维护不到位，极易发生桥毁人亡的重大事故。

拱桥施工风险控制总体策略为：

（1）严防桥位选址不当的严重性错误，以免造成重大经济损失（甚至重建）和人员损失。

（2）严防因缆索吊未按规定进行验收造成的安全事故；杜绝使用缆索吊运送施工人员导致高处坠落事故；严禁因缆索吊操作人员无证上岗出现错误操作造成的机械伤害事故。

（3）避免支架、拱架的强度、刚度、稳定性和基础承载力不足，以免造成支架塌落。

（4）严防吊装拱肋前不按规定进行试吊导致拱肋坠落，以免造成经济损失甚至砸伤作业人员；避免拱肋吊装时无统一指挥而造成物体打击伤害；防止拱肋及横撑安装时作业料具随手抛掷导致人员受伤。

（5）在拱段起吊时，防止拱段未捆扎牢固或不平衡起吊、超载起吊，以免拱段坠落；严禁两层或多层上下交叉作业，以免上层物体坠落打击下层施工人员；防止吊杆张拉时锚头未连接牢固即松除吊钩或张拉顺序不当造成垮塌事故。

（6）杜绝因高处作业人员不按规定佩戴劳动防护用品、酒后或疲劳作业引发的安全事故。

（7）严禁支架、拱架、墩顶、作业平台等未按规定设置安全防护设施，避免物体和人员坠落。

（8）防止跨越公路、铁路施工时无防护措施从而对施工人员造成车辆伤害；避免水上施工无防护和救生措施造成人员伤亡。

二、钢筋混凝土拱桥施工

（一）风险控制重点

钢筋混凝土拱桥施工，必须重点防范起重伤害、机械伤害、物体打击伤害、高处坠落、触电等。

1. 现浇钢筋混凝土拱桥风险控制重点

（1）在拱圈混凝土浇筑时，严防不按设计要求顺序进行加载；对称加载时应及时观测拱架的变形，以免拱圈受力不合理发生不可逆转变形，发生垮塌事故。

（2）拱部混凝土未达到设计要求的卸架强度，严禁拆除拱架，以免发生垮塌；防止拱架不按规定要求卸落，以免拱架发生塌落引发安全事故。

（3）采用砂筒卸落拱架时，防止因砂子潮湿或不匀净，泄砂孔及砂筒（箱）与活塞之间的外露面未封闭严密，导致卸落时拱架塌落。

2. 装配式混凝土拱桥风险控制重点

（1）采用卧式浇筑拱节时，严防翻转起吊前不检算拱节强度，以免强度不足导致拱节碎裂。

（2）拱节堆放应防止地面上及两层间的支点不在同一垂直线上，临时支垫不牢固等不安全状态，以免拱节坠落发生物体打击伤害。

（3）节点支架拼装拱节时，防止拱肋吊装不按设计要求顺序进行；拱节拼装时，防止在装拱节连接不牢固；防止在未设置支撑等安全措施前，就摘除起重吊钩，以免造成起重伤害等事故。

（4）无支架拼装拱节时，防止索塔锚固不牢固、塔顶未设风缆固定等不安全状态，以免索塔发生垮塌。

（二）风险控制技术

为了保证吊装安全，吊装前必须认真检查吊装设备，不可带病作业。

作业人员必须戴好安全帽、穿好防滑鞋；在吊装区域内严禁非作业人员入内。

严禁酒后作业；严禁人员在工作区嬉戏、打闹、奔跑。

吊装时，应增强安全意识，严禁疲劳作业。

三、钢筋混凝土系杆拱桥施工

1. 风险控制重点

钢筋混凝土系杆拱桥施工，必须重点防范起重伤害、机械伤害、物体打击伤害、高处坠落、触电等。

防止系梁不按设计要求张拉预应力就搭设梁上拱肋支架，以免支架垮塌发生物体打击伤害。

现浇混凝土拱肋及横撑、斜撑混凝土施工时，防止拱肋模板未与支架连接固定、支撑不牢导致模板坠落发生物体打击伤害。

防止拱肋两侧不设置操作平台以及上下步梯，以免发生人员高处坠落。

采用混凝土输送泵浇筑时，严防泵送管道未固定在单独的支架或直接与模板相连，以免泵送管道绊倒作业人员或模板。

吊杆张拉时，严防拱肋顶面不设置步梯和栏杆，以免发生高处坠落事故。

2. 风险控制技术

拱肋支架采用节点支架时，支架间应增加纵、横向连接。

拱肋顶面应设置步梯和栏杆；雨、雪天施工应有防滑措施。

吊杆初张拉、终张拉必须按设计程序进行。

系梁支架必须在吊杆张拉后方可拆除，拆除应按设计顺序进行，设计没有规定的，应从跨中向两侧进行。

四、钢管混凝土系杆拱桥施工

1. 风险控制重点

钢管混凝土系杆拱桥施工，必须重点防范起重伤害、机械伤害、物体打击伤害，高处坠落、触电等。

拱肋及风撑安装，防止拱肋节段运输时未用弧形垫木垫实，侧面和前后未用钢丝绳、撑木等固定在运输车上，以免拱肋倾倒和滑落。

工地组拼拱肋节段时，应设必要的临时支撑，节段重量应在起重机的额定起吊能力内，防止超载，以免发生起重伤害。

在拱肋采用满堂式脚手架拼装方式时，严防脚手架上未铺设人行走道和操作平台、未挂设安全网等不安全状态，以免作业人员发生高处坠落。

汽车式起重机桥面吊装拱节时，杜绝作业人员站位在系梁的横隔板或纵向腹板处，以免提升钢管拱肋时碰撞支架，撞伤施工人员造成物体打击伤害。

钢管内混凝土压注时，防止混凝土压注达不到要求，混凝土压注顺序不按设计要求执行，以免钢管胀裂。

压注完毕后，严防没有及时关闭倒流截止阀，以免混凝土冲出伤人。

2. 风险控制技术

拱肋采用节点立柱拼装方式时，柱底应与梁顶固结，柱顶设操作平台，柱间设纵、横向连接系，确保支架的稳定和抗风能力。

连接焊缝探伤检测合格后，方可拆除拱肋支架。

压注时应严格控制泵压和泵速，压注完毕后，应及时关闭倒流截止阀。

五、钢箱系杆拱桥施工

1. 风险控制重点

钢箱系杆拱桥施工，必须重点防范起重伤害、机械伤害、物体打击伤害、高处坠落、触电等。

在搭设梁上钢箱拱肋支架时，防止拆除钢箱系梁支架，以免拱肋支架塌落造成物体打击伤害。

钢箱拱肋节段拼接、风撑安装时，严防桥上不设置消防以及通信设施，以免发生火灾。

杜绝作业人员不戴绝缘手套、不穿绝缘靴（鞋）的不安全行为，以免造成触电伤害。

2. 风险控制技术

搭设梁上钢箱拱肋支架时，钢箱系梁支架不得拆除。

桥上必须设置消防、通信设施，并保证其处于良好状态。

桥上作业人员必须穿戴绝缘鞋和手套。

六、钢桁架拱桥施工

1. 风险控制重点

钢板架拱桥施工，必须重点防范起重伤害、机械伤害、物体打击伤害、高处坠落、触电等。

对于钢板架拱跨中的高支架，严防不进行抗横向脉动风速的稳定测算，以免整体抗风稳定性达不到要求，导致支架垮塌，造成物体打击伤害。

在非工作状态时，防止不收拢吊钩，臂杆与钢梁不固定，以免撞伤作业人员发生物体打击事故。

防止上下弦杆平面两侧不设置防护栏杆，以免作业人员高空坠落。

拼装钢梁上平联时，防止不在两桁上弦节点处加设临时连接杆件，钢丝绳和拴结安全带；严防各墩顶不设防护栏杆、网栅等防护设施，以免发生高空坠落事故。

2. 风险控制技术

上下弦杆平面两侧应设置防护栏杆，栏杆应与弦杆卡固。

爬坡式起重机移动前，牵引起重机爬坡的滑车组和钢丝绳状况应良好，传力节点板固定可靠。移动时，左右同步。前行到位后，前支后锚牢固，变被机构的销轴连接好。非工作状态时应收拢吊钩，臂杆与钢梁固定。

各墩顶应设有防护栏杆、网栅等防护设施，布置好走道及梯子。

第二节 斜腿刚构桥施工安全技术与风险控制

一、斜腿刚构桥施工风险控制总体策略

（1）斜腿杆件吊装应按计算位置拴吊具，防止杆件与吊具间不设防护垫，以免杆件坠落砸伤作业人员发生物体打击事故。

（2）在斜腿拼装前，严禁不搭设脚手架、不安装栏杆和安全网等不安全行为，以免防护措施不到位造成人员伤亡。

（3）水平拼装时，应防止支架不设在坚固的基础上，以免地基沉陷支架倾覆，造成高空作业人员坠落或砸伤地面作业人员。

（4）斜腿竖直拼装时，防止定位面不设定位销钉、已拼好的杆件未与塔架临时连接等不安全状态，以免杆件坠落伤人。

二、斜腿刚构钢箱梁施工

1. 风险控制重点

斜腿刚构钢箱梁施工，必须重点防范起重伤害、机械伤害、物体打击伤害、高处坠落、触电等。

杜绝不按规定佩戴安全带、不穿防滑鞋等不安全行为，以免发生高处坠落。

高处作业时，严防不挂设安全网、不设栏杆等安全防护措施，以免发生高处坠落事故。

作业时，防止上下抛投工具、机件、材料等，以免坠物伤人。

起重作业时，杜绝在起重作业回转半径范围的吊臂下站人，以免造成起重伤害。

2. 风险控制技术

作业人员作业前，必须检验安全带是否损坏，禁止穿拖鞋、皮鞋作业。

作业处必须张挂安全网，周围设置防护栏杆等安全防护措施。

作业面上的易掉物料应及时清理，以防坠物伤人。

工地供电应采用架空线路的方法，场内架设电线应绝缘良好。

三、预应力混凝土斜腿刚构桥施工

1. 风险控制重点

预应力混凝土斜腿刚构桥施工，必须重点防范起重伤害、机械伤害、物体打击伤害、高处坠落、触电等。

杜绝不按规定佩戴安全带、不穿防滑鞋等不安全行为，以免发生高处坠落事故。

高处作业时，严防不挂设安全网、不设栏杆等安全防护措施，以免发生高处坠落事故。

作业时，防止上下抛投工具、机件、材料等，以免坠物伤人。

起重作业时，杜绝在起重作业回转半径范围以内的吊臂下站人，以免造成起重伤害。

2. 风险控制技术

全体作业人员必须佩戴好安全帽。

应经常检验支架的稳定性，检查安全防护网是否牢固。

应检查电线路及插座，防止发生漏电事故。

高空作业人员必须系安全带，防止发生意外。

第三节 斜拉桥施工安全技术与风险控制

一、斜拉桥施工风险控制总体策略

施工现场要有防火措施并备有消防器材，以防止电焊火花溅落在易燃物料上发生火灾。

索塔分节立模浇筑前，应搭好脚手架、扶梯、人行道及护栏，每层脚手架的缝隙处应设置安全网，以免发生高处坠落伤害。

浇筑塔身混凝土，应按规定挂好减速漏斗及保险绳，漏斗上口应堵严，以防碎石掉落伤人。

塔底与桥墩为铰接时，在施工中必须将塔底临时固定。塔身建筑到一定高度后，必须设置缆风。斜缆索全部安装并张拉完成后，方可撤除缆风并恢复铰接。

斜拉桥的塔底与墩固结时，脚手架必须在墩上搭设。当索塔与悬臂段同时交错施工，并分层浇筑索塔时，脚手架不得妨碍索塔的摆动。

施工期间，应与当地气象站建立联系，密切注意天气变化，遇大风、雷雨时，应立即停止作业。高处作业，其风力应根据作业高处的实际风力确定。如未设风力测定仪，可按当地天气预报数值推测作业高处的风力。

随着索塔升高（到20m以上，或高度虽不足20m的索塔，但在郊区或平原区施工或附近无高大建筑物提供防雷保护时）防雷电设施必须相应跟上，避雷系统未完善前不得开工。

缆索的制作与安装作业风险控制内容：

（1）缆索施工时，不得撞伤锚头。锚头发生移位时，不得用铁锤强击复位。

（2）缆索的防护层，不得有折损或磨伤，否则应在修补后安装，或做标记，安装后修补。

（3）悬索桥的主索及斜拉桥的斜缆索，应进行破断力试验，其破断力应满足设计要求。

（4）锚具、套筒应用超声波或射线探伤仪检查，内部有损伤者，不得使用。

（5）主索及斜缆索顶张拉时，应选择适当场地，埋设足够强度的地锚；并在张拉台前设置防护墙。对张拉设备应严格检查，以确保安全。

（6）锚具和孔道在未封口前，应临时予以防护，以防雨水侵入和锚头被撞击。

（7）斜拉桥的斜拉索如为工地自行制作时，还要做到以下几点：编束时，应用梳形板梳编，每1.5~2.0m段用钢丝绑扎，防止扭曲；制成的斜拉索应架空放置，严禁在地面上拖拉或硬性弯折，同时，应进行预拉以检查冷铸锚，测定每索钢丝拉力、延伸和回缩；测定的钢索测力仪的读数，应在张拉时校核。

（8）采用成品斜拉索时，应做到以下几点：放索时，应有制动设施，并防止卷盘的缆索自由散开时造成伤害；放开展平的缆索应防止在地面上拖磨；锚头应加设防护，防止碰撞；缆索应保持顺直，不得扭曲。

缆索套管内采用压注水泥浆防护时，水泥浆应从下往上压入。索塔超过50m时，应分段向上压注，以防灌注压力过大，套管破裂伤人。

钢叠合梁与钢筋混凝土叠合梁施工时，主要风险控制内容如下：

（1）成品钢构件应编号成套，对号存放，防止损坏变形。

（2）起吊前，应了解所吊构件的质量、重心位置，以采取相适应的起吊方法。

（3）构件组拼前应进行全面检查，如有缺陷、变形，应在组拼前加以校正。

（4）钢构件组拼时，必须用足够的定位冲钉来定位。钢构件全部插入高强螺栓后，方可松除吊钩。

二、斜拉索施工

（一）基本风险控制

1. 风险控制重点

斜拉索施工在斜拉桥修建过程中的风险级别较高，常因为斜拉索施工作业人员酒后操作、不按规定佩戴安全器具、违规使用机械等不安全行为，极易发生高处坠落、物体打击、机械伤害、淹溺等事故。

（1）杜绝不按规定佩戴安全防护用具的不安全行为，以免发生物体打击、淹溺事故。

（2）斜拉索桥面展开时，严禁操作人员距离索体太近，以防斜拉索在扭力作用下翻转伤人。

（3）遇恶劣天气时，应杜绝拉索高处作业，以防发生高处坠落事故。

2. 风险控制技术

（1）斜拉索桥面展开时，操作人员要与索体保持 1m 以上的距离。

（2）在不良气候条件下，如暴雨或风力达 6 级及以上时，应停止斜拉索高处作业。

（3）不得采用钢丝绳等硬性绳索捆绑、提吊斜拉索。严禁放索展开时使用钢丝绳等硬质吊具扣吊拉索。

（4）当桥塔较高时，应采用斜拉索牵引装置牵引。严禁直接牵引索体。

（二）斜拉索运输与吊装

1. 风险控制重点

（1）运输斜拉索时，放索船上所垫模板必须正确放置，以防索船因放索变化重心不稳，造成颠簸倾斜。

（2）防止挂索过程中没有及时检查钢丝绳、滑车、卷扬机等起吊设备，以免起吊时发生事故。

2. 风险控制技术

（1）运输斜拉索时，索盘架在船上放置应垫模板，保持放索船的平衡，防止索船随放索变化而偏心倾覆。

（2）挂索过程中应有专门人员经常检查钢丝绳、滑车、卷扬机等起吊设备的完好程度，保证吊装安全。

（三）斜拉索牵引

1. 风险控制重点

斜拉索牵引过程中，必须重点防范机械伤害、物体打击伤害等。

（1）放索时注意控制斜拉索的摆动，防止放索小车翻倒，以免损伤斜拉索及伤及作业人员。

（2）在张拉开始前，应在千斤顶工具夹片外表涂润滑油脂，以防止钢绞线束发生扭绞现象。

（3）张拉时，千斤顶应安装悬吊或支垫保险措施，以免千斤顶掉落伤人；张拉油管接头采用防护套，以免喷油伤及人员。

2. 风险控制技术

（1）放索限位架由螺栓连接于放索机尾部，放索时注意控制斜拉索的摆动，防止放索小车翻倒，损伤斜拉索及伤及作业人员。

（2）千斤顶工作过程中应安排专人严密注意夹片是否松开，以便及时停机。

（3）电工、机械修理工必须在现场待命，随叫随到，确保及时排除电器及机械故障。

（4）起重用钢丝绳应符合规定，吊具建议采用大直径纤维绳。

（四）斜拉索挂设

1. 风险控制重点

斜拉索挂设过程中，必须重点防范机械伤害、物体打击伤害等。

（1）压索时，严禁工作人员距离斜拉索过近，以免夹片滑松导致斜拉索回弹伤人。

（2）杜绝塔肢内未按要求配备灭火器、违章用火或吸烟，以防发生火灾。

（3）严禁桥面卷扬机性能不良，仍继续使用，以免发生机械伤害。

2. 风险控制技术

（1）在挂边跨合龙桥面压索时，人员应远离斜拉索，防止因夹片滑松，导致斜拉索回弹伤人。

（2）塔框内禁止吸烟，不准在塔框内放置易燃易爆物品；塔肢内照明和油泵张拉用电，必须安好漏电保护装置。

（3）桥面挂篮压索前应检查桥面卷扬机的性能，其锚固绳卡是否松动，钢丝绳是否断丝，钢丝绳走向是否与其他物体相摩擦。

（4）压索前，检查张拉机构是否正常，连接丝杆与斜拉索应顺直，严禁使用变形和受损的连接杆作业。

三、斜拉桥桥塔施工

1. 风险控制重点

斜拉桥桥塔施工属高处作业，极易发生高处坠落、物体打击、淹溺等重大事故。对于高处作业的人员必须重点防止其存在不按规定佩戴安全防护用具的不安全行为。

严禁高塔施工人员未体检（血压、血糖、恐高）就进行高处作业，以防发生高处坠落、淹溺事故。

防止高处作业随意放置、抛掷工具和物料，以免物体坠落砸伤作业人员。

孔道灌浆作业时，操作人员应戴好防护眼镜，以防水泥浆喷出伤及操作人员的脸部和眼睛。

严禁在一个物件上拴挂多根安全带或一根安全带上拴多人，以免发生集体坠落事故。

立体交叉作业时，防止在同一竖直方向上下同时操作，以免上层物体坠落影响或砸伤下层作业人员。

2. 风险控制技术

高塔施工人员都必须进行健康检查，凡患有高血压、心脏病、低血糖、恐高症等高处作业禁忌症的，不得进行高处作业。

高处作业所需的工具，应放在工具包内，材料及小型设备应临时加固，严禁上下抛掷工具及物件。

桥塔施工人员必须系安全带，安全带应挂在牢固的物件上。严禁在一个物件上拴挂多根安全带或一根安全带上拴多人。

立体交叉作业时，不得在同一竖直方向上下同时操作。下层作业的位置，必须处于依上层高度确定的可能坠落半径范围之外。

四、斜拉桥加劲梁施工

1. 风险控制重点

斜拉桥加劲梁施工，必须重点防范发生倾覆、物体打击、机械伤害等事故。

严防挂篮后端未设置保险装置，以免发生倾覆。

桥塔施工人员严禁向下抛物，以免伤及桥下人员。

张拉时，应搭设必要的作业平台，临空作业挂设安全带，施工人员不得站在千斤顶的正后方，对顶时要注意防止挤伤手指。

2. 风险控制技术

挂篮走行，必须保持同步，后端设置保险装置，防止倾覆。

挂篮平台，桁架上严禁堆放重物，特别是缘板悬臂端部位。

桥塔施工人员严禁向下抛物。

张拉时，施工人员不得站在千斤顶的正后方，应站在侧面。

五、斜拉桥转体施工

1. 风险控制重点

斜拉桥转体施工，必须重点防范转体前未检查各关键部位，如塔梁固结点、上转盘、塔柱锚固区、球铰等部位；转动体系，锚固体系和动力体系在施工期间未按规定进行检查维护；转动场地、设施及设备未进行试运转等相关内容。

2. 风险控制技术

严禁人员酒后或带病高处作业。

转体前平转场地、设施及设备必须进行试运转。

在风力达到 5 级及以上应停止施工，并做好高处设备的紧固，防止坠落。

第四节 悬索桥施工安全技术与风险控制

一、悬索桥施工风险控制总体策略

悬索桥施工过程中需要进行的风险控制除参考斜拉桥施工外，还需进行如下风险控制：

（1）悬索桥施工中，临时架设的工作索、牵引索安装完毕后，应对索具、吊具等进行全面、仔细的检查。索夹如采用高强螺栓旋紧时，螺栓地拧合扭矩，应先经试验确定。索夹下的吊杆承受全部荷载时，索夹应与主索连接紧密，不得在主索上向下滑移。为防止主索磨损，可在索夹与主索之间垫物隔离。施工中使用的吊篮、平台等应具有足够的强度，设置的防护围栏高度不得小于 1.2m。索塔应设置上下扶梯和塔顶作业平台。索鞍的安装应保证位置准确。

（2）悬索桥采取重力式锚碇时，对锚碇体的施工，应按照有关安全规定浇筑混凝土或砌体工程。锚碇体必须达到坚实牢固；采用山碉式锚碇时，对锚碇的开凿及爆破工程，应按有关凿岩及《爆破安全规程》要求施工。

（3）悬索桥安装加劲桁构（梁）时，风险控制的重点：

1）利用主索吊装加劲桁构（梁）构件时，应在平台上进行组拼。组拼后，利用主索吊运到位，与索夹、吊杆同时安装。施工前，应检查机具设备是否完好。吊装时，应按照有关吊装的安全规定作业。

2）加劲桁构（梁）的吊装，宜从跨中向两岸进行。索夹与吊杆应配合加劲桁构（梁），同时安装，不得先安装索夹或吊杆。

3）索塔下端为固结时，索鞍将逐步向河心偏移，施工中，应对索鞍偏移量进行观测和控制，防止超过设计允许偏斜量而影响塔架的安全。

4）索塔下端为铰接时，应按设计监测，并控制索塔的偏斜量。

（4）斜拉桥、悬索桥在施工中应配备水上救护船。

二、悬索桥锚碇施工

（一）悬索桥锚碇基坑开挖与混凝土灌注作业

1. 风险控制重点

悬索桥锚碇基坑开挖与混凝土灌注时，必须重点防范掩埋事故、机械伤害、物体打击伤害等。

（1）基坑开挖过程中必须采取周密的防范措施，防止基坑外沿周边不设护栏和防护网，以免误伤行人。

（2）吊送材料和模板时，杜绝吊物下方站人或通行，以免发生物体打击伤害。

（3）锚碇开挖边缘严禁堆放物料，以免边坡滑塌。

（4）混凝土运输车下料口应用土工布设置一道布帘，以防砂石冲出料斗伤人，发生物体打击伤害。

（5）锚碇开挖时，应在每个土方吊运点设置一层防护棚，以防土方坍塌伤人。

2. 风险控制技术

（1）吊送材料和模板时，吊物下方不得站人及通行。

（2）锚碇开挖边缘严禁堆放物料。

（3）锚碇施工人员应穿反光背心，施工过程中尽量避开土方吊运点。

（4）吊运土方的起重机钢丝绳、吊钩等应每班检查，以防发生机械故障事故。

（二）悬索桥锚碇锚固系统安装

1. 风险控制重点

悬索桥锚碇锚固系统安装，必须重点防范触电、物体打击伤害、高处坠落等。

（1）锚管支架搭设，应杜绝施工人员不佩戴安全带、安全帽、不穿防滑鞋等不安全行为，以免导致意外伤害。

（2）防止模板对拉螺杆未锁紧、螺母露杆长度不满足要求、对拉螺杆斜拉、模板之间及模板底部漏浆等不安全状态，以免模板倾翻、漏浆等事故对作业人员造成伤害。

（3）高处作业时，防止将组件、工具乱堆乱放，支架或工作平台上堆放的物品应放置牢固，防止超重或滑落，以免造成物体打击伤害。

（4）搬运组件、部件时要注意附近有无障碍物，架空电线和其他临时电气设备，防止部件、钢束在移动过程中碰撞电线或发生触电事故。

2. 风险控制技术

（1）安装作业前对锚管定位架、模板系统、型钢支架进行安全检查。

（2）施工临时照明及机电设备的电源线应绝缘良好，不得直接架设在支架或模板上，应用绝缘支撑物使电线与组合钢模板隔离，防止线路漏电。

（3）多人共同操作或扛抬预埋钢束、锚头时，要密切配合、协调一致、相互呼应。

（4）起吊组件、部件、钢束时下方禁止站人，必须待骨架降到距安装面1m以下才能靠近，就位支撑好方可摘钩。

（5）起吊部件、组件时，规格必须统一，禁止长短参差不齐，禁止一点起吊。

（6）高处作业时，不得将部件、组件、钢束集中堆在支架和脚手板上，也不得把工具、钢箍、短钢筋随意放在脚手板上。

三、悬索桥桥塔施工

（一）悬索桥桥塔施工电梯安装和调试

1. 风险控制重点

悬索桥桥塔施工电梯安装和调试过程中，应重点防范物体打击伤害、高处坠落、触电、违规操作等。

（1）杜绝利用施工电梯的井架、横竖支撑牵拉缆绳、标语和其他与电梯无关的物品，以免物体坠落造成物体打击伤害。

（2）放钢丝绳和吊升轨道时，严禁下方站人，以免高处物体掉落砸伤作业人员。

（3）打膨胀螺栓时，杜绝作业人员不佩戴安全防护用品；防止戴手套持榔头、上下交叉作业等不安全行为，以免发生物体打击伤害。

（4）轨道调整时，应走楼梯，严禁爬脚手架，以免发生高处坠落。

2. 风险控制技术

（1）严禁利用施工电梯的井架、横竖支撑牵拉缆绳、标语和其他与电梯无关的物品。

（2）打膨胀螺栓前人员应站立好（位置），系好安全带、戴好防护眼镜，手持（不得戴手套）榔头，不得上下交叉作业。

（3）导轨安装过程中，立轨道应统一行动，密切配合，指挥信号应清晰明确，吊升轨道时其下方不得站人，并应设专人随层进行监护。

（4）轨道调整时，人员上下必须走梯道，严禁爬脚手架。

（5）井道安全防护门在梯门系统正式安装完毕前严禁拆除。

（6）安装井道内运行设备过程中，应使用溜绳将配重框架放入井道内，吊装时，井道内不得站人；吊装上梁、轿顶等重物时必须捆绑牢固，倒链操作人员严禁站立于重物下方；放钢丝绳时，严禁站在钢丝绳盘线圈内作业，手脚应远离导向物体。

（7）在井道内进行线槽及钢管安装时，物件应随用随取，不得大量堆于脚手板上；使用电钻时严禁戴手套。

（8）电梯调试过程中，慢车运行之前、快车准备及运行（试车）均需具备相关条件。

（9）施工电梯安装完毕必须经有关人员检查验收合格后方可投入使用，作业人员不得擅自提前使用。

（二）悬索桥桥塔施工电梯使用

1. 风险控制重点

悬索桥桥塔施工电梯使用过程中，必须重点防范违规操作、超载等。

（1）杜绝电梯司机无证上岗，酒后作业；电梯运行中，司机擅离操作岗位；电梯带病工作等，以免因误操作造成电梯发生故障。

（2）施工电梯每班首次运行前，防止未试运行检查电梯工作性能，以免因故障影响施工。

（3）杜绝电梯超载作业，以免发生电梯故障。

（4）防止在遭遇恶劣天气机械发生故障未排除、钢丝绳断丝磨损超过报废标准等情况时，仍继续使用电梯，以免电梯发生故障引发重大安全事故。

2. 风险控制技术

（1）电梯司机必须持证上岗，严禁酒后作业。

（2）严禁利用施工电梯的井架，横竖支撑牵拉缆绳、标语和其他与电梯无关的物品。

（3）施工电梯每班首次运行前，必须空载及满载试运行，以检查电梯的工作性能。

（4）严禁操作电梯超载作业。

（5）电梯运行至最上层和最下层时应操纵按钮，严禁以行程限位开关自动碰撞的方式来停机。

（6）双笼电梯当一只梯笼在进行笼外保养或检修时，另一只梯笼不得运行。

（7）电梯运行中，司机不准有妨碍电梯运行的动作，不得离开操作岗位，应随时观察电梯各部声响、温度、气味和外来障碍物等，发现异常应及时停机检查处理，故障未排除严禁运行电梯。

（三）悬索桥桥塔施工电梯维修与拆除作业

1. 风险控制重点

在悬索桥桥塔施工电梯维修与拆除作业时，必须重点防范物体打击伤害、高处坠落伤害等。

（1）在梯笼下面作业时，防止未用枕木支撑牢固，以免梯笼掉落造成物体打击伤害。

（2）拆卸和维修人员在井架上作业时，杜绝未穿好防滑鞋、未系好安全带等不安全行为，以免发生高处坠落事故。

（3）拆卸时，严禁抛投传递工具和器件，以免发生物体打击伤害。

（4）严禁双手操作扳手紧固或松开螺栓，以免发生高处坠落事故。

2. 风险控制技术

（1）在梯笼下面作业时，必须用枕木支撑牢固。

（2）拆卸作业时必须有专人统一指挥，作业区上方及地面10m内划为警戒区并设专人监护。

（3）恶劣天气如大雨、大雾或风力6级及以上，不得进行拆卸作业。

（4）拆卸和维修人员在井架上作业时，必须穿防滑鞋、系安全带，不得以投掷方式传递工具和器件；紧固或松开螺栓时，严禁双手操作。

（四）悬索桥桥塔滑模施工

1. 风险控制重点

悬索桥桥塔滑模施工，必须重点防范机械伤害、物体打击伤害等。

（1）严防操作平台四周防护栏杆和安全网缺失、平台板间有空隙等不安全状态，以免作业人员发生高处坠落事故。

（2）严禁操作平台上多人聚集一处，以免平台倾覆造成高处坠落。

（3）杜绝抛扔拆下的模板、设备与机具及配件等不安全行为，以免砸伤作业人员造成物体打击伤害。

2. 风险控制技术

（1）操作平台四周要有防护栏杆和安全网，平台板铺设不得留有间隙。

（2）操作平台上不得多人聚集一处，下班时应清扫和整理好料具。

（3）模板拆除应均衡对称，拆下的模板、设备与机具及配件应用绳索吊放，不得投扔。

（五）悬索桥桥塔翻模安装施工

1. 风险控制重点

悬索桥桥塔翻模安装施工，必须重点防范高处坠落、物体打击伤害等。

（1）高处作业人员严禁攀登翻模或绳索上下，以免高处坠落。

（2）高处支模时，防止乱堆乱放钢模板，操作工具不得随意放置，以免造成物体打击伤害。

（3）当吊装大块钢模板时，防止大块钢模板脱钩前未固定可靠，以免发生起重伤害。

2. 风险控制技术

（1）必须在接受技术人员关于翻模安装的安全技术交底后，方可进行翻模的安装作业，安装作业应严格按照技术交底执行。

（2）高处作业人员应通过斜道或施工电梯上下通行，严禁攀登翻模或绳索上下。

（3）高处支模时，不得乱堆乱放钢模板。

（4）支模过程中如遇中途停歇，应将已就位的钢模板或支承件连接牢固，不得架空浮搁。

（5）操作工具要放入工具袋，不便放入工具袋的应放在稳妥的地方。

（6）严禁用塔式起重机提升爬架。

（7）严禁两块大模板同时提升。

（8）吊装大块钢模板时，大块钢模板必须固定可靠后方可脱钩。

（六）悬索桥桥塔翻模拆除

1. 风险控制重点

悬索桥桥塔翻模拆除作业时，必须重点防范起重伤害、物体打击伤害、高处坠落伤害等。

（1）高处作业人员严禁攀登翻模或绳索上下，以免发生高处坠落事故。

（2）防止翻模拆除顺序错误，以免模具掉落造成物体打击伤害。

（3）防止用钩扣住模板吊环，急速吊运模板，以免发生起重伤害。

2. 风险控制技术

（1）必须在接受技术人员关于翻模拆除的安全技术交底后，方可进行翻模的拆除作业，拆除作业应严格按照技术交底执行。

（2）一般应先拆除侧模，后拆底模；先拆非承重部分，后拆承重部分。

（3）拆除现场散拼的模板，一般应逐块拆卸，不得成片松扣撬落或拉倒。拆下的钢模板，严禁向下抛掷，应用溜槽或绳索系下，上下传递时，要互相接应，防止伤及人员。

（4）检查索具，用卸甲（严禁用钩）扣住模板吊环，用塔式起重机轻轻吊紧，并在两端用绳拉紧，防止转动，然后抽去顶杆，吊运时稳运、稳落，防止大模板大幅度晃动、碰撞造成倒塌事故。

（5）起吊时，应采用吊环和安全吊钩，卸甲不得斜牵起吊，严禁操作人员随模板起落。

（6）拆除模架过程中，须有专人把守警戒。

（7）操作人员的操作工具要随手放入工具袋，不便放入工具袋的应放在稳妥的地方。

（七）悬索桥主索鞍与散索鞍门架安装与检查

1. 风险控制重点

悬索桥主索鞍与散索鞍门架安装与检查过程中，须重点防范物体打击伤害、起重伤害、机械伤害等。

（1）安装主横梁、天车时，应使用麻绳做导向定位，待吊至要求高度并确认稳定后，作业人员方可上去操作，防止吊运时碰撞架体引发起重伤害。

（2）防止高处作业人员不按规定系好安全带，垂直交叉作业，正下方有人停留或通过；使用的工具、构件、零星物料必须放稳固，防止高处坠物伤人，发生物体打击伤害。

2. 风险控制技术

（1）安装作业前，作业人员必须接受施工队、作业班组的安全技术交底，并明白施工的工作内容及相关的安全技术要求。

（2）门架架体安装时，要设置缆风绳或斜支撑固定，然后焊接牢固，检查安全可靠后才可松放钢丝绳。

（3）安装完毕进行空载试验前，风力不得大于6级。

（4）主索鞍、散索鞍门架未经验收或验收不合格，禁止投入使用。

（八）悬索桥主索鞍与散索鞍门架操作

1. 风险控制重点

悬索桥主索鞍与散索鞍门架操作过程中，须重点防范起重伤害、高处坠落、违规作业等。

（1）杜绝酒后作业、无证上岗等不安全行为，以免误操作造成起重伤害。

（2）起重区域范围内严防非作业人员通行，以免发生物体打击伤害。

（3）杜绝起重物下方站人、重物起吊时人员上下吊架的不安全行为，以免发生物体高处坠落或作业人员高处坠落事故。

2. 风险控制技术

（1）操作人员身体不适时不能进行开机操作。

（2）作业时，人员应严格遵守施工劳动纪律，禁止酒后作业，作业时要集中精神，操作过程中严禁做与工作无关的事情（如看书报、接听手机、听音乐等）。

（3）起重区域内严禁非作业人员通行。

（4）起重物下方严禁站人，重物起吊时严禁人员上下吊架，重物起吊时不准进行检修和调整机件。

（5）遇有6级及以上大风、台风、暴雨、打雷、暴雪等天气，不得进行起吊作业。

（6）吊架及机电系统在试吊前及每次吊重前，均需进行相关检查。

（7）维修保养时，应将所有的控制开关拨至零位，切断主电源，并在闸箱处挂"禁止合闸"标志，必要时设专人监护。

（九）悬索桥主索鞍与散索鞍门架拆除作业

1. 风险控制重点

悬索桥主索鞍与散索鞍门架拆除作业时，须重点防范起重伤害、物体打击伤害等。

（1）严防不按规定流程拆除，无人指挥作业，以免门架塌落造成物体打击伤害。

（2）杜绝作业人员不按安全规定穿戴好个人劳动保护用品，以免发生物体打击伤害或者高处坠落。

2. 风险控制技术

（1）拆除主索鞍、散索鞍前，参加作业的人员须接受安全技术交底培训。

（2）拆除主索鞍、散索鞍时，有专人指挥作业，并划分警戒区和做好监护工作。

（3）门架拆除作业应在白天进行，夜间作业应有良好的照明。因故中断拆除作业时，应采取临时稳固措施。

四、主缆架设

（一）悬索桥先导索过江（海）施工

1. 风险控制重点

悬索桥先导索过江（海）施工，须重点防范淹溺、高处坠落、车辆伤害、物体打击等事故。

（1）杜绝驾驶员疲劳驾驶、酒后作业、违章作业等不安全行为，以免导致车辆伤害。

（2）严防作业人员未佩戴好安全防护用品，以免人员高处坠落发生淹溺事故。

（3）严防上方的施工用具掉落，以免造成施工人员物体打击。

2. 风险控制技术

（1）作业人员精神状况应良好，穿好救生衣，系好安全带，扎好安全绳，戴好安全帽，穿防滑鞋，佩戴必要的通信工具、作业工具。

（2）在主塔瞭望与观察的人员及卷扬机操作人员，必须注意高处上下的安全及站立位置的安全。

（3）现场指挥员的身体条件须符合相关要求，作业前严禁喝酒。

（二）悬索桥猫道系统施工作业

1. 风险控制重点

悬索桥猫道系统施工作业过程中，须重点防范淹溺、高处坠落、物体打击等事故。

（1）严防作业人员未佩戴好安全防护用品，以免人员高处坠落发生淹溺事故。

（2）防止猫道网块之间没有扎紧扎好，以免作业人员高处坠落。

（3）安装吊索前，防止底网缺口未临时封闭，以免发生高处坠落事故。

2. 风险控制技术

（1）每天作业前，负责人必须对定点的机械设备进行例行检查和专项点检（如卷扬机的制动系统、临时用电等），发现问题应及时检修或停机处理，不得强行作业。

（2）在船上作业的施工人员应穿好救生衣，在塔上工作的人员应系好安全带、安全绳，临边作业的人员要密切留意下方有无作业人员，时刻防范高处坠物的发生；船上作业、塔顶作业的人员要密切关注天气条件的变化，发现有风力加速、大雨、台风来临征兆时，作业班长必须随时做好撤离安排。

（3）猫道需要安装吊索时，在未安装吊索前应将剪裁的底网缺口用临时网块做临时封闭；在安装好吊索后，应用尼龙网或其他网块将吊索安装处不严密的底网缺口封堵。

（三）悬索桥大吨位无级调速卷扬机（主缆架设用）汽车式起重机安装施工

1. 风险控制重点

悬索桥大吨位无级调速卷扬机（主缆架设用）汽车式起重机安装施工过程中，须重点防范起重伤害、高处坠落伤害、物体打击伤害、触电事故等。

（1）吊装施工时，严防吊装作业下方站立作业人员，以免高处吊件坠落伤人。

（2）高处作业人员应时刻注意脚下和四周，以免作业时被磕、绊、钩、挂等，发生高处坠落事故。

（3）防止高处作业人员抛接工具，以免导致物体打击伤害。

（4）杜绝雷雨天气施工作业，以免发生雷击或触电伤害。

2. 风险控制技术

（1）安装卷扬机的底座时，应使用导向索进行导向定位，待吊至要求高度并确认稳定后，作业人员才可上去操作。

（2）高处作业人员应按规定系好安全带，不得垂直交叉作业，正下方不得有人停留或通过；使用的工具、构件、零星物料必须放稳固，防止高处坠物伤人。

（3）在斜坡或较滑的坡面作业时，必须清理坡面的泥砂、杂物，指挥员、操作人员的站立必须稳妥，防止作业过程中出现人员滑倒、碰伤事故。

（4）卷扬机安装好后应做空载、额定荷载、超载试验。试验前应特别注意风力大小且不得大于6级。

（5）卷扬机未经验收合格或未经验收，禁止投入使用。

（四）悬索桥主缆架设

1. 风险控制重点

悬索桥主缆架设过程中，须重点防范高处坠落事故、物体打击伤害、起重伤害、淹溺事故等。

（1）杜绝作业人员未戴好安全帽、未系好安全带、未穿防滑鞋等不安全行为，以免发生高处坠落。

（2）严防人员在猫道上作业前站立不稳固，被猫道上遗留杂物、材料及工具绊倒，以免发生人员高处坠落。

（3）交叉作业时防止未采取隔离措施，以免发生物体打击伤害。

（4）吊装施工时，严防吊装作业下方站立作业人员，以免吊件坠落伤人。

2. 风险控制技术

（1）作业人员必须佩戴好安全帽、安全带、防滑鞋、工具包等安全防护用品。

（2）每天在作业前，机械设备负责人须对所管机械设备进行例行检查和专项点检，发现问题及时检修或停机处理，不得强行作业。

（3）施工人员必须稳固站立在猫道后方能进行作业。

（4）在主缆索股架设过程中，应随时关注天气状况的变化，如出现雷雨、大风等天气应立即停工，人员撤离猫道。

（5）每次高处作业必须做到"工完场清"，不得遗留杂物、材料及工具。

（6）作业人员必须严格按照指挥员的指令进行作业，严禁违章作业和擅自施工。

（7）高处固定点的作业人员必须按照高处作业的安全要求挂好安全带，严禁在猫道上奔跑和跳跃。

（8）严禁在猫道上进行电焊作业。

（五）悬索桥主缆紧缆施工

1. 风险控制重点

悬索桥主缆紧缆施工过程中，须重点防范物体打击伤害、起重伤害，高处坠落、淹溺事故等。

（1）防止紧缆机液压绞车钢丝绳受力较大，使用时间较长，以免因磨损过大而导致事故。

（2）主缆紧缆过程中，防止人员在猫道上奔跑和跳跃，以免因站立不稳而导致高处坠落。

2. 风险控制技术

（1）主缆紧缆机每使用 4h 后，必须停机保养半小时。

（2）施工人员必须稳固站立在猫道后方能进行作业。

（3）在主缆紧缆过程中，出现雷雨大风等灾害性天气征兆时，应立即停止作业，并妥善处理好紧缆机以及主缆与猫道的临时固定后人员随即撤离猫道。

（4）每次高处作业必须做到"工完场清"，不得遗留杂物、材料及工具。

（5）严禁在猫道上奔跑和跳跃。

（6）严禁在猫道上进行电焊作业，防止猫道绳索受伤，影响猫道的使用安全。

（六）悬索桥主缆索夹与吊索施工

1. 风险控制重点

悬索桥主缆索夹与吊索施工时，须重点防范物体打击伤害，起重伤害，触电、淹溺事故等。

（1）杜绝不按规定佩戴安全防护用品的不安全行为，以免发生高处坠落导致淹溺事故。

（2）吊装施工时，严防吊装作业下方站立作业人员，以免高处吊件坠落伤人。

（3）施工人员必须佩戴工具包，在施工时必须注意其匹配件的使用，以防止配件、工具掉落，造成下方作业人员的意外伤害或坠物砸伤船只，损坏设备机具。

2. 风险控制技术

（1）作业人员在施工前必须佩戴安全防护用品，如安全帽、安全带、防滑鞋，需要使用工具的作业人员还必须佩戴工具包。

（2）在整个施工过程中要求保护好吊索，不得损伤吊索。吊索的展开、下放过程中，必须按照施工要求，保证吊索的安全及周围作业人员的安全。

（3）严禁在猫道上进行电焊作业。

（4）索夹及吊索安装过程中，要求施工人员必须配备工具包。

（5）所有施工人员均需在岗位上进行交接班，禁止离岗交接。

（6）严禁在恶劣的气候条件下进行索夹与吊索安装施工作业。

（七）悬索桥主缆缠丝施工

1. 风险控制重点

悬索桥主缆缠丝施工时，须重点防范高处坠落、机械伤害、物体打击伤害等。

（1）缠丝机跨越索夹时，施工人员应确认索夹下方猫道是否有洞，以免人员踩空跌落或物件坠落，导致人员高处坠落或物体打击事故的发生。

（2）严防猫道上乱堆乱放杂物或材料，以免绊倒作业人员导致高处坠落。

（3）防止施工机械在维修保养过程中产生的废水、废渣、废油等随意排放，造成环境污染，导致施工人员的意外伤害。

2. 风险控制技术

（1）缠丝机跨越索夹时，施工人员应注意索夹下方猫道是否有洞。

（2）缠丝机在索夹倾角大于8°的主缆上时，要求施工人员必须遵守主机与夹持架均不能同时松开手拉葫芦保险的规定。

（3）缠丝机主机与夹持架安装就位后，施工人员不得同时松开夹持瓦。

（4）在雨（雪）天、大雾天气、潮湿天气不得进行缠丝作业。

（5）应及时清理猫道上的材料及杂物，且不得随手乱丢乱放。

（6）严禁随意拆除猫道反挂钢丝绳，缠丝经过猫道反挂钢丝绳后应立即恢复。

（八）悬索桥天顶索安装与使用施工

1. 风险控制重点

悬索桥天顶索安装与使用施工过程中，须重点防范物体打击伤害，高处坠落、淹溺事故等。

（1）作业前，防止未对施工设备进行检查，防止设备带病使用，以免设备出现故障影响施工安全。

（2）天顶索安装时，应严格控制焊机的使用，防止焊弧损坏钢丝或电流导通，以免对猫道造成不良影响。

（3）严防在天顶索上随意挂设物品和重物，以免高处物体坠落伤人。

2. 风险控制技术

（1）作业前，应对使用的施工设备、机具进行安全检查，对主要的零部件进行详细检查，发现异常立即进行妥善处理。

（2）作业过程中，应随时注意天气变化，遇到突然袭来的暴风雨、台风或雾霾，作业人员应立即向现场施工主管请示，在做好安全保障措施的前提下，停止安装作业。

（3）放索时索体应贴在特制的滚轮上拖拉，并应控制索盘的转速。

（4）天顶索牵引到对岸时，必须将绳索固定好（或临时固定），防止滑移。

（5）在天顶索安装过程中，猫道上站立的作业人员应密切注意周围是否存放有不必要的物品。

（6）发现天顶索有碰伤、压伤、绞伤，必须立即停用。

（7）严禁在天顶索上挂设物品和重物。

五、梁体与桥面板施工

（一）悬索桥缆载起重机安装

1. 风险控制重点

悬索桥缆载起重机安装过程中，须重点防范物体打击伤害、高处坠落事故、淹溺事故等。

（1）高处作业时，严防工具随意放置，任意乱置或向下丢弃拆卸下的物件及余料、废料，抛掷传递物件等不安全行为，以免物体高处坠落伤人。

（2）雨天和雪天进行高处作业时，严防无防滑、防寒和防冻措施，以免导致高处坠落事故。

（3）遇到恶劣天气如雷雨、大风、暴雨时，杜绝在猫道上进行作业的行为，以免发生高处坠落。

2. 风险控制技术

（1）特种作业人员必须持证上岗，严禁无证操作和违章作业。

（2）施工人员必须佩戴好安全带、安全帽，穿轻便防滑鞋。施工作业场所所有有坠落可能的物件，应一律先行撤除或加以固定。

（3）高处作业时，工具应随手放入工具袋；作业中的走道、通道板和登高用具，应随时清扫干净；拆卸下的物件及余料、废料均应及时清理运走，不得任意乱置或向下丢弃。传递物件禁止抛掷。

（4）雨天和雪天进行高处作业时，必须采取可靠的防滑、防寒和防冻措施。凡是有水、冰、霜、雪的用具，均应及时清除。

（5）遇有6级及以上强风、浓雾等恶劣天气，不得进行攀登与悬空（高处）安装作业。

（6）严禁在猫道上进行电焊作业。

（7）作业班间交接必须在岗位进行，禁止离岗交接。

（8）施工过程遇到恶劣天气（如雷雨、大风、暴雨）时，必须停止猫道上的一切工作，做好主缆与猫道的临时固定工作。

（二）悬索桥缆载起重机试吊施工

1. 风险控制重点

悬索桥缆载起重机试吊施工过程中，须重点防范高处坠落、淹溺、起重伤害等。

（1）防止试吊起吊时吊点不合理，以免吊物发生倾斜坠落伤人。

（2）杜绝水上吊装作业的人员不穿救生衣的不安全行为，以免人员落水发生淹溺事故。

（3）严防在猫道上进行电焊作业，以免猫道绳索受伤，影响猫道的使用安全。

（4）防止在恶劣天气时仍继续作业，以免发生高处坠落。

2. 风险控制技术

（1）缆载起重机试吊起吊时，要做到吊点合理，防止单方向倾侧；吊点提升足够高度后必须立即停止起升。

（2）水上吊装作业的人员必须穿救生衣。

（3）在施工过程中突然出现大风、暴雨、雷电天气时，应立即停止作业，施工人员在撤离前必须妥善处理好手头上的工作，确认安全无误或临时措施得当后方可离开。

（4）严禁在猫道上电焊作业。

（三）悬索桥缆载起重机使用

1. 风险控制重点

悬索桥缆载起重机使用过程中，须重点防范起重伤害、物体打击伤害、高处坠落伤害、触电事故等。

（1）严禁缆索式起重机运送人员上下班或进行其他作业，以免发生起重伤害或高处坠落事故。

（2）杜绝缆索式起重机司机酒后作业、疲劳作业，杜绝高处作业人员酒后作业，以免操作失误发生事故。

（3）杜绝拆卸千斤绳时下方站人，以免高处坠物伤人。

（4）严禁使用破损的电线和电缆，以免设备漏电导致触电事故。

2. 风险控制技术

（1）缆索跨越公路、铁路等既有障碍物时，应搭设架空支架，并拉好支架风缆。

（2）除正常检修和维护保养外，严禁使用缆索式起重机运送人员上下班或进行其他作业。

（3）严禁缆索式起重机司机酒后作业、疲劳作业。

（4）起吊时先要检查钢丝绳、卸扣等起重设施，确保安全牢固。

（四）悬索桥钢箱梁吊装施工

1. 风险控制重点

悬索桥钢箱梁吊装施工过程中，须重点防范高处坠落、物体打击伤害、起重伤害、淹溺事故等。

（1）杜绝作业人员未佩戴安全带、穿好防滑绝缘鞋等不安全行为，以免作业时用力过猛、身体失衡，导致人员高处坠落。

（2）交叉作业时，防止中间未采取隔离措施，以免落物造成物体打击伤害。

（3）吊装作业时，杜绝吊装作业区下方站立施工人员，以免发生物体坠落伤人。

2. 风险控制技术

（1）施工作业场所所有有坠落可能的物件，应一律先行撤除或加以固定；在同一立体范围内，严禁上下交叉作业。

（2）高处焊接作业人员，除了佩戴安全带、安全帽之外，还必须穿防滑绝缘鞋，戴绝缘防护手套；临边作业的人员必须检查作业场所的安全防护栏、安全网等安全设施的可靠性；水上吊装作业的人员必须穿戴救生衣等。

（3）严禁在猫道上进行电焊作业。

（4）作业班组交接必须在岗位进行，禁止离岗交接。

（5）施工过程遇到突然袭来的雷雨、大风、暴雨等恶劣天气时，必须立即停止猫道上的一切工作，并做好紧缆机以及主缆与猫道的临时固定工作，作业班长应在撤离前做好安全检查，确认无误后方可离开。

（6）钢箱梁吊装过程中，在猫道上或端梁段应划定作业区域，设置专人把守，与吊装作业无关的人员一律不准进入作业区域。

（五）悬索桥钢板加劲梁（桥面板）拼装与安装

1. 风险控制重点

悬索桥钢板加劲梁（桥面板）拼装与安装过程中，须重点防范高处坠落、物体打击事故、淹溺事故等。

（1）防止在恶劣天气条件下进行桥梁拼装作业，防止重叠作业，以免桥面板坠落伤人。

（2）杜绝在猫道上施工作业时随意放置工具、高空抛物等不安全行为，以免发生物体打击伤害。

（3）严防违规使用机械设备、无证上岗等不安全行为，以免发生机械伤害。

2. 风险控制技术

（1）恶劣天气及夜间无照明时应停止拼装作业；不得在同一垂直方向上下同时

作业；在距离高压线10m区域内无特殊安全防护措施时禁止作业。

（2）在猫道上施工作业必须使用工具箱，所有工具在使用完毕后必须放入工具箱内。严禁高空抛物。

（3）拼装所用机械设备要严格按照操作规程进行作业，严禁违规操作，所有操作人员必须持证上岗。

（4）桥面起重机在拼装好后必须进行试吊。桥面起重机在吊装作业前要对其动力系统、制动装置、吊具、锚固系统等进行全面的检查，经检查符合作业要求后才能进行安装作业。

（5）钢板加劲梁在合龙前属于悬浮体，因此，安装施工必须在无风或风速小于10m/s（低于6级风）的情况下进行。

第五节 斜拉桥施工风险控制范例

一、工程概况

（一）工程简介

六合新城龙池路跨滁河大桥及其连接线工程西起金穗大道，东至规划西陈路，道路全长为1100m（其中有两座桥梁，龙池路跨滁河大桥桥梁长度为661m，毛营河桥长度为20m），道路宽度为40m。

六合新城龙池路跨滁河大桥共分为6联，跨径组合为：（3×30m）（A1联）+（3×30m）（A2联）+（31m+54m+31m）（A3联）+（100m+85m）（A4联）+（3×30m）（A5联）+（3×30m）（A6联）=661m。其中A4联为主桥（采用独拱塔双索面斜拉桥），A1联、A2联、A5联、A6联为引桥（采用等截面连续箱梁桥），A3联为引桥（采用变截面连续箱梁桥）。

本桥主桥采用椭圆形钢箱混凝土塔柱空间双索面斜拉桥，墩塔梁固结体系。100m跨索距采用5m，85m跨索距采用4m。

（二）桥型概况

1. 主塔

斜拉桥塔柱采用钢箱混凝土结构，单个截面横桥向宽度为3m，纵桥向截面宽度塔顶为4.5m，桥面处为6.5m，承台顶为7m，外包钢板厚20mm，内填充C50微膨胀混凝土，斜拉索采用 $\phi 7$ 的平行钢丝，冷铸锚体系，塔上设张拉端，为便于施工控制，梁上也设置张拉端。张拉施工完毕封锚后需对外表面进行美化处理。

本次设计综合考虑受力、景观等因素，采用椭圆形钢箱混凝土塔。本桥主塔塔高自桥面以上为66m。主塔的椭圆形造型比例协调、结构简洁流畅。

2. 斜拉索

斜拉索采用塑包平行钢丝束，钢丝采用 $\phi 7$ 高强钢丝，护套采用双层，斜拉索表面采用抗风雨振措施。100m跨索距采用5m，85m跨索距采用4m。

斜拉索两端锚具均采用张拉端冷铸锚锚具。

3. 主梁

主桥上部梁体采用双边箱结构，边箱采用预应力混凝土单箱双室斜腹板连续箱梁。从景观方面考虑，箱梁中腹板采用铅垂形式，外侧腹板采用"斜腹式＋倒圆弧形式"。

边腹板斜度为4∶1，在悬臂下缘线和腹板之间倒半径为1m的圆角，在底板下缘线和腹板之间倒半径为0.2m的圆角。箱梁顶板设1.5%横坡，底板保持水平，采用纵、横双向预应力体系。

4. 引桥上部结构

引桥共有A1，A2，A3，A5，A6五联，均为预应力混凝土单箱双室斜腹板连续箱梁。

A1，A2，A5，A6联跨径布置为3×30m，箱梁高度为等厚1.8m（中心梁高），采用单箱双室断面形式，顶板宽18.5m，箱梁悬臂长4m，悬臂端部厚0.25m，悬臂根部（虚交点）厚0.6m；顶板厚度0.25m；跨中底板厚度0.22m，支点横梁附近通过5m过渡段线性过渡至0.5m厚度；跨中腹板厚度0.45m，支点横梁附近5m范围内等厚0.75m，端横梁及中横梁附近均采用平行过渡形式，过渡段长度为3.6m。每联箱梁在桥墩处设置厚度为2m的中横梁，端部设厚度为1.5m的端横梁，其余部位不设置横梁。

A3联箱梁采用单箱双室断面形式，顶板宽18.5m，底板宽度根据边腹板高度变化而变化；箱梁悬臂长4m，悬臂端部厚0.25m，悬臂根部（虚交点）厚0.6m；顶板厚度0.28m，在横梁附近局部加厚为0.5m；跨中腹板厚度为0.5m，主墩墩顶横梁两侧各13.5m范围内腹板厚度0.8m（靠近墩顶处腹板加厚为1.4m），过渡段长度3.6m，线性过渡。端横梁附近5m范围内腹板等厚0.8m，过渡段长度为3.6m。跨中底板厚度0.28m，主墩墩顶附近底板厚度0.55m，变化规律按二次抛物线变化。主墩处设置厚度为2.5m的中横梁，过渡墩墩顶设置厚度为1.5m的端横梁，主跨跨中设置厚度为0.35m的横隔板；中横梁及跨中横隔板上均设置入孔；在边墩附近底板设置800mm检修孔。

5. 桥梁下部结构

主引桥交接桥墩采用双柱式花瓶墩，与引桥整体风格一致。墩身设圆倒角。

墩身下接矩形承台，主塔下承台尺寸为 19.6m×14.4m，交接墩承台尺寸均为 7.1m×6.5m。主墩承台厚度为 5m，交接墩承台厚度为 2.5m。主墩承台下设直径 2m 的钻孔灌注桩，交接墩承台下设直径 1.5m 的钻孔灌注桩。桩基均按照摩擦桩设计。

6. 引桥下部结构

引桥桥墩采用双柱式花瓶墩，除 A3 联中墩墩底断面尺寸 1.8m（横桥向）×1.8m（纵桥向）外，其余桥墩墩底断面尺寸均为 1.8m×1.6m。墩身设圆倒角，伸缩缝处桥墩墩顶纵桥向因放置支座需要加宽至 2.4m，加宽段长度为 3m。墩顶横桥向采用圆弧加宽至 2.3m 形成曲线造型，加宽段高度为 3m。墩柱顶部设置纵桥向宽度 1.3m 弧形横系梁，系梁中部高度 1.2m，与墩柱连接处高度 1.5m。

墩身下接矩形承台，A3 联中墩承台尺寸为 10.5m×6.5m，其余承台尺寸均为 7.1m×6.5m。引桥桥墩承台厚度为 2.5m。A3 联中墩承台下设 6 根 φ=1.5m 的钻孔灌注桩，其余承台下设 4 根 φ=1.5m 的钻孔灌注桩。桥台为组合重力式桥台，承台厚度为 1.5m，桥台基础采用 8 根直径为 1.2m 的钻孔灌注桩基础。桩基均按照摩擦桩设计。

7. 毛营河桥

（1）上部结构。桥梁上部跨采用长 L=19.96m、高 h=0.95m 后张法预应力混凝土空心板梁，单块中板宽度为 1.25m。本桥处于圆曲线上，板梁采用 10.5° 的斜交角度，边板悬臂采用不等宽，随道路线形变化以增加桥梁景观性。全桥共有中板 20 片，边板 8 片。

（2）下部结构。下部结构采用桩基接盖梁形式，桩基础采用直径为 1.0m 钻孔灌注桩基础。桩基均按照摩擦桩设计。

（三）地质、水文、气候条件

1. 地质情况

项目场地地貌类型属河漫滩地貌单元，场地地势稍有起伏，地表高程 6.40～12.30m。地质报告显示，地层主要分为如下几个大层，现分别描述如下：

0 层，水；厚度 0.10～2.10m，平均 0.83m；层底高程 4.35～6.78m，平均 5.72m；层底埋深 0.10～2.10m，平均 0.83m。

1 层，耕土，灰褐色，结构松散，含植物根茎等，以软塑状粉质黏土及稍密状粉土充填，为新近堆填，局部为素填土，压缩性很不均匀，场区普遍分布。厚度 0.40～3.00m，平均 0.98m；层底高程 4.92～8.11m，平均 6.93m；层底埋深 0.40～3.00m，平均 0.98m。

1-1 层，淤泥，深灰色，流塑状，有腐臭味，主要分布在河塘底部，属软土。厚度 0.20～2.60m，平均 1.04m；层底高程 3.80～6.58m，平均 5.51m；层底埋深 0.20～2.60m，平均 1.04m。

2-1层，粉土，灰黄色，很湿~湿，稍密~中密，无光泽，含云母碎屑，干强度及韧性低，摇振反应中等，属中压缩性地基土，场区普遍分布。厚度0.40~3.10m，平均1.92m；层底高程3.93~5.82m，平均4.71m；层底埋深1.90~3.80m，平均2.79m。

2-2层，淤泥质粉质黏土，深灰色，流塑为主，局部软塑，含少量腐殖物，切面无光泽，干强度中，韧性中，属高压缩性地基土，属软土，场区普遍分布。厚度3.70~14.90m，平均10.16m；层底高程-10.50~0.36m，平均-5.45m；层底埋深6.10~17.50m，平均12.77m。

3层，粉质黏土，灰褐色、褐黄色，可塑~硬塑，含少量Fe、Mn质结核及浅灰色高岭土团块，切面稍有光泽，干强度中，韧性中，属中压缩性地基土，场区普遍分布。厚度2.30~29.30m，平均20.13m；层底高程-37.19~-8.36m，平均-29.15m；层底埋深14.80~45.00m，平均36.47m。

3-1层，粉土，灰黄色，湿，稍密~中密，局部夹粉质黏土，呈透镜体状分布，无光泽，含云母碎屑，干强度及韧性低，摇振反应中等，属中压缩性地基土。厚度4.40~14.80m，平均10.73m；层底高程-25.04~-20.60m，平均-22.97m；层底埋深27.00~31.70m，平均29.54m。

4层，含砾中砂灰褐色，含砂质卵砾石，粒径0.2~3.5cm不等，含量10%~20%，属中偏低压缩性地基土，场区普遍分布。厚度4.00~8.40m，平均6.13m；层底高程-42.60~-36.29m，平均-40.11m；层底埋深45.00~50.30m，平均47.20m。

4-1层，粉质黏土，灰色，软塑，含少量腐殖物，呈透镜体状分布，切面无光泽，干强度中，韧性中，属中偏高压缩性地基土。厚度2.90~4.10m，平均3.35m；层底高程-40.39~-39.61m，平均-39.96m；层底埋深48.30~49.10m，平均48.68m。

5-1层，强风化砂岩，灰黄色，灰白色，风化强烈，呈砂土状，手捏易碎，遇水软化，其中间或夹有中风化岩块，岩体基本质量等级为Ⅴ级，场区普遍分布。厚度1.80~5.50m，平均3.79m；层底高程-45.26~-42.23m，平均-44.13m；层底埋深49.00~53.70m，平均51.22m。

5-2层，中风化砂岩，砖红色，岩芯呈短柱状、柱状，手掰不易断，锤击可断，取芯率85%~95%，RQD80%~90%，岩体基本质量等级为Ⅴ级，该层未穿透。

沿线无不良地质土层分布，特殊性岩土为软土，即1-1层淤泥和2-2层淤泥质粉质黏土。

2. 水文条件

本线路内地表水系较发育，主要地表水体为滁河及沿线的河塘等，河流比降较小，水流缓慢，受人工灌排调节影响常年水位变化较大。

根据地下水的赋存条件，水理性质和水力特征，该区地下水主要为松散岩类孔隙潜水。各类松散岩类孔隙水主要赋存于1层耕土及2-1层粉土中，属孔隙潜水，该层土透水性较好，受大气降水补给。排泄方式主要为蒸发，地下水位变化受季节性降水影响。

3. 区域气候特征

（1）气温。年平均气温15℃，7～8月最热，最高气温32℃～38℃，极端高温43℃；1月份最冷，1月最低平均气温-1.5℃，极端低温-14℃。全年日照1989.20 h左右，无霜期约230天，最大积雪深度约15cm，最大冻土厚度9～10cm。

（2）降水。年平均降雨量1038.70～1124mm，降水日124.2天。6～8月降雨量占全年50%以上，6～7月为梅雨季节多阴雨。

（3）风向、风力与相对湿度。常年主导风向为东北风。冬季（10月到次年3月）主导风向、风频以北东、东北风为主，平均风速16.30～23.80m/s，相对湿度73%～75%。夏季（4～9月），主导风向以东南风、东风为主，高温季节（7～8月）则以西南风为主，风速21～27m/s，相对湿度75%～80%。

二、总体施工方案概述与风险控制总体策略

1. 总体施工方案概述

（1）施工准备完成后，首先进行主塔的施工，完成梁体浇筑，拉索安装。

（2）本工程主桥与引桥采用现浇法施工。引桥上部梁体结构均采用支架现浇，主桥100m跨上部梁体结构采用悬臂浇筑，主桥85m跨上部梁体结构采用支架现浇。

（3）引桥各联施工顺序相互不影响；主桥与相邻引桥（A3联，A5联）施工有一定影响，需先施工主桥上部梁体结构，再施工相邻联引桥上部梁体结构。

（4）调整索力，完成主梁及边跨的合龙张拉，完成体系转换。

（5）毛营河桥上部结构的空心板梁采用汽车式起重机方式架设。

2. 风险控制总体策略

通过对桥型概况、地质、水文、气候条件等的详细了解，根据工程施工方案分析施工过程中可能发生的危害，提出风险控制总体策略。本工程须重点防范起重伤害，机械伤害，高处坠落、物体打击伤害，溺水、触电事故等。

（1）严防起吊构件、材料时违章作业等不安全行为，以免造成起重伤害。

（2）严禁高处作业人员未进行体检以及体检不合格人员仍进行高空作业等不安全行为，以防发生高处坠落、淹溺事故。

（3）遭遇大风暴雨等恶劣天气应停止施工，并做好高空设备的紧固，防止坠落。

（4）杜绝不按规定佩戴安全防护用具的不安全行为，以免发生物体打击、淹溺事故。

（5）杜绝施工机械作业人员无证上岗或酒后作业、疲劳作业等，以免误操作造成机械伤害。

（6）防止高处作业随意放置、抛掷工具和物料，以免物体坠落砸伤作业人员。

三、主要工程施工工序过程风险控制

（一）路基施工

1. 工序内容

（1）做好场地临时排水工作，特别注意基底换填期间的排水，开挖临时排水沟，降低地下水位。

（2）新路基在填筑前应对场地、耕植土进行清除；鱼塘、河沟地段，应清淤干净彻底。还应特别注意对暗塘的处理。

（3）路基填筑时，必须根据设计断面进行分层填筑和压实，分层松铺的最大厚度应通过试验确定。路堤分层的最大松铺厚度不应超过 0.1m，路床的分层压实厚度不应超过 0.2m，屋顶最后一层的压实厚度不应小于 0.1m。每填一层，经过压实试验检验符合规定要求之后，再填上一层。

（4）为保证均匀压实，应注意压实顺序，并经常检查土的含水量、掺灰剂量和均匀性。

（5）若路基分成几个作业段施工，当两段交接处不在同一时间填筑时，则先填地段应按 1∶1 坡面分层留平台。若两个地段同时填筑，则应分层相互交叠衔接，其搭接长度不应小于 2m。

（6）为减少桥头路基产生不均匀沉降而导致桥头跳车，对桥头各 30m 长度路基范围内的特别压实区，分层压实厚度不应超过 0.2m。预留缺口时应留 2m 宽台阶，缺口回填应分层交叠填筑。构造物回填及特别压实区的压实度宜比同层位路基的压实度提高 1%。

（7）路堤与桥台，横向构筑物连接处应设置过渡段，路基压实度不应小于 96%。过渡段长度按 2～3 倍填土高度来确定。

2. 风险控制策略

（1）路基压实时杜绝人员在施工范围内跑动等不安全行为，以免造成车辆伤害。

（2）防止路基压实不均匀、压实顺序错误等，以免路基发生沉陷。

（3）防止桥头路基压实度达不到要求，以免发生不均匀沉陷或桥头跳车。

（二）桩基施工

1. 工序内容

（1）严格依照设计提供的图纸和文件，变更设计图纸及技术规范、标准、法规施工。

（2）合理地组织和调配材料、机械设备、运输、劳动力，做到均衡生产，使工程优质、高效、低耗。

（3）做好自身的施工监督检查工作，设专职质检员，建立严格的班组自检制度。

（4）自觉接受业主、监理及当地质监部门的检查和监督。

（5）凡构成永久性工程组成部分的材料都必须符合图纸和规范的要求，必须经质量检查合格并经批准后才能进场，分规格分批存放，设立醒目的标志，以利于检查和使用。水泥、钢材在取得出厂合格证的同时需分批分规格进行检验合格后才能使用。焊接试件等应按规范规定的数量送到有资质的检测机构进行复测。砂、石、混凝土外加剂等材料需按设计要求及技术规范试验合格后才能使用。

（6）加强工程试验工作，建立标养室，并对相关人员进行技术交底和培训，共同把好质量关。

（7）加强测量复核工作，在施工中按规范进行中线和水平测量复核，确保工程位置及尺寸准确。

（8）混凝土工程施工采用商品混凝土，试验人员跟班作业，宜使用普通硅酸盐或硅酸盐水泥，水泥强度等级不低于42.5级；粗集料选用卵石，最大粒径不大于导管内径的1/6～1/8和钢筋最小间距的1/4，同时不大于40mm；每立方米水下混凝土的水泥用量不小于350kg。

（9）随时检查混凝土的坍落度，保证混凝土拌和物具有良好的和易性，保证其坍落度值为180～220mm，并按规定制作试件。

2. 风险控制策略

（1）钻机进场前，严防场地不平整、不坚实的不安全状态，以免造成钻机倾覆事故。

（2）开始钻进施工时，严防钻机进尺速度过快，以免钻机倾覆或设备损坏事故。

（3）钻孔作业必须保持连续性，防止中途停顿，以免钻孔孔径和孔型发生变化。

（4）在旋挖钻进施工过程中，现场盯控严防"操作人员在钻机下监视"的不安全行为，以免造成机械伤害。

（5）严防违章用电的不安全行为，以免造成触电伤害。

（6）钢筋笼安放过程中，严防钢筋骨架碰撞孔壁，以免损坏钢筋笼或在灌注混凝土过程中发生浮笼现象。

（7）混凝土灌注时，严防混凝土灌注速度过快，以减小混凝土的冲击力，防止钢筋骨架上浮。

（8）灌注时，防止混凝土喷出伤人，以免造成物体打击伤害。

（三）承台施工

1. 工序内容

（1）施工前必须与工务部门签订协议取得工务部门配合，详细调查承台范围管线情况。

（2）工作坑开挖过程及完毕后，在工作坑坡顶设置安全警戒线，工作坑四周设立护栏，架设照明及夜间警示灯。在警戒线范围内不得堆置土方料具和工程材料，同时不允许工程机械驶入警戒线以内，以确保安全。靠近路侧需设置刚性护栏与围堰焊接固定，避免人员掉入坑内。

（3）路侧安排专人值班，指挥交通，限速为5km/h，以确保交通安全和基坑安全。

（4）承台施工期间做好交通疏导工作，大型车辆禁止通过。

（5）围堰稳定性，位移变形观测技术人员在防护桩上做好标记点，在施工范围外做固定观测点，开挖基坑施工后，技术人员每天分3次观测，基坑开挖到位后，应随时观察基坑底是否有隆起现象，如若发现有不正常位移变形，应立即报技术主管、项目总工、项目经理，共同制定补救方案并实施。

（6）提前3天了解天气变化情况，有5级及以上大风或大雾、阴雨天气，不宜进行混凝土灌注。混凝土灌注过程中，应备好防雨布，并制定有效的防雨、防渗措施，严防雨水或渗水流入混凝土中。

（7）事先与交管及供电部门取得联系，保证施工期间，道路的安全畅通和正常供电，发电机要保持良好状态，随时备用。

（8）所有作业人员必须严格遵守有关安全规定，增强安全意识，消除不安全因素。

（9）基坑内外、上下均要有足够的照明设备，并安全可靠不漏电，防止触电事故发生。

（10）所有施工机具设备均要事先进行检修，并保持良好状态。加强施工期间的维修和保养，以确保施工正常进行。

（11）上、下基坑爬梯均应焊接牢固，并设置好防护栏杆，灌注平台上要铺好脚手板。因基坑较深，作业人员上、下时，要做到"手不抓紧脚不松，脚不踩稳手不放"，以策安全。

（12）建立高度统一的指挥系统，以便统一指挥，指导施工，要求通信联系畅通、信息传递快捷，资料真实可靠，信号指挥要规范、明确、统一。

（13）应有专人指挥运渣车辆，避免出现交通事故，对运土车辆实行覆盖，避免运输过程中出现撒落造成污染。

2. 风险控制策略

（1）开挖基坑时，杜绝人员站立在挖掘机上或在周围行走，以免造成车辆伤害。

（2）基坑开挖接近雨季时，杜绝作业人员在大雨天气继续施工，以免边坡滑移、塌陷发生掩埋事故。

（3）防止工作坑四周不设立护栏，以免人员高处坠落。

（4）防止基坑爬梯焊接不牢固、不设防护栏杆等不安全状态，以免发生高处坠落事故。

（5）承台钢筋绑扎时，严防作业人员注意力不集中，以免发生钢筋钩、挂伤人。

（6）混凝土灌注时，防止混凝土喷出伤人，以免造成物体打击伤害。

（四）墩柱施工

1. 工序内容

（1）临时墩管柱施工要点。采用钢管柱，预埋法兰盘于承台，吊装拼装。钢管柱内下部填充1.5m高自密实混凝土，上部用砂子填满。

（2）结构预埋。预埋件由专业公司统一定做，吊装埋入临时墩承台。临时墩承台浇筑时避免预埋件的偏位，若发生偏位应及时纠正。承台浇筑完成后立即对预埋件进行复测。

（3）钢管柱拼装。在加工厂整体预制，现场吊装拼接。

（4）钢管柱填充。钢管柱中填充1.5m高的自密实混凝土保证其刚度。混凝土浇筑前1个月进行试验选好配合比与外加剂掺量，保证自密实混凝土的性能。施工现场须对自密实混凝土进行坍落扩展试验（T50试验）、抗离析试验（V型漏斗试验）。自密实混凝土的填充能力和抗离析性能须达到规范要求。

待自密实混凝土达到早期强度后填充砂子并捣实。

2. 风险控制策略

（1）支架的搭设和拆除时，严防随意抛接工具，以免造成物体打击伤害。

（2）在支架上作业时，杜绝人员不系好安全带的不安全行为及不挂设安全网的不安全状态，以免发生高处坠落。

（3）起重机吊桩前，杜绝起重钢丝绳不达标、起重机基础不坚实等不安全状态，以免造成起重伤害。

（4）模板采用起重机械安装时，严防模板不平衡吊装或连接不牢固，以免模板坠落造成起重伤害。

（5）钢筋加工时，严防操作人员注意力不集中，以免发生钢筋钩、挂伤人。

（6）混凝土灌注时，防止混凝土喷出伤人，以免造成物体打击伤害。

（五）主梁施工

1. 工序内容

主梁施工主要包括平整场地及地基处理、支架搭设、支架预压、模板安装、钢筋绑扎、混凝土施工、预应力张拉。

（1）地基处理后采用动力触探进行承载力检测，计算出相应的承载力，确保地基承载力不小于 450kPa。

（2）底模在每一节最低处设置 5 个排污口，尺寸 0.2m×0.2m，在浇筑混凝土前，将底模上的木楔、焊渣清理干净，然后用木胶板将排污口补齐。

（3）加强对模板的检查，保证节段间错牙符合要求，无漏浆。

（4）严格按箱梁混凝土浇筑作业指导书中确定的混凝土浇筑顺序、下料及振捣工艺进行施工，保证混凝土层与层间时间间隔及振捣到位，防止混凝土对波纹管的冲击。混凝土浇筑采用从两侧到中间合拢，避免接头处因初凝而受振开裂。一个节段的桥面板混凝土，力求在箱梁混凝土初凝前浇完。

（5）加强对波纹管位置及数量的检查，定位筋位置要准确，钢筋焊接时要在波纹管上覆盖物件防止电焊火花伤及波纹管。

（6）注意腹板及各倒角处的振捣，防止产生空洞。

（7）在梁体混凝土灌注时，在波纹管内放小一号的塑料管，间隔一定时间来回抽拔，防止堵管。

（8）管道压浆时，一定要注意相邻管道是否串浆，每次压浆后，用通孔器对相邻管道进行孔道检查，如有串浆应及时采用高压风冲洗干净。

（9）纵向管道压浆时，一定要有专人在设有三通管的作业面负责观测三通管是否已经出浆，如已出浆，要及时封闭，以防浆液通过三通管进入其他管道发生堵管。

（10）压浆完成后，要及时将机械设备、压浆管、拌和设备等清洗干净，并妥善保管，以便下次压浆时使用。

（11）压浆时要密切注意压浆泵压力表，如出现异常要及时停止压浆，以防压浆管爆裂伤人。

2. 风险控制策略

（1）地基处理时，严防场地不平整、不坚实的不安全状态，以免影响施工质量。

（2）支架的搭设和拆除时，严防随意抛接工具，以免造成物体打击伤害。

（3）在支架上作业时，杜绝人员不系好安全带的不安全行为及不挂设安全网的不安全状态，以免发生高处坠落。

（4）吊装钢筋时，严防挂设不牢固，以免造成起重伤害。

（5）混凝土灌注时，防止混凝土喷出伤人，以免造成物体打击伤害。

（六）主塔塔柱施工

1. 工序内容

（1）主塔施工过程中，应经常测定并检查施工部位的位置和高程，发现偏差应立即纠正。

（2）主塔各部位和各构件的施工测量和施工放样，应选择在不受日照影响和气温变化较小的清晨时间，报请监理工程师批准后进行。

（3）严格要求钢箱的焊接质量，所有焊接必须严密。

（4）所有支架与操作平台，应有足够的强度和刚度，并设置必要的安全设施。支架顶端和塔式起重机应设防雷击装置。

（5）主塔在浇筑过程中，需注意天气变化，若遇大风或雷雨天气，应立即停止作业，并采取必要的安全措施。

2. 风险控制策略

（1）主塔钢结构采用自升式塔式起重机直接在墩位处分节吊装组拼，防止不平衡起吊、连接不牢固等不安全状态，以免造成起重伤害。

（2）严防违章用电的不安全行为，以免造成触电伤害。

（3）严防施工人员不戴好安全帽，未系好下颚带，不遵守施工现场的规章制度，以免发生高处坠落事故。

（4）使用振捣器时，严防操作人员未戴绝缘手套、未穿绝缘鞋，以免发生触电事故。

（5）杜绝出料口对着人的不安全状态，以免发生物体打击伤害。

（6）杜绝酒后作业、现场打闹、嬉戏、吸烟等不安全行为，以免发生安全事故。

（7）使用塔式起重机时，严防不平衡起吊，超载起吊等不安全行为，以免发生起重伤害。

（七）斜拉索施工

1. 工序内容

斜拉索施工主要包括施工前准备工作、斜拉索运输、斜拉索吊装上桥，桥面展索，挂索，张拉、索力检测、索力调整及减振装置安装等工序。

斜拉索牵引施工阶段施工作业面长，危险性大，要做到安全及文明施工，应掌握以下施工要点及细节：

（1）各作业点均应用对讲机及时联系，统一、协调施工。卷扬机应由有经验的人员专职操作，遇到紧急情况能及时做出正确的反应。

（2）所有起重用钢丝绳、卸扣、转向轮等均应符合起重行业施工规范，具有足够的安全系数。

（3）安装吊点夹具及软牵引，该项工作很关键，必须认真细致地完成。夹具应有足够的长度，其夹紧用的螺栓应有足够的强度，拧紧后应使夹具与斜拉索之间（垫有橡胶）产生足够的摩擦力，以防止夹具受力后滑移。

（4）斜索张拉端被提升至所需高度后，主要由从套筒引出的钢丝绳（塔顶卷扬机）牵引进入套管。此时塔顶主滑轮组应及时调整锚头倾角，使软牵引基本沿套管轴线方向被牵引进入。

（5）张拉端被临时锚固后，即可用卷扬机滑轮组将固定端引入锚箱，此状况下，所需牵引力较大，滑轮组选用两个3门32t滑轮组，绕6路丝。滑轮组仍通过夹具与斜拉索连接。为防止夹具滑移，可在夹具前加一根撑杆，将力传至冷铸锚杯根部。

2. 风险控制策略

（1）杜绝不按规定佩戴安全防护用具的不安全行为，以免发生物体打击、淹溺事故。

（2）防止挂索过程中没有及时检查钢丝绳、滑车、卷扬机等起吊设备，以免起吊时发生事故。

（3）斜拉索桥面展开时，应严禁操作人员距离索体太近，以防斜拉索在扭力作用下翻转伤人。

（4）压索时，严禁工作人员距离斜拉索过近，以免夹片滑松、索松回弹伤人。

（5）在张拉开始前，应在千斤顶工具夹片外表涂润滑油脂，从而防止钢绞线束发生扭绞现象。

第六章　桥梁顶进施工安全技术与风险控制

第一节　开挖工作坑施工安全技术与风险控制

一、风险分析

下穿铁路桥涵开挖工作坑过程中的主要风险及可能导致的后果：

（1）挖土机械铲斗碰撞线路加固设施，可能会损坏设备结构。

（2）未在工作坑四周设置护栏和警示标志，可能会导致高处坠落伤害。

（3）在降、排水过程中，出现大量涌砂、涌水等情况，可能导致坑壁坍塌。

（4）工作坑开挖未按规定进行放坡，可能会导致坑壁坍塌，造成物体打击伤害和窒息伤害。

（5）地下水位较高时，基坑降、排水措施效果不佳，不仅影响施工进度，而且严重时可能导致淹溺伤害。

（6）地下管线、地下构筑物等调查不明，盲目施工，开挖过程中可能会损毁管线设备，影响水、气的供给和电缆通信。

二、风险控制重点

开挖工作坑过程中，须重点防范坑壁坍塌、窒息伤害、物体打击伤害和高处坠落伤害。

（1）基坑开挖时，必须按规定进行放坡，以防坑壁坍塌。

（2）严禁采用局部开挖深坑，从底层向四周掏土的方法施工。

（3）基坑降、排水时，对周边的建筑物应加强观测，必要时采取防范措施。

（4）施工期间应加强管理，严格监控，动用机械开挖前必须查明附近光电缆的具体位置，施工作业范围内的管线应拆迁完毕。

三、风险控制技术

（1）工作坑开挖应在指定位置堆放弃土，且不得妨碍施工。

（2）工作坑顶部有动载时，坑顶缘与动载间应留有至少1m的护道。

（3）工作坑周围地面应进行防水、排水处理，严防雨水等地面水进入工作坑周边土体。

（4）地下水位较高，基坑降、排水措施效果不佳时，应考虑在基坑围护结构外围设置隔水帷幕。

（5）施工中机具设备停放的位置必须平稳，大、中型施工机具距坑边距离应根据设备重量、工作坑支撑情况、土质情况，经计算确定。

（6）挖土机械铲斗不得碰撞线路加固设施和桥涵主体结构，人工清理开挖工作面时，挖土机械应离开开挖面，严禁人、机同时开挖。

（7）应根据地质情况采用人力或机械开挖，并在开挖过程中，随时检查开挖尺寸、位置，严密注意地质情况变化，随时修正基坑尺寸和开挖坡度。

第二节　制作顶进后背安全技术与风险控制

一、风险分析

下穿铁路桥涵制作顶进后背中的主要风险及可能导致的后果：后背变形与开裂，后背填土强度不足导致顶进作业不能继续，影响施工进度，同时还会干扰铁路的组织运输。

二、风险控制重点

制作顶进后背的过程中，须重点控制顶进后背的强度。顶进后背应进行设计计算，后背梁、后背墙必须具有足够的强度、刚度和稳定性。

三、风险控制技术

（1）后背填土应分层夯实，填土内摩擦角应大于30°。

（2）将滑板与后背分配梁连在一起，增加后背的抗力。

（3）后背强度不够时，可采用钢轨桩、钻孔桩或挖孔桩进行加强处理。

（4）工作坑的弃土坡道应避开后背土体顶进受力范围，若条件受限不能避开，坡道边坡应进行支护处理。

第三节　制作滑板安全技术与风险控制

一、风险分析

下穿铁路桥涵制作滑板过程中的主要风险及可能导致的后果：

（1）滑板的强度和刚度不够，在顶进过程中，可能会损坏箱涵。

（2）润滑隔离层效果不佳，顶进时箱身可能会与滑板粘连，导致后背破损。

二、风险控制重点

制作滑板过程中，须重点控制滑板的强度、刚度和稳定性的要求。滑板制作应满足预制箱身的强度和刚度，以及顶进时稳定性的要求。

三、风险控制技术

（1）在顶进过程中，为了避免出现隔离层被拉开或推拥现象，应顺着顶进方向铺设。

（2）滑板中心线要与箱身顶进中心线一致，并有较好的平整度，表面用水泥砂浆压实抹光，以减小顶进阻力。

（3）当顶程较长时，可在滑板的适当位置设预埋件，以便与扣压在顶杆上的横梁连接，防止顶杆受压后向上拱翘。

第四节 预制箱涵安全技术与风险控制

一、风险分析

下穿铁路桥涵预制箱涵中的主要风险及可能导致的后果：

（1）钢筋与混凝土粘结不牢固，严重影响结构的强度、刚度和稳定性。

（2）模板拼装不严密，浇筑混凝土时极有可能会出现漏浆现象，还可能导致箱身的外观不符合要求。

（3）箱身出现裂纹，结构的安全性得不到保障，很可能会影响涵洞的使用性能，缩短桥涵的使用寿命。

（4）箱身防水层防水效果不佳，使用过程中，很可能会出现渗漏水现象，直接影响城市面貌和交通安全。

二、风险控制重点

预制箱涵过程中，须重点防范箱身出现裂纹的问题。

（1）合理控制箱身分段长度，不得超出单节箱身的控制限度。

（2）采取保湿保温的养护方法，尽量避免低温施工，以减小箱身出现裂纹的概率。

三、风险控制技术

（1）在浇筑箱身顶板混凝土时，应按设计要求做好泄水坡，并用水泥砂浆抹光。

（2）箱身混凝土强度达到设计强度的70%以上时可拆内膜，达到100%后方可进行顶进作业，以试块自然养生强度为依据。

（3）钢筋表面应洁净，黏着的油污、泥土、浮锈等在使用前必须清理干净，经调直的钢筋不得有局部弯曲、残弯、小波浪形。

（4）箱身顶进前应对混凝土面全面检查一遍，若发现有裂纹则应用带刻度的放大镜测量裂纹宽度，不满足要求时，应及时进行修补。

（5）箱身混凝土分段施工时，结构的底板、顶板混凝土应一次浇筑；浇筑底板混凝土时，应严格控制振捣深度，防止损坏滑板上面的隔离层。

（6）为了预防混凝土表面出现气泡和色差，使用的模板表面要清洗干净；脱模时选用合适的脱模剂，涂抹要均匀，并用棉纱布轻抹去涂刷不均或多余的脱模剂。

[案例]K33+176箱型通道首件工程总结报告

我LQ7合同项目部于2014年6月6日日完成K33+176箱型通道首件工程。K33+176箱型通道为1-6×3.6m箱型整体现浇通道，通道长度为28.5m，交角110°。该箱通设计C20混凝土基础22.6m³，C40混凝土箱身及翼墙327.8m³，Φ12钢筋11235.8Kg，Φ16钢筋1327.4kg，Φ20钢筋24694.8kg。

根据招标文件、规范及设计文件要求，编制了箱通首件施工方案，在得到驻地办和总监办的批复后，我标段经过细致的施工准备，严格按照相关技术规范和箱通首件施工方案进行了首件的施工，具体过程如下：

6月8日　　　　　　　　驻地办对钢筋电焊工进行考核。

6月9日—6月15日　　　钢筋笼进行加工。

6月15日　　　　　　　驻地办验收成型的钢筋笼；开挖泥浆池、沉淀池，并做好相应的安全防护措施。

6月15日　　　　　　　护筒定位，并测量护筒顶标高。

6月16日　　　　　　　驻地办检测桩位，并复核护筒顶标高。钻机就位。

6月16日11：45　　　　开始钻孔施工。

6月16日16：05—21：30泥浆输送管损坏，进行更换（中间间隔时间过长，采用钻机进行清孔）。

6月16日21：30—22：00钻机重新开钻至终孔。

6月16日22：30　　　　检测孔深，用探孔器检测孔径，满足设计要求。

6月16日23：30—7：00（6月17日）吊装、焊接钢筋笼。

6月17日8：00　　　　　二次清孔。

6月17日9：50　　　　　开始灌注混凝土。

6月17日11：31　　　　灌注完成。

经过筹建处工程科、总监办、现场监理的监督和指导，在我项目部人员的共同努力下，于6月17日11：31完成了箱通首件的施工工作。在施工过程中，技术人员全过程现场值班，做好了相关记录，作为总结报告的编制依据，在经过整理分析后，可作为以后箱通（箱涵）施工的参考依据，基本达到进行箱通首件施工的重要意义。

人员组织及机械设备：

施工机械准备：

机械设备情况一览表

机械名称	型 号	数量（台）	备注
拌和站	HJS120D	1	
泵车		1	
水泥砼搅拌运输车	12m³	6	
电焊机	BX1-500	6	
钢筋切断机	DYJ-32	2	
钢筋自动调直机	6-10mm	2	
数控钢筋成型机		1	
钢筋弯曲机	GW4C	2	
插入式振捣棒	30/50	10	
发电机	200KW	2	

原材料准备：

1. 水泥采用奎山冀东水泥有限公司生产的 P.O42.5 水泥。

2. 碎石采用 10~20mm，5~10mm，产地：井陉。

3. 水洗砂购自灵寿县。

4. 外加剂购自河北金舵建材科技开发有限公司。

5. 粉煤灰：采用邢台电厂 I 级粉煤灰。

6. 矿粉：采用辛集钢信水泥有限公司生产的 S95 级矿渣粉。

7. 水：采用人、畜可直接饮用的地下水。

8. 钢筋：承钢产 HRB400 钢筋 $\Phi12$、$\Phi16$、$\Phi20$。

9. C40 高性能混凝土配合比（用于箱身）：

水泥：粉煤灰：矿粉：水洗砂：5-10 碎石：10-20 碎石：外加剂：水 =330：44：66：740：320：746：5.28：154。

C20 混凝土配合比（用于基础）：

水泥：粉煤灰：水洗砂：5-10 碎石：10-20 碎石：外加剂：水 =198：111：823：314：734：2.163：170。

施工工艺：

箱型通道施工工艺流程：

施工放样→基坑开挖→基底处理→基础施工→箱身底板施工→箱身及其顶板、翼墙施工→台背回填→锥坡砌筑

1. 施工放样

平面放样：测量员根据导线点坐标，依赖通的中心桩号、斜交角度、几何尺寸等施测轴线控制桩，并确定基坑开挖线。

高程放样：依据水准点高程，按设计要求确定下挖深度。

2. 基坑开挖及处理

根据测量放样的平面控制，采用挖掘机开挖结合人工修整的方法进行，挖掘机挖至距基坑底10cm处，换人工修整、整平。开挖工作完成后，首先进行地基承载力试验检测，经监理工程师检验完成后，进行基坑回填。按施工图纸的要求，端部3m回填40㎝砂砾，中部回填10cm砂砾，采用压路机下坑的施工方法进行基坑底压实。

3. 箱身底板施工

3.1 砂砾回填完成并经监理工程师检验合格后，进行30㎝箱通基础C20砼的施工，采用平板振动器振捣密实，并用铝合金刮杠修整砼顶面保证顶面平整；待砼基础初凝后终凝前对表面进行凿毛处理，覆盖土工布、洒水养生。基础沉降缝设置与箱身相对应。

3.2 箱体采用就地浇筑工艺。全箱分两层浇筑，待涵身基础砼养生到期并试验试块达到强度要求后，按规范及设计要求绑扎底板钢筋，绑扎底板钢筋时按规范及设计要求将与底板连接的侧墙钢筋预埋好。专业监理工程师验收合格后，支护底板及内壁30cm高度模板。模板支好后，报专业监理工程师验收，合格后浇筑第一层45㎝底板（底板分两次进行浇筑）及两侧内壁30cm高度砼。浇筑时采用振捣棒振捣密实，并用铝合金刮杠修整箱身底板砼顶面以保证顶面平整。待底板及30cm箱身砼初凝后终凝前对箱身施工缝处进行凿毛处理，以保证与其上部砼完整接合。底板钢筋下垫5cm垫块和方木用以控制保护层厚度，在浇筑时将方木撤出。

（1）钢筋加工

钢筋按规范及设计要求加工成型，钢筋平直、无局部弯曲。加工成型的钢筋按施工图安装，各项技术指标满足规范要求。底板钢筋安装时按照图纸及规范要求预埋箱体钢筋。

（2）模板安装

本箱通采用钢模板严格按照图纸几何尺寸支护安装，安装时要特别注意平整度，以确保成型混凝土平整度达到规范要求。

（3）混凝土浇筑

底板混凝土采用斜坡分层浇筑的方法，两侧墙混凝土采用对称分层浇筑的方法，混凝土浇筑过程中用插入式振捣器分层振捣。浇筑期间，设专人检查支撑、模板、箱体预埋钢筋稳固，有无变形、移位等情况。

（4）混凝土养生

混凝土浇筑完成后，用土工布覆盖养生。

4. 箱身及其顶板、翼墙施工

4.1 钢筋加工及绑扎：箱底砼浇筑完毕并终凝后，焊接箱身钢筋，采用搭接焊，搭接长度满足规范要求，接头按规范要求相互错开，保证每断面接头数不超过该断面钢筋总数量的一半。加工成型的翼墙钢筋按施工图和规范要求安装，各项技术指标满足规范要求。

4.2 安装模板

箱身钢筋绑扎完毕后进行箱身内模、箱身外模和顶板底模安装。模板采用 100×150cm 的定型钢模板，顶板底模采用碗扣式满堂支架支撑。模板安装后，成型的箱体平整、光洁、线形平顺。模板支完后进行顶板及护栏基座钢筋绑扎并安装顶板侧模，经专业监理工程师检验，合格后进行砼浇筑。

4.3 混凝土浇筑

侧墙混凝土分层对称浇筑，每层厚度不超过 30cm，用插入式振捣棒分层振捣。浇筑时派专人时刻检查模板，无跑模漏浆。侧墙混凝土浇筑完成后浇筑顶板混凝土，顶板混凝土采用斜坡分层浇筑，用振捣棒振捣密实后用铝合金刮杠修整顶板平面并用木摸子压平，再用铁模子进行二次抹面，然后进行凿毛。

4.4 混凝土养生

混凝土浇筑完成后，采用土工布覆盖进行养生。

5. 沉降缝的设置

涵洞、通道应每隔 4~6m 设置一道沉降缝，采用沥青麻絮填塞，塞满填实，沉降缝竖直，宽度一致。

6. 检测标准

箱型通道/箱型通道检测标准如下表示

项次	检查项目	规定值或允许偏差	检查方法和频率
1	砼和砂浆强度（MPa）	在合格标准内	按规范检查
2	高度（mm）	+5, -10	尺量：检查3个断面
3	宽度（mm）	±30	尺量：检查3个断面
4	顶板厚（mm）	不小于设计值	尺量：检查3~5处
6	侧墙和底板厚（mm）	不小于设计值	尺量：检查3~5处
7	平整度（mm）	5	2m直尺：每10m检查2处×3尺

存在问题：

1. 泵车浇筑混凝土过程中，对调落在模板上的混凝土清理不及时，造成个别部位在拆模后出现混凝土夹层；

2. 有少量气泡，还应增强混凝土振捣工的振捣意识。

结论：

我项目部通过此次对 K33+176 首件箱通的施工，为以后箱通大范围施工积累了很多宝贵的施工经验，为日后箱通的施工作业打下了良好的基础。同时通过对钢筋加工、混凝土成品的检测，其各项指标符合设计及《公路桥涵施工技术规范》的各项规定及《公路工程质量检验评定标准》的要求。该箱通首件工程评定为 99 分，自检评价意见为优良工程，能够指导后续施工。

第五节 加固既有线路安全技术与风险控制

一、风险分析

下穿铁路桥涵加固既有线路中的主要风险及可能导致的后果：

（1）施工机械车辆侵入既有线限界，可能造成车毁人亡和既有线停车、脱轨等重大事故。

（2）轨道电路短路，使正常开行的列车停止运行，干扰铁路的运输组织，严重时还会导致触电伤害。

（3）在既有线路上施工时，该路段未进行封闭，列车运行时，很可能会撞伤施工人员，导致车辆伤害。

二、风险控制重点

加固既有线路过程中，须重点防范触电伤害、车辆伤害等。

（1）顶进前应对横抬梁采取前顶后拉等措施，防止顶进时线路横移。

（2）便梁铁路运输和装卸时，必须按照铁路部门批准的施工计划进行；电气化区段采用机械装卸便梁时，应申请接触网停电；人工装卸时，枕木垛应搭设稳固，滑轨应有足够的强度和刚度。

三、风险控制技术

（1）穿插横抬梁及安装连接构件时应防止轨道电路短路。

（2）连接构件及支垫垫木等应派专人检查，发现松动应及时紧固。

（3）便梁组装应严格按确定的便梁定位线和组装程序进行，不得侵限。

（4）施工现场设有安全标志，危险地区悬挂"危险"等警告标志，夜间设红灯示警。

（5）纵横梁应连接牢固，横梁底部道碴应捣固密实，纵梁端部应用短枕木支垫牢固。

（6）纵横梁应按布置方式、计算跨度进行受力检算，使之满足强度、刚度和稳定性的要求，加固范围应向框架桥两侧延伸至与桥高等长的距离。

第六节　箱涵顶进安全技术与风险控制

一、风险分析

下穿铁路桥涵箱涵顶进过程中的主要风险及可能导致的后果：

（1）铁路线路出现拱起，致使列车运行中断，严重干扰铁路正常的运输组织。

（2）地下水处理不当，给施工带来困难，带水顶进时，极易出现偏差，并且控制难度增大。

（3）箱身与滑板粘连，不但会影响施工质量，而且要延长列车运行时间，干扰铁路运输组织。

（4）箱身防水失效，不仅影响市容，缩短建筑物的使用寿命，而且直接影响行人和车辆的通行安全。

（5）架设施工便梁（开镐顶进）时，易发生两根钢轨串电，造成轨道电路短路，使正常开行的列车停下来，严重地干扰铁路正常的运输组织。

二、风险控制重点

箱涵顶进过程中，须重点防范轨道短路、顶进偏差、箱身防水失效等问题。

（1）顶进时，顶柱和后背处严禁站人，以防顶柱崩出或后背发生意外危及人员生命安全。

（2）架设施工便梁时，要做好绝缘工作，对容易造成轨道电路短路的施工工具、绝缘垫片等器材要进行检测，以防出现轨道电路短路现象。

（3）顶进过程中，每镐都要测定箱身高程和方向偏差，与设计值比较，画出偏差曲线，判定偏差趋势，及时采取措施进行调整，以防顶进偏差过大，造成无法挽回的缺陷。

三、风险控制技术

（1）箱身外侧应涂石蜡与机油熬制而成的润滑剂以减少摩阻力。

（2）顶进土体难以确保稳定，易于坍塌时，需在顶进前对土体进行注浆固化。

（3）箱体顶进过程中，箱身两侧的土体要尽可能地保持均等一致，避免一侧紧一侧松。

（4）箱身和后背的混凝土强度必须达到设计要求方可顶进，并加强混凝土的防水性能。

（5）每次顶进前应检查液压系统、传力柱安装和后背变化情况，发现问题及时纠正，严禁在工作状态下调整和检查。

（6）地下水位高于框架桥基础底面1m时，应采取降水措施，严禁带水顶进，降水作业应控制线路下沉，并及时整修线路。

（7）桥体顶入路基后，应24 h连续顶进；当列车通过时，施工人员及机械应及时退出挖土工作面；顶进过程中，应配备足够的抢修人员和料具等。

第七章 桥梁转体法施工安全技术与风险控制

第一节 T构桥转体施工安全技术与风险控制

一、风险分析

T构桥转体施工中的主要风险有：

（1）进入施工现场的人员没有正确佩戴好安全帽等防护用品，可能导致物体打击伤害。

（2）跨线转体时没有做好营业线施工安全防护措施，无专人防护，可能导致物体打击伤害和车辆伤害。

（3）挂篮锚固不牢，作业人员可能从上面跌落，产生高处坠落伤害；还会砸伤下面的工作人员，导致物体打击伤害。

（4）转体锚固体系锚固力不足，转动过程中，转体可能会突然坠落，不仅损坏桥梁，还可能对工作人员产生物体打击伤害。

（5）转体就位后，未及时连接固定，转体可能会继续转动，不仅会影响施工质量，而且转动过大的话，还会碰撞到周围的作业人员。

（6）转动场地、设施及设备未进行试运转，可能会发生许多意外的伤害，如转体锚固体系锚固力不足，转体很有可能坠落，损坏设备，砸伤作业人员。

（7）转动体系、锚固体系和动力体系在施工期间未按规定进行检查维护，工作过程中由于存在安全隐患，可能导致转体作业失败，还会延长工期。

（8）作业人员酒后作业、疲劳作业或带病作业，可能会由于作业人员注意力不集中，进而影响施工质量；如果作业人员在高处作业或在电源旁边，还极易产生高处坠落和触电的危险。

二、风险控制重点

T构桥转体施工中,须重点防范高处坠落伤害、物体打击伤害和锚固力不足的危险。

(1)转体作业前平转场地、设施及设备必须进行调试。

(2)转体作业前锚固体系必须进行检查,确保锚固力符合要求。

(3)转体施工中,操作人员精力应高度集中,密切注意转体情况,遇到障碍,立即停工排障。

三、风险控制技术

(1)严禁作业人员未经培训上岗工作或无证作业。

(2)所有从事钢筋工程的施工人员都必须戴好安全帽和劳保手套。

(3)转体施工时,专职防护员要严防上部施工坠落物件,危及行人与施工安全。

(4)要严格遵守操作规程,振捣设备安全可靠,使用前应检查其各部位连接是否牢固。

(5)转动体系应灵活自如,安全可靠;位控体系应能控制转动体的转动速度和位置。

(6)转体就位后,应迅速进行联结固定,同时对施工范围内的线路和限界进行清理和检查。

(7)搬运钢筋人员应协调配合,相互呼应;搬运时必须按顺序逐层从上往下取运,严禁从下方抽拿。

(8)跨线转体期间,在技术人员指导下对其邻近线路采取必要的线路加固,并有专人进行线路防护。

(9)挂篮锚固必须牢固,桥面到挂篮上横梁操作平台要有专用通道,通道两侧要安装栏杆,栏杆上挂设安全网。

(10)千斤顶张拉系统操作人员必须严格执行有关操作规程,做到班前检查,班后保养,发现故障及时清除,确保设备处于良好状态。

第二节 斜拉桥转体施工安全技术与风险控制

一、风险分析

斜拉桥转体施工中的主要风险及可能的后果有：

（1）施工现场违章用电，可能会产生触电伤害。

（2）相关人员未进行施工前培训即上岗，可能会误操作一些工作设备、设施，严重时可能产生机械伤害。

（3）未按规定设置必要的安全防护措施，非工作人员进入施工场地，易导致物体打击伤害和起重伤害。

（4）转动时转动速度不均衡，转动过程中监控不力，不仅对可能出现的危险不能提前预知，还会增加施工难度。

（5）转体前未检查各关键部位，如塔梁固结点、上转盘、塔柱锚固区、球铰等部位，可能在转动过程中出现故障，不得不停止转动，甚至会发生转体坠落的事故。

二、风险控制重点

斜拉桥转体施工过程中，须重点防范触电伤害、物体打击伤害和高处坠落伤害。

（1）严禁人员酒后或带病高处作业。

（2）转体前平转场地、设施及设备必须进行试运转。

（3）在风力达到5级及以上时应停止施工，并做好高处设备的紧固，防止坠落。

三、风险控制技术

（1）转体作业天气要求：风力小于3级、无雨。

（2）规范用电，电线不得乱拉乱拖，钢筋不得搭靠在电线上。

（3）位控体系控制转动体的转动速度和位置时，严禁作业人员打闹及大声喧哗。

（4）转体过程中，上部结构覆盖面范围内不得有影响转体正常进行的障碍物。

（5）转体前检查各关键部位，包括塔梁固结点、上转盘、塔柱锚固区、球铰等部位。

（6）转动体系、锚固体系必须平衡可靠，四周保险支腿的工作性能应良好。

第三节 斜腿刚构桥平面转体施工安全技术与风险控制

一、风险分析

斜腿刚构桥平面转体施工中的主要风险及可能的后果有：

（1）斜腿施工完毕后，未固定斜腿，很有可能导致斜腿坍塌。

（2）斜腿拼装前未搭设脚手架，未安装防护栏和安全网，可能会导致高处坠落伤害。

（3）用砂箱或楔子松动拆除拱架时，未按顺序进行，很有可能会损坏拱架的某些部位。

（4）梁体悬臂拼装工作吊篮和其他施工设备时，未安装牢固，悬臂两端超载，极易导致高处坠落伤害。

（5）斜腿拼装使用的工具乱放乱摆，不仅会影响施工进度，而且易导致物体打击伤害。

（6）拆除工程中，在拱架上下同时作业或用机械强拽拱架，不仅会导致物体打击伤害，而且用机械强拽还可能损坏拱架。

二、风险控制重点

斜腿刚构桥平面转体施工中，须重点防范物体打击伤害和高处坠落伤害。

（1）斜腿拼装前应搭设脚手架、安装栏杆和安全网。

（2）在拆除工程中，不得在拱架上下同时作业或用机械强拽拱架。

（3）梁体悬臂拼装工作吊篮和其他施工设备，应安装牢固，严禁悬臂两端超载。

三、风险控制技术

（1）水平拼装时，脚手架应设在坚固的基础上。

（2）用砂箱或楔子松动拆除拱架时，应按顺序进行。

（3）斜腿拼装使用的工具、冲钉、螺栓均应装在工具袋内。

（4）斜腿杆件吊装应按安全交底位置拴吊具，杆件与吊具间应加防护垫。

（5）斜腿拼装平转时，应按设计吊点位置进行，并拴好溜绳，吊钩应封钩。

（6）转体前应进行环道清理，解除临时支座，清除结构平转范围内的障碍物。

（7）预应力混凝土斜腿刚构桥采用无支架施工时，在斜腿施工完毕后，应固定斜腿。

（8）转体前拆除上、下盘之间的固定装置以及支垫，清理环道，并涂润滑油以减小摩擦力。

（9）斜腿拼装与旋转下放作业应统一信号，由专人统一指挥；桥下车船及行人不得通行，并设安全防护。

第四节　拱桥转体施工安全技术与风险控制

一、风险分析

（1）基坑支护不牢，极易导致坍塌事故。

（2）高架施工，防护措施缺陷，很可能导致高处坠落伤害。

（3）脚手架或模板强度不足，可能发生高处坠落伤害和物体打击伤害。

（4）起重过程中钢丝绳断裂或起重设备倾覆，很可能导致起重伤害和物体打击伤害。

二、风险控制重点

拱桥转体施工中，须重点防范起重伤害、高处坠落伤害和物体打击伤害等。

（1）基坑开挖工程应验算边坡或基坑的稳定性，严禁在基坑周围堆放重物。

（2）严禁在强风、大雪等恶劣天气进行高处作业，以防发生高处坠落伤害。

三、风险控制技术

（1）施工现场的临时架设和使用必须符合规范，建立临时用电检查制度。

（2）设备的调试和安装过程严格遵守操作流程，保证安全防护装置有效。

（3）起重机械活动范围内设置明显的安全警示标志，对作业区做好安全防护。

（4）起重机械工作前应对吊钩、制动器、钢丝绳等进行检查，发现问题及时排除。

（5）搭、拆脚手架时，作业面上铺设足够数量的脚手板，作业人员必须佩戴安全帽和系安全带，不得单人装设较重杆配件。

第五节 拱桥施工风险控制范例

一、工程概况

某两特大桥的结构形式基本相同。主跨采用净跨 160m 的上承式倒悬链线无铰钢管混凝土拱,净矢高 32m,拱轴系数 m=1.543,矢跨比 f/L=1/5。主拱圈系由 8 根直径 100m、壁厚 10～12mm 的钢管及厚 10mm 缀板组成的哑铃形拱肋。钢管内泵送微膨胀混凝土。拱上建筑采用 15 组四柱排架式钢管混凝土立柱;立柱上部采用钢筋混凝土简支式大孔板梁;边跨分别采用 4 孔 20m 及 1 孔 20m 后张法预应力混凝土简支 T 形梁。

两桥全长分别为 276.71m,280.06m;桥面宽 18.50m,桥面横坡为 1.5%;两桥设计荷载为汽—36,验算荷载为挂—200。两桥不同之处,其中一特大桥位于 3.2% 的坡道上,由桥面铺装调整形成 3.2% 的桥面纵坡。后因地质情况变化,又增加一孔 10m 钢筋混凝土板梁。

两特大桥位于西陵峡口低山丘陵与构造剥蚀、侵蚀山地过渡带,地形起伏较大,相对高差达 150m;河床呈"U"形沟谷,切割较深,河宽 30～40m,沟谷顺直;岸坡陡峻,桥面与沟底最大高差达 130m。工点范围内,除陡壁植被稀少外,其余地带植被生长茂密,荆棘杂草丛生,工作条件差,施工难度大。

二、风险控制策略

通过桥梁施工流程进行分析,该工程的风险控制重点在于:
(1)转体作业前平转场地、设施及设备必须进行调试。
(2)转体作业前锚固体系必须进行检查,确保锚固力符合要求。
(3)在拆除工程中,不得在拱架上下同时作业或用机械强拽拱架。
(4)在风力达到 5 级及以上应停止施工,并做好高处设备的紧固,防止坠落。
(5)梁体悬臂拼装工作吊篮和其他施工设备,应安装牢固,严禁悬臂两端超载。
(6)转体施工中,操作人员应精力高度集中,密切注意转体情况,遇到障碍,立即停工排障。

三、风险控制技术措施

1. 杜绝违章起重作业导致的起重伤害

（1）起重作业时，吊臂下方及起重机周围严禁站人，以防发生起重伤害。

（2）起重设备指挥人员必须选用有丰富经验的人员，并持证上岗，对大型构件的起重吊装转移全程控制。

（3）起重指挥人员应对吊点、钢丝绳、绳卡在吊物起吊前进行详细检查，确认无误后方可进行起吊作业。

2. 严防设备倾覆

（1）起重指挥人员在旁进行监护。

（2）质量较大的设备如起重机等，在操作前应置于坚固的场地，以防发生设备倾覆。

（3）起重机司机需警惕，吊物绝对不允许超过最大起重量，起重机司机在起重机运转过程中应注意力高度集中，禁止玩手机打电话等行为。

3. 杜绝溺水、高处坠落事故

因转体作业皆位于水上，并且为 2m 以上高空，因此作业人员必须遵守高处作业安全管理规定。

（1）夜间施工现场必须配备足够的照明，确保施工人员安全。

（2）作业人员不要在架面上抢行、跑跳，相互避让时应注意身体不要失衡。

（3）作业人员必须按要求穿戴好救生衣，条件允许的情况下系挂好安全带，并做到高挂低用。

（4）两边相对应的作业人员作业需同步，听从指挥绝不可擅自动作，两名作业人员或多名作业人员搬运同一构件需沟通好。

（5）在进行撬、拉、推等操作时，作业人员要注意采取正确的姿势，站稳脚跟，或一手把持固定的结构或支持物上，以免用力过猛身体失去平衡发生坠落或把东西甩出。

4. 严防转体作业事故

（1）转体过程中，上部结构覆盖面范围内不得有影响转体正常进行的障碍物。

（2）转体前应检查各关键部位，包括塔梁固结点、上转盘、塔柱锚固区、球铰等部位。

（3）转动体系、锚固体系必须平衡可靠，四周保险支腿的工作性能应良好。

（4）转体就位后，应迅速进行联结固定，同时对施工范围内的线路和限界进行清理和检查。

（5）位控体系控制转动体的转动速度和位置时，严禁人员打闹及大声喧哗。

5. 杜绝触电事故

（1）规范用电，电线不得乱拉乱拖，钢筋不得搭靠在电线上。

（2）电气操作人员需持证上岗，确保特殊工种持证上岗率达100%。

（3）振动锤用完之后，需及时断电，配电柜门应及时关闭，专业电工进行防护处理，方可离开施工现场。

6. 严防物体打击事故

（1）转体作业前，需清除转体上放置的物品。

（2）进入施工现场，作业人员应正确佩戴安全帽等防护用品。

（3）高空作业面上的工具，材料摆放应该有序，以免发生工具、材料跌落砸伤作业人员。

（4）在拆除工程中，不得在拱架上下同时作业或用机械强拽拱架，如遇到情况，需向主管技术员反映，采取对策，以免发生物体打击事故。

第八章 公路桥梁施工安全风险评估技术

第一节 公路桥梁施工安全风险评估技术的现状

一、国内外隧道工程施工风险评估的研究

1. 国外隧道工程施工风险评估的研究

20世纪70年代，美国学者H.H.Einstein将风险分析引入隧道与地下工程管理，自此，随着更多的学者开始关注隧道与地下工程中的风险管理，风险评估的方法与风险管理在隧道与地下工程中得到了大量的应用并取得了显著的研究成果。Einstein通过多篇文章的论述，提出了隧道工程风险分析的原则与特点，在此基础上提出了隧道成本模型。该模型首次将不确定性引入到了工程评估中，是一种基于计算机的适用于硬岩的模型。之后，该模型被不断改进，并广泛用于工程实践之中。Einstein为了满足业主的要求，需要对各方案在同一基础上进行评价，他在综合考虑长期风险和施工风险的基础上比较了Adler隧道的三种施工风险。

Sturk从风险和可靠性两个方面得到了有关隧道技术的有价值的成果。他提出了一个以概率、有效的统计及风险分析为工具，关于地下工程的决策和风险分析系统，应用于斯德哥尔摩环形公路隧道工程的几种不同设计方案选择中。Kampmann曾经对哥本哈根的地铁工程做了深入的研究，基于风险评估技术，他提出了10多种风险类型并针对这些风险提出了48种降低风险的措施，对有关事件发生的可能性及其影响结果提出了具体的分类体系，并使用计算机电子表格和蒙特卡洛方法来构建了风险模型。

Isaksson在对道工程成本估计的研究中，在考虑到潜在事件发生的可能性、影响结果和不同地质环境因素对生产率的影响的基础上，提出了一种工程总成本的表达式，并将该总成本模型运用到瑞士Grauholz隧道选择不同盾构方案的过程中。

Snel针对阿姆斯特丹南北地铁线路，提出了用于控制具有复杂技术性地下工程设

计及施工过程中的质量、造价以及工期等方面的风险的 IPB 风险管理模式，该模型列举了预防措施、主要因素清单和额外措施，通过实施预防措施和规划备份措施实现连续地降低风险的目的。相比其他方法，该模型的主要优势在于能够获得最佳解决方案，并使工程不会陷入困境。Reilly 针对多项美国大型隧道工程，从风险管理的研究角度出发，系统分析研究了相关建设项目的全寿命风险。

Clark 针对美国西雅图地下交通线工程项目，在工程规划和实施阶段运用风险指数的评估方法分析了合同风险、地质风险、施工和设计风险。

美国华盛顿国家运输局将可能费用范围的概念引入了费用估计之中，开发了 CEVP 程序，很大程度上提高了预测的准确性。随着对该模型的进一步认证，费用估计也被要求引入风险费用评估之中。

Duijvestijn 以阿姆斯特丹城市南北线地铁工程为背景，采用定量风险分析的方法分析了该项目的初步设计阶段各方案的成本风险与结构可靠度，并且在后续设计过程中，广泛分析研究了影响质量、安全、成本及工期的所有可辨识的风险因素。Kolie 以 MalaKapela 公路隧道为工程背景，研究分析了在其投标阶段可能影响成本估算、合同关系、设计及施工等方面的风险因素，并且通过运用定量和定性两类风险分析方法，对比 NATM 和 TBM 两种方法所得的成本估计。

Mcfest-Smith 通过调查亚洲 50 多个隧道所包含的活动和相关的风险，提出了由包含 33 个风险类型的 15 个风险种类所组成的 IMS 风险评价体系。

2. 国内隧道工程施工风险评估的研究

国内隧道工程施工风险分析与评估方面的研究工作开始得比较晚，风险分析与评估理论在地下工程领域的研究最早是由同济大学的丁士昭教授提出的。丁士昭教授对我国广州地铁首期工程、上海地铁一号线工程等地铁施工中的风险和保险模式进行了研究。游步上、沈劲利应用多属性效用理论，从建设单位的角度，完整地探讨了隧道工程风险管理的决策程序。黄宏伟等研究了地铁建设和运营阶段的风险管理，给出了地铁不同阶段中的风险因素、分析和控制的整体思路。陈龙提出了风险值与风险指标两个评价指标，并给出了计算方法和评价标准。他通过专家调查法得到软土地区盾构隧道施工期主要风险事故的发生概率及四大风险损失的概率分布曲线。整个沪崇通道的风险评估研究涉及施工风险管理的各个方面，可以说是国内风险分析技术应用在隧道工程施工建设上的第一个大型项目。重庆大学的李鑫，通过构建城市隧道施工环境模糊层次综合分析评估模型，从隧道施工和既有建筑或地下管线两方面进行了城市隧道施工环境风险评估研究。重庆大学的董路钰在其硕士论文中，分析了矿山法轨道交通隧道施工的五大风险，包括塌方风险、涌水突泥风险、瓦斯风险、岩爆风险、地表建筑物沉降变形风险，并通过改进的模糊层次综合评判法对复杂地质条件下轨道交通隧道施工进行风险评估研究。

另外，由于近年来国内重大工程设施项目的施工风险越来越受到各级政府和管理部门的重视，各个项目的施工都要进行工程风险分析与评估。由此可以看出，目前隧道工程施工安全风险分析的研究已经引起了我国的高度重视，并已经开展了大量的研究工作。

纵观国内外有关地下工程和隧道的风险评估的研究及应用现状，目前风险评估的应用主要表现在工程的决策阶段，并且主要提供定性的分析。然而对于随着工程的进展而进行的相关评估方法的动态更新研究还比较少，但目前，这一方面已引起隧道工程风险管理研究人员的密切关注。

二、国内外桥梁工程施工风险评估的研究

1. 国外桥梁工程施工风险评估的研究

在18世纪的法国，管理学家Henri Fayol在《一般管理与工业管理》中提到了风险管理的思想，在20世纪30年代的美国，项目管理才真正地成为一门学科。在丹麦，由国际桥梁和结构工程协会主办了以大海工程和跨海工程为背景的学术会议，会议成员包括桥梁和近海工程、海上工程、海运工程、风险评估等多方面的专家，探讨了这一领域的最新成果，通过了委员会的工作报告《交通船只与桥梁结构的相互影响：综述与指南》。这一工作报告包括了桥梁的初步设计准则、船舶交通特性、船桥碰撞概率、碰撞力、结构效应、安全防护措施、风险体系准则等内容。在报告中，提出了用风险方法分析船桥碰撞的思想，并用一章的篇幅介绍船桥碰撞的风险接受准则，形成了比较完整的船桥碰撞的风险分析问题研究体系。但不足的是对事故后果的量化方法没有进行深入的探讨，使得风险评估的具体操作和实用价值的体现出现了一定的困难。2005年，在葡萄牙召开了IABSE2005年会，将风险评估作为大会的一个主题。从具体的研究趋势和研究内容看，风险评估在船撞、大风、地震、火灾、车撞等多个问题上都有应用的实例，但大多数研究都是针对某些特定的工程项目。基本的思想就是对桥梁风险事件发生的概率进行评估，然后用定性的方法研究损失，并给出相对应的对策。而在桥梁工程中，尚未形成一套针对桥梁工程的系统的研究体系。

2. 国内桥梁工程施工风险评估的研究

风险分析起源于20世纪50年代的美国，20世纪70年代得到发展，并将风险分析与管理结合起来，形成了"风险管理"全新的学科。风险管理和风险分析理论引进我国较晚，20世纪80年代后期，逐渐在国内工程建设项目的管理中得到应用。施工阶段是决定一个建筑工程项目成败的关键，加强对项目施工阶段的风险研究具有重要的意义。国内外研究者对建筑工程施工过程中的风险进行了大量的研究，对不同工程采用了不同的风险分析方法。如通过蒙特卡罗（MC）模拟法分析流水施工过程中存

在的重要风险；采用 AHP 法与 ABC 分类法原理，对施工阶段的风险进行排序分级；运用模糊理论量化地评价水利工程项目的施工风险；运用可信性方法分析边坡施工期的风险。北京交通大学的贾俊峰和梁青槐结合土建工程施工安全风险管理的特点，提出了 WBS2RBS 与 AHP 相结合的土建工程施工安全风险评估方法。此外还有人提出并应用耦合故障树的概念和分析原理对建筑施工现场的安全事故进行了描述。凌志飞等在建筑工程施工现场安全事故案例统计分析的基础上，确定了建筑工程施工现场安全事故风险评价的评价指标及相应的权重，构造了模糊综合评判的隶属函数。华中科技大学的吕红安等通过对建设工程施工危险源的辨识、风险评价与管理和控制的介绍，指出建设工程安全生产管理及事故预防工作应在"经验控制型"及"过程控制型"的基础上，运用以危险源辨识、风险评价和风险控制为基础的"发现控制型""超前控制型"的管理及事故预防模式。D.Nasir 等建立了一种基于施工进度的风险评估模型；此后华北水利水电学院的聂相田等在施工进度风险分析的基础上，提出了施工进度风险评估和项目最大风险源确定的方法，在项目整体风险评价中引入了项目风险系数的概念，并提出了不同风险状态下方案决策的方法。余建星等人对海洋平台的施工风险进行了分析，并提出了合理的评估方法，对隧道及地铁等地下工程在施工过程中风险的识别以及管理进行了大量的研究，并建立了风险数据库，开发了相关的风险管理软件。公路桥梁施工项目的风险主要由经济风险表现出来，也就是由项目现金流变化直接导致的风险。M.T.Wang 采用多目标的系统分析过程对台湾省公路桥梁施工项目的风险分配和风险处理进行了分析。在多地震地区的公路工程项目中，对地震风险的分析和管理是很必要的，可在公路的设计中应用地震风险评估程序，通过分析公路工程中的地震风险，对地震风险的评估和管理提出了进一步的指导。T.Zayed 等选取中国境内的四个公路工程案例来应用所设计的风险模型 R1 并验证它的效果，验证过程表明，模型结果和整体评估之间有着很大的差别。

第二节　公路桥梁施工安全风险评估技术的概论

一、风险概述

（一）风险的定义

关于风险的定义有很多种，但最基本的表述是：风险是指损失发生的不确定性，是人们因对未来行为的决策及客观条件的不确定性而可能引起的后果与预定目标发生多种负偏离的综合，可以用如下数学公式表示：

$$R=f(P, C)$$

式中：

R——风险；

P——不利事件发生的概率；

C——不利事件发生的后果。

风险的这些不同形式的认识从不同角度对风险进行了描述，要全面理解风险的含义，应该注意以下几点：

第一，风险是与人们的行为相联系的，这种行为既包括个人的行为，也包括群体或组织的行为。

第二，客观条件的变化是风险的重要成因，尽管人们无力控制客观状态，但是可以认识并掌握客观状态变化的规律性，对相关的客观状态做出科学的预测，这也是风险管理的重要前提。

第三，风险是指可能的后果与目标发生的负偏离，负偏离是多种多样的，而且重要程度也是不相同的，所以在现实的经济生活中，需要根据具体情况加以分析。

（二）风险的特征

风险作为项目中存在的普遍现象，它具有以下特征：

1. 风险存在的客观性

风险的客观性是指不论任何风险，自然风险也好，社会风险也好，都不以人的意志为转移，它们是独立于人的意识之外的客观存在。所以人们应当充分认识风险、承认风险，采取相应的管理措施，尽可能降低或者化解风险。

2. 风险发生的不确定性

风险事件往往是偶然的，这就造成了预测它的困难性。然而这正是风险之所以存在的理由，如果风险的发生都变成规律性的，后果都变成了必然性的，就不再是风险了。风险的不确定性为它的识别和量化带来了很大困难，不过，一旦它能够被识别并量化，风险性也就大大降低了。

3. 风险产生的突发性

风险往往是突然发生的，当人们突然面临风险的时候，会不知所措，会增强风险的破坏性。因此要求我们加强对风险的预警和防范研究，建立相应的预警系统和防范机制来完善风险管理系统。

4. 风险发展的渐变性

风险的内因和外因都有一个从量变到质变的演变过程。正是描述并监控这种演变，人们才需要为风险的进程设置里程碑并划分阶段，有些风险表面上看是突发的，这是由于它的潜伏征兆长期被视若无睹的结果。项目的质量事故看起来是突发的，但这是管理松弛所酿成的苦果。风险的渐变性，使我们有可能采取抽样过去的方式来推断未来，通过分析量变的方法去捕捉风险临近的脚步。

5. 风险后果的相对性

风险在某种程度上是相对于项目活动主体的承受能力而言的。相同的风险对不同的主体有不同的影响。这说明，风险的承受能力有客观指标，也有主观倾向，后者涉及人的心理因素，这就为风险的量化带来了很大的弹性空间。

6. 风险发生的可预测性

不确定性是风险的本质，但这种不确定性并不是指对客观事物变化全然不知，人们可以根据过去发生的历史事件的统计资料，经过分析处理，对风险发生的频率及其造成的经济损失程度做出统计分析和主观判断，从而对可能发生的风险进行预测与度量。

（三）工程项目风险管理

1. 工程项目风险管理的定义

工程项目风险是一种不确定事件或状况，一旦发生，会对至少一个项目如进度、费用、质量产生积极或消极影响。风险状况包括项目环境或组织环境中可能促成项目风险的各个方面。

工程项目风险管理就是对工程项目在其寿命周期中可能遇到的风险进行因素分析、评价，并在此基础上有效地进行风险防范，以最低成本实现最大安全保障。即参与工程项目建设的各方，包括发包方、承包方、监理单位、咨询公司、材料供应商等在工程项目的筹划、勘察设计、施工以及竣工后投入使用各阶段采取识别、估计、评价，应对工程风险的方法和技巧，控制和处理项目风险，防止和减少损失，保障项目的顺利进行。

2. 工程项目风险的特点

工程项目建设是一个建设周期长、投资多、技术要求高、系统复杂的生产建设过程，在该过程中，存在大量的不确定性因素、随机因素和模糊因素，并不断变化，由此而造成的风险直接威胁工程项目的顺利实施和成功。

工程项目的风险具有如下特点：

风险存在的普遍性和客观性。在建设工程项目的全生命周期内，风险是无处不在的，人们只能采取措施降低风险发生的概率和减少风险带来的损失，却不能完全消除风险。

风险的影响常常不是局部的某一段时间或某一方面的，而是全局的。例如工程建设中某一阶段工程质量存在问题，会给后期乃至整个项目建设带来影响。不同的行为主体对相同风险的承受能力是不同的。

工程项目的风险是很大的，其变化是复杂的。工程项目的建设受确定性因素、随机因素、不确定性因素的影响，风险的后果和性质会随时发生变化。

二、施工风险数学描述

施工风险产生机理，首先要明确孕险环境、致险因子、风险事件、承险体这几个术语的概念。

1. 孕险环境

所谓孕险环境，指可能会产生事故的区域和环境。在隧道施工中，存在不良地质状况的土层环境、地下水文情况、周围环境等均构成了孕险环境。孕险环境是风险的客观基础，是决定风险事故是否发生的根本性因素，也可以称之为风险的内因。

2. 致险因子

致险因子是风险事故产生的直接原因，与孕险环境构成了风险事故的两个必备要素。如果说孕险环境是风险的基础，是一个火药桶，那么致险因子就可以说是风险的外因，是导火索。例如隧道施工中遇到溶洞、涌水，进出洞边坡处理不当，以及机械故障等都是风险事故的致险因子。

3. 风险事件

风险事件是在孕险环境和致险因子作用下，发生的偏离目标期望的事件。工程项目中，风险事故往往是指会给项目带来损失的事件。这些事件有时可能比较严重，会被称为工程事故，但更多的情况下，只是一些会造成损失的工程问题。风险分析应以风险事故作为分析的对象。

4. 承险体

承险体是指承担风险损失的对象，如施工人员、机械设备、隧道结构、地下管线，还包括社会群体、生态环境等等。各类承险体构成了整个项目的承险体系统。

经过以上的介绍和分析，隧道工程的风险事故产生机理可以简单地描述为：由于孕险环境的存在，加上致险因子的诱导，就有可能引发风险事故的发生，进而对承载体系统造成各种类型的损失。风险事故的损失分析由于是在事故发生前进行的，对项目决策者来说属于潜在损失。这种潜在损失的发生、发展、变化过程也就是工程项目风险发生、发展、变化的过程。换句话说，风险分析就是以潜在损失为主体目标的研究。隧道及地下工程的风险产生机理可以用图8-1表示。

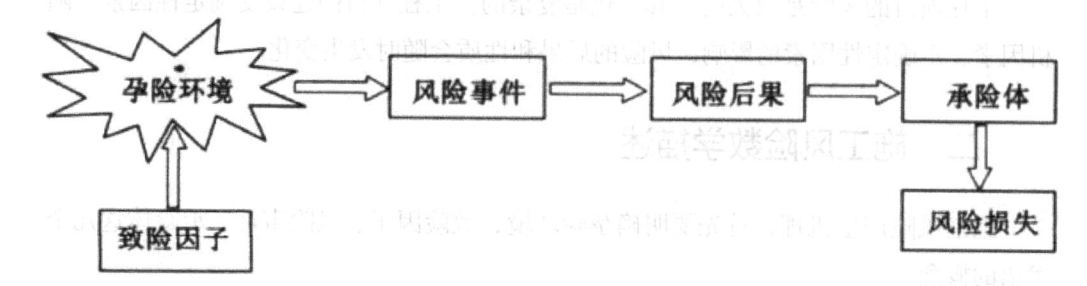

图8-1 风险机理

三、施工风险评估方法

（一）模糊分层风险评估法

概率分析是针对随机事件发生的可能性，事件本身的含义是明确的、肯定的，但当事件本身的含义只有模糊不确定性时，对事件发生的可能性的描述有必要借助于模糊概率的分析方法。结构的模糊概率可靠度，就是应用模糊概率分析研究结构的可靠度。而对于基本事件而言，根据其自身情况，可能是离散的，也可能是连续的。

模糊事件是基本事件空间上的模糊集合，若基本事件 X 是离散的，其基本事件空间为：

$$X=\{X_1, X_2, \cdots, X_i, \cdots X\}$$

设它的概率为 $PX_i(i=1, 2, \cdots)$，事件 X_i 隶属于模糊事件 A 的隶属函数为 $\mu_A(X_i)$，则模糊事件 A 的概率 $P(A)$ 为其隶属函数的期望值，即

$$P(A) = \sum_i \mu_A(X_i) P(X_i)$$

如果基本事件 X 是连续的，已知概率密度函数为 $p(x)$，模糊事件 A 的隶属函数为 $\mu_A(x)$，则模糊事件 A 的概率为：

$$P(A) = \int_{-\infty}^{\infty} \mu_A(x) p(x) dx$$

结构的模糊随机可靠性又分为三种情况：结构设计参数只具有随机性而无模糊性，但结构的安全状态（正常工作状态）是模糊的；结构的安全状态（正常工作状态）是明确的，但设计参数既具有随机性又具有模糊性；结构的工作状态和设计参数都具有模糊性。

权重的确定是模糊综合评判法的关键问题之一，各因素（指标）权重应尽量符合实际情况。在实用中，常用德尔斐（Delphi）法、专家调查法和层次分析法（AHP）确定权重。AHP法具有实用性、系统性、简洁性等特点，本书采用AHP法确定各因素指标的权重。

AHP的本质是一种将决定性与定量因素相结合的决策思维方式。其基本思想是首先通过建立清晰的层次结构将复杂问题分解为若干因素，并将相关因素分组形成层次

清晰的递阶结构，然后引入测度理论，通过两两比较，用相对标度将人的判断标量化，并逐层建立判断矩阵，然后求解各判断矩阵的权重，最后计算方案的综合权重并排序。

AHP法主要包括五个基本步骤：建立层次结构模型，将待决策问题所包含的诸因素划分为N个层次；构造判断矩阵，给出单排序的权重；层次单排序；层次总排序；层次总排序一致性检验。

1. 构造判断矩阵并求解 λ_{max} 及其对应的特征向量

（1）比例标度

在AHP方法中经常用到的测度工具是相对重要性比例标度，它是通过将两个元素相对重要性进行比较，并用一个数来描述比较后的结果。相对重要性的比例标度见表8-1。

（2）构造判断矩阵并求解

通过评判标度可以建立判断矩阵。判断矩阵的一般形式如表8-2所示。该判断矩阵为一正互反矩阵。通过线性代数运算即可求解其最大特征根及所对应的特征向量。

表8-1 层次分析法因素重要性评判标度

标度	含义
1	两个因素相比，具有同样重要性
3	两个因素相比，前者比后者稍重要
5	两个因素相比，前者比后者明显重要
7	两个因素相比，前者比后者强烈重要
9	两个因素相比，前者比后者极端重要
2，4，6，8	表示上述相邻判断的中间值

表8-2 层次分析法判断矩阵的一般形式

准则层B	子准则	子准则	…	子准则
子准则C_1	C_{11}	C_{12}	…	C_{1m}
子准则C_2	C_{12}	C_{22}	…	C_{2m}
…	…	…	…	…
子准则C_m	C_{m1}	C_{m2}	…	C_{mm}

2. 一致性检验

在判断矩阵中，各个元素不一定具有传递性，即等式 $b_{ij}b_{jk}=b_{ik}$ 不一定成立，这对于判断矩阵是允许的，这是由客观事物的复杂性与人的认识多样性所决定的，但要求判断应有大体一致性，不允许出现甲比乙极端重要，乙比丙极端重要，而丙比甲极端重要的情况。而且，如果判断偏离一致性过大的话，权向量计算结果作为决策依据将出现某些问题。因此为保证得到合理的权重，在得到am后，需要对每一个判断矩阵进行一致性检验，观察是否满足要求，如果不能满足一致性，应修改判断矩阵，直到满足一致性要求为止。

（1）计算一致性指标 C.I.

$$C.I. = \frac{\lambda_{\max} - n}{n - 1}$$

式中：

n——判断矩阵的阶数。

（2）平均随机一致性指标 R.I.

为了度量不同阶数判断矩阵是否具有一致性，引入判断矩阵的平均随机一致性指标 R.I. 值，对于 1～10 阶判断矩阵，R.I. 值见表 8-3。

表8-3　平均随机一致性指标R.I.值

阶数	1	2	3	4	5	6	7	8	9	
R.I.										

对于 1.2 阶判断矩阵，R.I. 只是形式上的，因为 1.2 阶判断矩阵总是具有完全的一致性。

（3）计算一致性比率 C.R.

判断矩阵的一致性指标 C.I. 与同阶平均随机一致性指标 R.I. 之比称为随机一致性比率，记为 C.R.，即

$$C.R. = \frac{C.I.}{R.I.}$$

当 C.R. < 0.10 时，认为判断矩阵的一致性可以接受，即可将特征向量 W 作为因素权向量 A。

（二）神经网络法

人工神经网络（Neural Network，简称 NN）是一门新的信息处理科学，具有部分模拟人类形象思维的能力，是模拟人工智能的方法之一。人工神经网络通过对样本数据的学习，调节自身的权值，来获得样本之间的特征和关系，具有较强的容错、联想功能。人工神经网络具有较强的非线性映射能力。目前广泛使用误差反向传播的前馈网络（BP 网络）。反向传播法为典型的有教师学习方法。在训练阶段，期望的输出与实际的输出之间的误差在层与层间反向传播，并调输入层与隐含层、隐含层与隐含层、隐含层与输出层之间的连接权，使得期望输出与实际输出之间的误差最小。

1.BP 神经网络

BP 网络是目前使用较为普遍的网络结构，其特点为稳定性较好，但是运行速度相对较慢。BP 的网络结构模型见图 8-2，BP 网络的主要学习步骤如下：

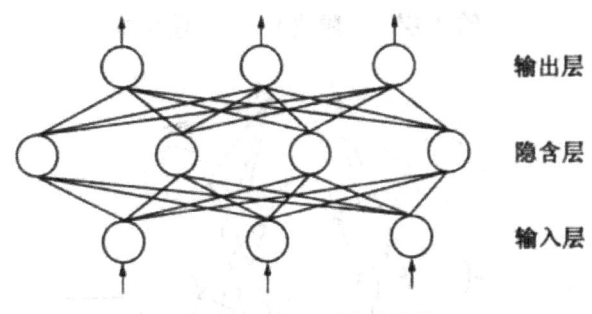

图8-2 BP网络模型结构

（1）置所有的连接权和阈值为较小值，为了保持网络的稳定性和较快的收敛，本书取连接权和阈值的值为0.1。

（2）给出一个输入向量I和期望的输出向量O，将I输入输入层（$m=0$），并取$V^0=I$；

（3）对于除了输入层外的其他各层，即$m=1, …, M$，向前个节点的输出值

$$V_i^m = f(\sum_j \omega_{ij}^m V_j^{m-1} - \zeta_i^m)$$

其中M为网络输入层的$m=0$，ω_{ij}^m表示为从V_j^{m-1}到V_i^m的连接权，ζ_i^m表示为第m层第i节点的阈值。

BP网络在用于逼近函数时，采用负梯度下降法调节权值，这种调节法具有它的局限性，即存在收敛速度慢和局部极小等缺点。

2. 径向基神经网络

Powell提出了多变量插值径向基函数（Radial Basis Function，RBF），Broomhead和Lowe首先将径向基函数应用于神经网络设计，从而构成了径向基人工神经网络（BRF-ANN）。它在函数的逼近、分类能力和学习速度方面均优于BP网络，尤其在学习速度上的明显优势，为优化设计提供了便利的前提条件。

其缺点为：网络参数选择不当会引起网络的强烈振荡，从而使得网络的预测精度降低，稳定性变差。

（1）径向基神经网络的结构

径向基网络与其他前向BP网络类似，是一种三层前向网络（见图8-3）。第一层输入层，由信号源节点构成；第二层为隐含层，其神经元数目由描述的问题所定；第三层为输出层，输入模式进行必要的响应。从隐含层到输出层的传递函数是线性的，输入层到隐含层的传递函数是非线性的，即径向基函数，它是一种局部分布地对中心点径向对称衰减的非负、非线性函数。

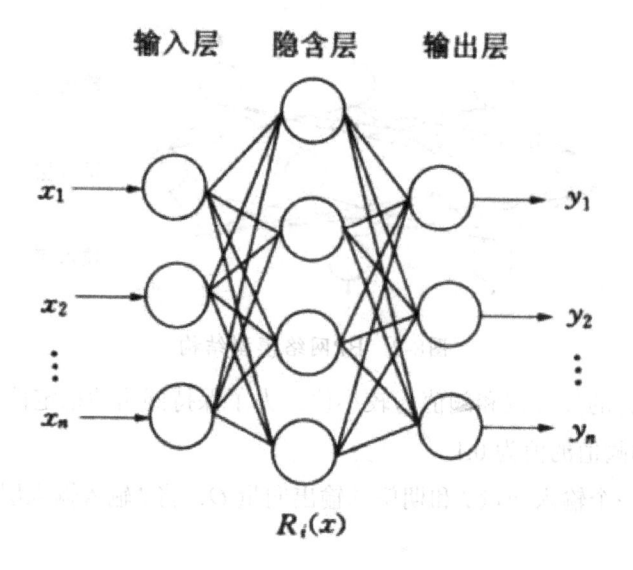

图8-3 径向基函数神经网络

（2）径向基函数

径向基函数的形式有以下几种：

$$f(x) = \exp[-(x/\sigma)^2]$$

$$f(x) = \frac{1}{(\sigma^2 + x^2)^\alpha}, \quad \alpha > 0$$

$$f(x) = (\sigma^2 + x^2)^\alpha, \quad \alpha < \beta < 1$$

上面这些函数都是径向对称的，但最常用的还是高斯函数：

$$R_i(x) = \exp\left[-\frac{\|x - c_i\|^2}{2\sigma_i^2}\right], \quad i = 1, 2, \cdots, m$$

其中 x 是 n 输入向量； c_i 是第 i 个基函数的中心，与 x 具有相同维数的向量； ζ_i 为第 i 个感知的变量（可以自由选择的参数），它决定了该基函数围绕中心点的宽度； m 为感知单元的个数； $\|x - c_i\|$ 为向量 $x - c_i$ 的范数，它通常表示 x 与 c_i 之间的距离。 $R_i(x)$ 在 c_i 处有一个唯一的最大值，随着 $\|x - c_i\|$ 的增大， $R_i(x)$ 迅速衰减到零。对于给定的输入 $x \in R^n$ ，只有一小部分靠近 x 的中心被激活。图 8-4 为径向基函数示意图。

上述的高斯函数具有以下优点：

a. 表达形式简单，即使对于多位变量输入也不会增加太多的复杂性；

b. 径向对称；

c. 光滑性较好，任意阶段导数均存在；

d. 由于该函数表达性简单且解析性较好，因而便于进行理论分析。

图8-4 径向基函数示意图

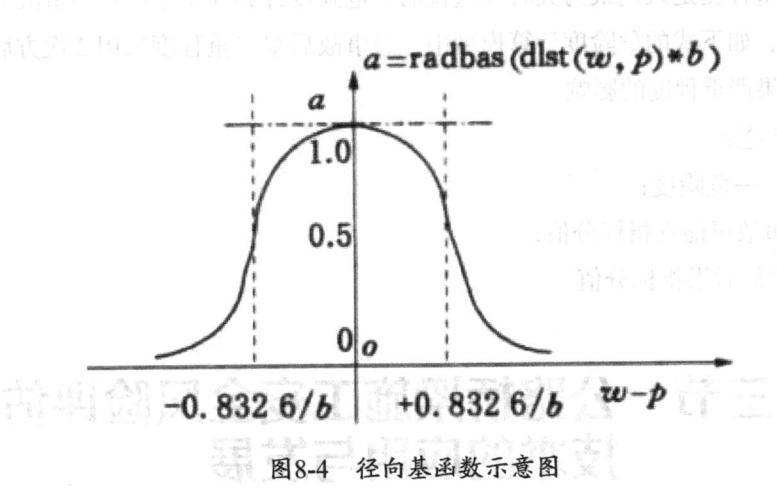

从理论上讲，RBFN 网络和 BP 网络一样可近似任何的连续非线性函数，两者的主要差别在于使用不同的作用函数，RBFN 网络隐层的作用函数是高斯核函数，它是局部的，而 BP 网络中的隐层节点使用的是 Sigmoid 函数，其函数值在输入空间中无限大的范围内为非零值，而且 BP 网络用于函数逼近时，权值的调节采用的是梯度下降法，这种方法存在收敛速度慢和局部极小等缺点，有一定的应用局限，RBFN 网络在这方面就优于 BP 网络，它所具有的最佳逼近能力使得它有很好的利用价值。

表 8-4 为径向基神经网络与其他几种网络类型在某一函数逼近时结果的比较。从表中可见，径向基神经网络在速度方面具有明显的优势，径向基网络的速度为 BP 网络的 7.3‰，训练步骤为 BP 网络的 1.2‰，这些优点为采用遗传算法优化神经网络的结构提供了便利条件。

表8-4　BP网络与径向基网络速度的比较

训练函数	网络类型	时间/s	训练步骤
TRAINBP	BP网络	259.1	4123
TRAINBPX	快速BP算法网络	42.4	570
SOLVERB	径向基函数网络	1.9	5

四、评估模型

评估模型以危险度 R 来衡量风险程度，其大小为事故发生可能性水平与事故后果严重程度的累积。对于相同的危险度数值，可能存在多种事故发生可能性与事故后果严重程度的组合。例如，某施工企业每年发生死亡 1 人的事故 10 起和每 10 年发生死亡 10 人的事故 1 起，两者的危险度相同，然而人们往往不太注意 1 次死亡 1 人的事故，而特别关注 1 次死亡 10 人的事故。显然，直接将 2 个指标进行乘积，不能真实反映客观风险水平，尚未反映社会心理因素的影响，尤其是我国建立安全生产责任制以来，事故后果严重程度是人们最为关心和重视的，危险度计算模型中应强调事故后果严重程度的影响，如下式的危险度计算模型中，对事故后果严重程度采用 2 次方后累加，强调事故后果严重程度的影响。

$$R = \sum P_i \cdot \sum c_i$$

式中 R——危险度；

P_i——事故可能性指标分值；

c_i——事故后果指标分值。

第三节　公路桥梁施工安全风险评估技术的应用与发展

到目前为止，我国诸多研究者对工程建设领域的风险研究主要是针对一般的建筑工程项目，随着我国交通运输业的发展，越来越多的公路桥梁已经或者正在修筑，而桥梁工程除具有一般建筑工程的共同特征外，更具有明显的个性特征，因此，针对桥梁工程的风险研究也越来越引起广大学者的关注。

LuShih-Tong 和 Lin ChengWrei 等人针对城市大型桥梁风险的复杂性，采用网络分析法对城市桥梁施工风险进行了评估。M.S.Elhag Taha 和 Wang Yingming 等人对人工神经网络在桥梁风险评估中的应用进行了研究，对 506 座维修桥梁采用 BP 神经网络模型模拟了其风险分类和风险值，风险值和风险分类的平均精度达到了 96%，并与多元分析法进行了对比，结果表明神经网络分析法有更高的精度。Wang Yingming 等人分别提出了基于模糊决策的风险评估方法、"层次分析 - 数据覆盖分析"风险分析方法以及基于"神经 - 模糊"的风险评估方法，并将这些方法应用于桥梁风险分析评估中。对实际桥梁的评估与传统风险评估方法进行了对比，结果表明，所提出的几种新方法在桥梁评估中具有更好的灵活性、实用性和有效性。

李远富等人结合舟山连岛工程，运用 AASHTO 指南方法对西埃门大桥运营期的船撞风险进行评估。刘延宏在对我国近年来长江上修建的特殊结构桥梁风险管理工作调研的基础上，结合武汉天兴洲公铁两用长江大桥工程特点，对该桥的风险因素进行识别，并建立了风险分析层次结构图，利用层次分析法对工程主要风险因素进行了评价。天津工业大学的王宏伟和余建星综合运用广义结构可靠性原理及多种相关学科理论，提出了跨河道桥工程防洪风险的评价理念，建立了跨河道桥工程防洪风险的评价指标体系和管理体系，并结合工程实例验证了方法体系的适用性与可靠性。周峥等人基于一种已有的 4 变量桥梁颤振可靠度模型，提出了一种全新的桥梁颤振风险评估方法，采用蒙特卡洛方法计算桥梁颤振的失效概率，用货币的形式定量地刻画了桥梁颤振的风险。张谢东等人分析了山区高墩大跨桥梁施工中可能存在的风险因素，以湖北沪蓉西高速公路龙潭河特大桥施工为例，通过层次分析法，识别出其可能存在的风险源，并验证了该方法应用于桥梁施工过程中风险识别的可行性。

综上所述，虽然国内外许多学者对建设工程风险分析与管理做了许多工作，取得了一些有重要理论和应用价值的成果，但成果比较笼统，缺乏针对性。

在对桥梁工程的风险研究中涉及施工阶段风险研究的较少，并且主要是针对桥梁工程施工的不同侧面，缺少系统性和实用性的研究成果，目前尚需完善我国公路桥梁施工安全事故的统计与分析。

公路桥梁和隧道工程施工安全风险评估工作是施工安全预控管理的一项新措施，是一项实践性较强的工作，暂无成熟经验。在具体评估过程中，对评估人员的经验和理论水平要求较高，所确定的各指标风险值与评估小组成员的工作经验有很大的关联。

第九章 公路桥梁施工安全总体风险评估

第一节 总体风险评估的特点

一、目的

在工程施工阶段即开展安全风险评估工作，明确工程施工安全风险水平，其后按消除、隔离、减弱等次序制定风险控制应对措施。

施工安全风险评估是公路桥梁和隧道工程设计风险评估在实施阶段的深化和落实，根据项目施工组织设计内容，辨识和评价该工程施工过程中可能存在的风险源的种类和程度，提出合理可行的安全对策。其基本目的是贯彻"安全第一、预防为主、综合治理"的方针，为公路桥梁和隧道工程施工阶段的安全管理提供科学依据，确保建设项目施工期间实现安全生产，使事故和危害引起的损失降到最小。

二、静态评估

桥梁和隧道工程开工前，根据桥梁或隧道工程的地质环境条件，建设规模、结构特点等孕险环境与致险因子，估测桥梁或隧道工程施工期间的整体安全风险大小，称为静态评估。

第二节　评估原则与依据

一、评估原则

以国家现行的有关安全生产的法律、法规及技术标准为依据，以《工程施工图设计》《工程地质勘察报告》投标文件等为基础，用科学的评估方法和规范的评估程序，遵循《公路桥梁和隧道工程施工安全风险评估指南（试行）》有关要求，坚持政策性、科学性、公正性、针对性等原则，以严肃的科学态度开展该工程的施工安全风险评估工作。

二、依据

（1）《中华人民共和国安全生产法》。
（2）《中华人民共和国消防法》。
（3）《中华人民共和国职业病防治法》。
（4）《中华人民共和国道路交通安全法》。
（5）《中华人民共和国公路法》。
（6）《建设工程安全生产管理条例》。
（7）《特种设备安全监察条例》。
（8）《建筑起重机械安全监督管理规定》。
（9）《公路建设监督管理办法》。
（10）《公路水运工程安全监督管理办法》。
（11）《关于开展公路桥梁和隧道工程施工安全风险评估试行工作的通知》。

第三节　评估过程和评估方法

一、风险评估过程

根据国家交通运输部颁布的《公路桥梁和隧道工程施工安全风险评估指南（试

行）》，以下简称《指南》所做的明确规定，总体风险评估过程一般包括以下几个步骤：

1. 准备阶段

成立评估小组，明确职责分工，其中小组负责人应当具有5年以上的工程管理经验。明确评估对象和范围，收集国内外相关法律和标准，了解同类工程的事故情况。现场查勘评估对象的地理、水文、气象条件，收集工程建设有关资料。

2. 开展总体风险评估

根据设计阶段风险评估结果（若有），以及类似结构工程安全事故情况，用定性和定量相结合的方法初步分析本项目孕险环境与致险因子，估测施工中发生重大事故的可能性，确定项目总体风险等级。

3. 确定风险控制措施

根据风险接受准则的相关规定，提出风险源的监测、监控、预警措施及应急预案。某高速公路桥梁施工安全总体风险评估工作程序见图9-1。

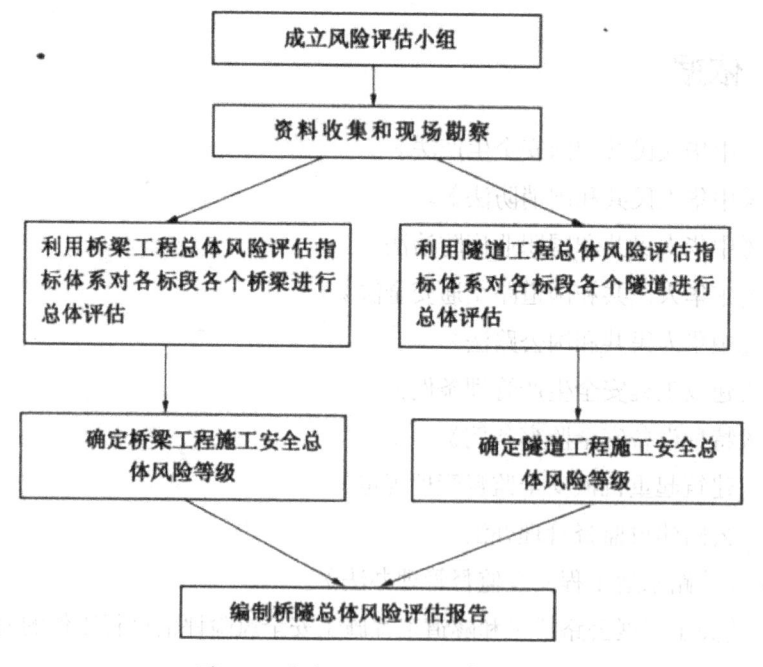

图9-1 安全风险评估程序流程图

4. 总体风险评估报告

总体风险评估完成征求意见稿后，组织内审，依据收集整理的专家意见，通过专家咨询，现场调研，小组研究确定改进内容，形成送审稿。与项目指挥部联合组织专家、领导评审会，综合专家意见后进一步修订，完成最终总体评估报告。

二、桥梁施工总体风险评估方法

公路桥梁施工总体安全风险评估指标体系主要包括事故发生可能性指标体系和事故后果指标体系两个部分，如图9-2所示。

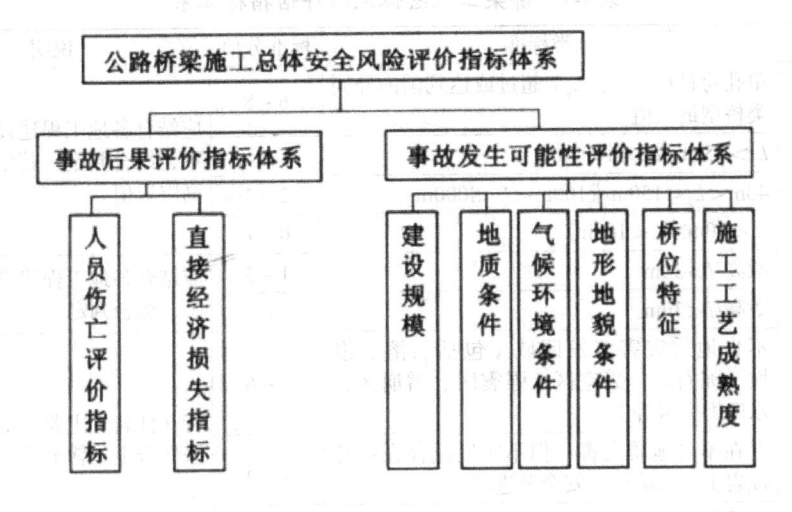

图9-2 路桥施工总体安全风险评价指标体系

事故发生可能性指标体系主要考虑物的不安全状态因素。人的不安全行为及物的不安全状态是事故致因中两个重要事件，人的因素链的运动轨迹与物的因素链的运动轨迹的交叉点，即人的不安全行为与物的不安全状态同时出现，预示事故发生概率显著增大，然而工程安全风险评估实践中，将人的不安全行为纳入安全风险评估内容，往往造成评价结论与实际状态误差很大，其原因在于：

①人的不安全行为具有复杂性、动态性，且随机性大，采用静态指标进行评估不可避免引起较大误差；

②工程项目分包、转包现象较为普遍，作业人员流动性大等特点，造成评估对象的不确定性。

事故发生可能性指标主要包括：

①建设规模，按桥梁单孔跨径及总长分为4级，基准分值区间为[0，8]；

②地质条件，按工程区域地质灾害状况及岩土条件分为3级，基准分区间为[0，6]；

③气候环境条件，按极端气候事件发生可能性及气候环境对施工安全影响程度分为3级，基准分区间为[0，6]；

④地形地貌条件，按山岭区及平原区分为3级，基准分区间为[0，6]；

⑤桥位特征，按通航等级及跨线桥等分为4级，基准分区间为[0，6]。

施工工艺成熟度，按工艺应用成熟度分为2级，基准分区间为[0，3]，各指标分值可精确到小数点后一位。

按照《指南》推荐的桥梁施工总体风险评估方法，桥梁工程施工安全风险总体评估主要考虑桥梁建设规模、地质条件、气候环境条件、地形地貌、桥位特征及施工工艺成熟度等评估指标，同时依据项目实际情况，调整指标体系，加入桥墩高度选项。评估指标的分类、赋值标准可参见表9-1。

表9-1 桥梁工程总体风险评估指标体系

评估指标	分类标准	标准分值	说明
建设规模 (A_1)	单孔跨径 L_k（总长 L）超过或达到国内外同类桥型最大值	6~8	应结合各地工程建设经验及水平，综合判定，其中拱桥应按高限取值
	L_k>150m 或 L≥1000m	4~5	
	40m<L_k<150m 或 100m<L<1000m	2~3	
	L_k<40m 或 L<100m	0~1	
	墩高 H>30m	1~3	应结合各地工程建设经验及水平，综合判定
	墩高 H<30m	0	
地质条件 (A_2)	不良地质灾害多发区域（包括岩溶、滑坡、泥石流、采空区、强震区、雪崩区、水库坍岸区等）	4~6	特殊性岩土主要包括冻土、膨胀性岩土、软土等
	存在不良地质灾害，但不频发或存在特殊性岩土，影响施工安全及进度	2~3	
	地质条件较好，基本不影响施工安全因素	0~1	
气候环境条件 (A_3)	极端气候事件多发区域（洪水、强风、强暴雨雪、台风等）	4~6	应结合施工工艺特征综合判定
	气候环境条件一般，可能影响施工安全，但不显著	2~3	
	气候条件良好，基本不影响施工安全	0~1	
地形地貌条件 (A_4)	山岭区：峡谷、山间盆地、山口等险要区域	4~6	应结合勘察资料，综合判定
	山岭区：一般区域	1~3	
	平原区	0~1	
桥位特征 (A_5)	跨江、河、海湾：通航等级1~3级	4~6	跨线桥应综合考虑交叉线路的交通量状况
	跨江、河、海湾：通航等级4~6级	2~3	
	跨江、河、海湾：通航等级7级及等外	0~1	
	陆地：跨线桥（公路、铁路等）及其他特殊桥	3~6	
施工工艺成熟度 (A_6)	新技术、新工艺、新设备国内首次应用	2~3	应考虑施工企业工程经验
	施工工艺较成熟，国内有相关应用	0~1	

桥梁工程施工安全总体风险大小计算公式为：

$$R=A_1+A_2+A_3+A_4+A_5+A_6$$

式中

A_1——桥梁建设规模所赋分值；

A_2——工程所处地质条件所赋分值；

A_3——工程所处气候环境条件所赋分值；

A_4——工程所处地形地貌所赋分值；

A_5——桥位特征所赋分值；

A_6——施工工艺成熟度所赋分值。

评估指标体系中各指标所赋分值应结合工程实际，综合考虑各种因素的影响程度来定，数值应取整数。评估指标也可以根据工程实际进行相应的增加或删减，同时风险分级标准也须进行相应调整。

计算得到总体风险值 R 后，对照表 9-2 确定桥梁工程施工安全总体风险等级。

表9-2 桥梁工程施工安全总体风险分级标准

风险等级	计算分值R
等级Ⅳ（极高风险）	14分及以上
等级Ⅲ（高度风险）	9~13分
等级Ⅱ（中度风险）	5~8分
等级Ⅰ（低度风险）	0~4分

对总体风险等级在Ⅲ级（高度风险）及以上的桥梁工程，纳入专项风险评估范围。评估小组根据总体风险评估情况，提出专项风险评估中需要重点评估的风险源。依据《交通重点建设项目高危工程施工安全管理规定》，30m 以上桥墩为高墩，凡涉及高墩的桥梁虽未纳入专项范围，但在专项评估阶段要作为控制要点进行专项评估。其他风险等级的桥梁工程，视情况决定是否开展专项风险评估。

三、隧道施工总体风险评估方法

按照《指南》推荐的隧道施工总体风险评估方法，隧道工程施工安全总体风险评估主要考虑隧道地质条件，建设规模、气候与地形条件等评估指标，评估指标的分类、赋值标准可参见表 9-3。

表9-3 隧道工程施工总体风险评估指标体系

评估指标	分类		分值	说明
地质 $G=a+b+c$	围岩情况a	1.Ⅴ、Ⅵ级围岩长度占全隧道长度70%以上	4~5	根据设计文件和施工实际情况确定
		2.Ⅴ、Ⅵ级围岩长度占全隧道长度40%以上、70%以下	3	
		3.Ⅴ Ⅴ级围岩长度占全隧道长度20%以上、40%以下	2	
		4.Ⅴ、Ⅵ级围岩长度占全隧道长度20%以下	1	
	瓦斯含量b	1.隧道洞身穿越瓦斯地层	2~3	
		2.隧道洞身附近可能存在瓦斯地层	1	
		3.隧道施工区域不会出现瓦斯	0	
	富水情况c	1.隧道全程存在可能发生涌水突泥的地质	2~3	
		2.有部分可能发生涌水突泥的地质	1	
		3.无涌水突泥可能的地质	0	

续表

评估指标	分类	分值	说明
开挖断面A	1.特大断面（单洞四车道隧道）	4	
	2.大断面（单洞三车道隧道）	3	
	3.中断面（单洞双车道隧道）	2	
	4.小断面（单洞单车道隧道）	1	
隧道全长L	1.特长（3000m以上）	4	
	2.长（大于1000m、小于3000m）	3	
	3.中（大于500m、小于1000m）	2	
	4.短（小于500m）	1	
洞口形式S	1.竖井	3	
	2.斜井	2	
	3.水平洞	1	
洞口特征C	1.隧道进口施工困难	2	从施工便道难易、地形特点等考虑
	2.隧道进口施工较容易	1	

注：①指标的取值针对单洞；②表中"以上"表示含本数，"以下"表示不含本数，下同。

隧道工程施工安全总体风险大小计算公式为：

$R=G(A+L+S+C)$

式中 G——隧道、竖井、斜井路线周围的地质所赋分值；

A——标准的开挖断面所赋分值；

L——隧道入口到出口的长度所赋分值（计算隧道长度时将隧道竖井，斜井长度计算在内）；

S——成为通道的隧道出入口的形式所赋分值；

C——隧道洞口地形条件所赋分值。

评估指标体系中各指标所赋分值结合工程实际，综合考虑各种因素的影响程度而定，数值取整数。评估指标根据工程实际进行相应的增加或删减，同时风险分级标准也相应调整。

计算得到总体风险值R后，对照表9-4确定隧道工程施工安全总体风险等级。

表9-4 隧道工程施工安全总风险分级标准

风险等级	计算分值R
等级Ⅳ（极高风险）	22分及以上
等级Ⅲ（高度风险）	14~21分
等级Ⅱ（中度风险）	7~13分
等级Ⅰ（低度风险）	1~6分

总体风险等级在Ⅲ级（高度风险）及以上的隧道工程，纳入专项风险评估范围。

评估小组根据总体风险评估情况，提出专项风险评估中需要重点评估的风险源。其他风险等级的隧道工程，视情况决定是否开展专项风险评估。

四、纳入专项风险项目风险控制措施及建议

对总体风险等级在Ⅲ级（高度风险）及以上的桥梁、隧道工程，纳入专项风险评估范围，评估小组根据总体风险评估情况，提出专项风险评估中需要重点评估的风险源。

（一）人工挖孔桩施工

主要事故类型：坍塌、物体打击、高处坠落、爆破、中毒窒息等事故。控制措施及建议：

（1）编制施工方案、安全技术措施、护壁结构设计，由技术负责人签字批准。

（2）对地下管线、地下构筑物、工地现场周围交通、地表排水、振动源、高压电气影响等进行调查，掌握有关资料并制定措施。

（3）施工前，由工程项目经理部主管施工技术人员向承担施工的专业分包负责人进行安全技术交底，交底应有记录，并形成纪要文件下发到分包负责人，由分包负责人向全体作业人员进行详细的宣贯、交底，交底内容应包括：施工程序、安全技术要求、地下管线、设施情况、周围环境和现场防护要求。

（4）施工前，检查所需的材料、工具设备，必须保证充足、完好、有效，工具设施包括：辘轳、绳索、挂钩、料斗（柔性材料制作）模板、软梯、空压机和通风管、低压变压器、手把灯等，确保正常、不间断的施工。

（5）施工中土层有水时，必须采取措施疏干后方可施工。

（6）护壁要求：必须采用混凝土护壁；首节护壁高于地面20cm；上下相邻护壁节间用锚筋相连；护壁强度达到5MPa后方可开挖下层土方；施工中必须按设计要求的层深（不得大于100cm，遇松软土质不得大于50cm），挖一层土方施做一层护壁，严禁超挖、后补做护壁。

（7）人员、防护及作业要求：

作业人员上下井孔必须走软梯，孔下作业人员必须戴安全帽，向孔内传递工具必须用料斗系放、严禁扔投。

桩孔周围2m范围内必须设护栏和安全标志牌，非作业人员禁止入内。3m内不得行驶或停放机动车，土方应随挖随运，暂不运的土应堆在孔口1m以外，高度不得超过1m，孔口1m范围内不得堆放任何材料。

每孔必须两人配合施工，轮换作业。孔下作业人员连续作业不得超过2h，孔口人员必须监护孔内人员的安全。

施工中孔口需要用垫板时，垫板两端搭放长度不得小于1m，垫板宽度、厚度分别不得小于30cm、5cm。孔口作业人员应系安全带。

施工中遇塌孔、地下水涌出、有害气体等异常情况，必须立即停止作业，将孔内人员立即撤离危险区，现场应配有急救用品（氧气等）。

孔内照明必须使用36V（含）以下安全电压，夜间不得进行施工作业。

施工作业中，非施工人员禁止入内，暂停作业时，孔口必须设围挡和安全标志或用盖板盖牢，阴暗时和夜间应设警示灯。

施工作业中，人员进孔前，必须配备气体检测仪器，检测孔内空气质量，确认符合国家现行标准的要求，孔深超过5m后，作业中应强制通风。

人工挖孔过程中，必须设置安全管理人员对施工现场进行监控，掌握桩孔的安全状况，消除隐患，保证安全施工。

（二）基坑施工

主要事故类型：坍塌、淹溺、爆炸等事故。控制措施及建议：

（1）基坑尺寸应能满足基础安全施工要求，基坑顶面应有良好的运输通道。

（2）当挖土深度超过5m或发现有地下水和土质发生特殊变化时，应根据现场实际情况确定边坡坡度或采取支护措施，基坑支护应根据土质情况、施工周期和现场情况进行施工专项设计，并符合现行《建筑基坑支护技术规程》的有关要求。

（3）开挖中发现危险物、不明物等严禁敲击和擅自处理。

（4）基坑邻近各类管线、建（构）筑物时，开挖前应按施工组织设计的要求实施拆移、加固或保护措施，经检查符合要求后方可开挖。

（5）土层中有水时，应在开挖前进行排降水，先疏干再开挖，不得带水挖土。

（6）开挖中出现基坑顶部地面裂缝、坑壁坍塌或涌水、涌沙时，必须立即停止施工，人员撤离危险区，待采取措施确认安全后方可恢复施工。

（7）基坑开挖与支撑、支护交叉进行时，严禁开挖作业碰撞、破坏基坑的支护结构。

（8）施工现场附近有电力线架空时，应设专人监护。

（9）基坑外堆土时，堆土距基坑边缘1m以外，堆土高度不得超过1.5m。

（10）人工清基应在挖掘机停止运转，且挖掘机指挥人员同意后进行，严禁在机械回转范围内作业。

（11）基坑内应设安全梯或土坡道等攀登设施。

（12）基坑范围内有地下水，需降水施工时，应根据水文地质和现场环境状况进行；在水深超过1.2m的水域作业，必须选派熟悉水性的人员，并采取防止溺水的措施。

（13）导流施工时：

宜在枯水季节进行；施工前应对现场情况进行调查，掌握现场的工程地质，水文地质情况和河湖的水深、流速、最高洪水位、上下游闸堤情况与施工范围内的地上地下设施现况，编制导流施工设计，制订相应的安全技术措施；施工前应向海事管理部门申办施工手续，并经批准。

（14）地基处理时：

爆破施工应符合现行《爆破安全规程》的有关要求；施工前，必须由具有相应爆破设计资质的企业进行爆破设计，编制爆破设计书，并制订专项施工方案和相应的安全技术措施，经市、区政府主管部门批准后方可实施；爆破施工必须由具有相应爆破施工资质的企业承担，由经过爆破专业培训、具有爆破作业上岗资格的人员操作；爆破前应对爆破区周围的环境状况进行调查，了解并掌握危及安全的不利环境因素，采取相应的安全防护措施；露天爆破装药前，应与气象部门联系，及时掌握气象资料，遇雷电、暴雨雪来临、大雾天气、风力大于六级等恶劣天气时，必须停止作业。

（三）水上群桩施工

主要事故类型：起重、船撞、平台坍塌、高处坠落、触电及机械损伤等事故。控制措施及建议：

（1）应根据桩径、桩深、工程和水文地质与现场环境等状况选择适宜的施工方法和机具，并制订相应的安全技术措施。

（2）作业平台应根据施工荷载、水深、工程地质状况进行施工专项设计，其高程应在施工期间的最高水位 70cm 以上。

（3）施工中应与海事部门密切沟通，确保航道运输安全。

（4）施工中应密切关注气候环境变化情况，尤其需要重点关注风速、水位、流速、流量等。

（5）泥浆护壁成孔时，孔口应设护筒。埋设护筒后至钻孔前，应在孔口及泥浆沉淀池周围设置护栏和安全标志。

（6）护壁泥浆循环使用过程始终保持泥浆性能满足设计和施工方案的要求。清理残渣不得随意排放，以免污染环境。

（7）钻孔作业应满足下列要求：

施工场地应平整、坚实，现场应划定作业区，非施工人员禁止入内；施工现场附近有电力架空线路时，施工中应设专人监护；钻机运行中作业人员应位于安全处，严禁人员靠近钻杆，钻头悬空时严禁下方有人；钻孔过程中，应经常检查钻渣并与地质剖面图核对，发现不符时应及时采取安全措施；钻孔应连续作业，建立交接班制，并形成文件(制度和交接班记录)；成孔后或因故停钻时，应将钻具提至孔外置于地面上，关机、断电并应保持孔内护壁措施有效，孔口应采取防护措施；钻孔作业中发生坍孔和护筒周围冒浆等故障时，必须立即停钻，钻机有倒塌危险时，必须立即将人员和钻机撤至安全位置,经技术处理并确认安全后,方可继续作业;施工中严禁人员进入孔内作业。

(四)支架法施工

主要事故类型:坍塌、高处坠落、物体打击。控制措施及建议:

(1)支架法施工前,应根据结构特点、混凝土施工工艺和现行的有关要求进行施工专项安全设计,并制订安装、拆除程序及安全技术措施。

(2)制作支架的材质,应符合现行国家相关技术标准的要求,钢管支架及其配件应由具有资质的企业生产,并验收质量合格。周转使用的钢管支架及配件,使用前应经检查不得有裂纹、变形和腐蚀等缺陷。

(3)支架跨越公路时应满足以下条件:施工前,应制订模板、支架支设方案和交通疏导方案并经道路交通管理部门批准;模板、支架的净高、跨度应依据道路交通管理部门的要求确定,并设相应的防撞设施和安全标志;位于路面上的支架四周和路面边缘的支架靠路面一侧必须设防护桩和安全标志,阴暗时和夜间必须设警示灯;拆装时必须设专人疏导交通,施工期间应设专人随时检查支架和防护设施,确认符合方案要求;支架法施工中应密切监测各种不良气候因素,并应做好支架立柱基础沉降监控。

(五)墩柱(塔)施工(设计墩高超过 30m 将作为专项评估重点)

主要事故类型:坍塌、高处坠落、起重、模板拆装等事故。

液压滑动模板施工应符合以下要求:

(1)滑模施工应符合现行《液压滑动模板施工安全技术规程》的有关要求。

(2)采用支架模板法时应根据结构特点、混凝土施工工艺和现行的有关要求对支架进行施工专项安全设计,并对安装、拆除程序和安全技术措施提出要求。

(六)悬臂浇筑施工

主要事故类型:坍塌、物体打击,高处坠落等事故。控制措施及建议:

(1)悬臂浇筑挂篮应进行施工设计,其强度、刚度、稳定性应满足施工各阶段最大荷载组合的要求。

(2)桥梁混凝土浇筑过程中,应随时检查钢筋、波纹管和预埋件,发现位移或松动必须及时修复,且应设专人监测模板和支架、挂篮的稳定状况,发现异常必须立即停止浇筑,并及时采取安全技术措施,经检查确认合格后方可恢复施工。

(3)大雨、大雪、大雾、沙尘暴和六级(含)风以上等恶劣天气必须停止作业。

（七）架桥机施工

主要事故类型：坍塌事故。

控制措施及建议：

（1）应根据现场条件，通航要求和河床情况，梁板外形尺寸、质量，桥梁宽度，桥墩高度，构件存放位置，施工季节和工期要求等因素选择适宜的架梁机械，制订合理的架设方案和相应的安全技术措施。

（2）使用定型的架梁设备应符合生产企业使用说明书的要求，正式吊装前应经试吊，确认合格并形成文件（试吊记录和结论）。非定型架梁设施应进行施工设计，其强度、刚度、稳定性应满足桥梁吊装过程中荷载的要求；组拼完成后应进行验收并形成文件（验收报告）；在正式吊装前应经试吊，确认合格，并形成文件（试吊记录和报告）。

（3）架梁前应向全体作业人员（含机械操作工）进行安全技术交底，并形成文件（交底记录及交底资料）。

（4）在架梁过程中，施工现场必须根据环境状况设作业区，并设护栏和安全标志，必要时应设专人值守，严禁非施工人员入内。

（5）架梁过程中，应严格执行相关安全操作规程。

（6）大雨、大雪、大雾、沙尘暴和六级（含）风以上等恶劣天气必须停止作业。

（7）桥台位置、曲线超高段等不利位置架梁，应制订详细的安全技术措施，防止架桥机坍塌事故发生。

（8）跨越通告的公路及航道架梁时应与相关主管部门取得联系，商定架设方案和安全防护措施，并经批准。

（八）防止船撞结构物措施

1. 防止工程船舶撞栈桥措施

所有船舶均需配备足够的锚定系统，在进入喂梁区域抛出后锚，控制惯性撞击栈桥，同时防止发生走锚事故。船舶进入吊装区域后，及时制动或挂倒挡。沿着栈桥每隔一定距离搭设钢管桩防止船舶与栈桥接触，同时作为系缆柱，缓慢绞船进入架梁区。

2. 防止工程船舶撞墩措施

所有进入本工程施工的船舶事先必须进行严格的安全资质审查，确保证书及人员配备齐全、设备完好率高、符合相关法律法规要求、能够满足本工程施工作业要求，并签订安全协议书，明确安全责任。制定严格的施工船舶作业计划和操作规程，并对船员进行针对性培训，经考核合格后才能上岗，定期进行考核，防止违规操作发生撞墩事故。所有作业船舶均需配备足够的锚定系统，防止发生走锚事故。

3. 施工水域标识及警戒措施

依据相关程序上报，及时要求航道管理部门发布航行通报，设置施工水域禁航标志。在工程作业船舶和已施工完毕或正在施工的墩位上设置障碍物警示标志。工程船舶抛设的锚缆要求抛设浮标进行标识。

第四节 风险总体评估实例

某大桥工程基本概况：大幅总长2364.50m，右幅总长2324.50m，最大单孔跨径为40m预应力混凝土T梁，采用柱式、空心薄壁桥墩及桩基础。其中有31个桥墩高度均在30m以上，地形地貌属低山-丘陵地貌区，跨越国道G209，施工工艺比较成熟。总体风险评估见表9-5。

表9-5 某大桥工程总体风险评估表

评估指标	分类	分值	实际情况说明	评估分值
建设规模 (A_1)	单孔跨径L_k（总长L_k）超过或达到国内外同类桥型最大单孔跨径L_k（总长L）	6~8	大幅总长2364.50m，最大单孔跨径为40m预应力混凝土T梁；右幅总长2324.50m，最大单孔跨径为40m预应力混凝土T梁。国内建成的同类型桥梁非常普遍	4
	$L_k \geq 150m$或$L \geq 1000m$	4~5		
	$40m < L_k < 150m$或$100m \leq L < 1000m$	2~3		
	$L_k < 40m$或$L < 100m$	0~1		
	墩高$H \geq 30m$	1~3	有31个桥墩高度均在30m以上，最高达58.653m	2
	墩高$H < 30m$	0		
地质条件 (A_2)	不良地质灾害多发区域（包括岩溶、滑坡、泥石流、采空区、强震区、雪崩区、水库坍岸区等）	4~6	工程地质条件，区内无断裂通过，整体稳定性较好。中厚层状坚硬白云岩为主，溶蚀现象较发育、局部岩体节理裂隙较发育.表层风化、溶蚀较强烈，斜坡上覆盖少量残坡积土体，冲沟中覆盖冲洪积砂、卵砾石。水文地质条件相对简单，基岩岩性以变质岩、碎屑岩、火成岩为主，赋水性差，地下水量总体贫乏。地质条件较好，基本不影响施工安全因素	1
	存在不良地质灾害，但不频发或存在特殊性岩土，影响施工安全及进度	2~3		
	地质条件较好，基本不影响施工安全因素	0~7		

续表

评估指标	分类	分值	实际情况说明	评估分值
气候环境条件（A_3）	极端气候事件多发区域（洪水、强风、强暴雨雪、台风等）	4~6	属北亚热带大陆性季风气候，由于地形变化以北亚热带、暖温带、中温带为主，具有光照充足、降水集中、夏旱突出、冬温高、雪雨少等特点。平均气温在10℃~16℃之间，极高气温达42.7℃，极低气温-13.5℃，平均年降水量800~950mm。年平均风速在1.2~1.9m/s。本项目所在区域气候条件对工程建设的组织和安排影响不大	1
	气候条件一般，可能影响施工安全，但不显著	2~3		
	气候条件良好，基本不影响施工安全	0~1		
地形地貌条件（A_4）	跨江、河、海湾：通航等级1~3级	4~6	跨G209国道	4
	跨江、河、海湾：通航等级4~6级	2~3		
	跨江、河、海湾：通航等级7级及等外	0~1		
	陆地：跨线桥（公路、铁路等）及其他特殊桥	3~6		
桥位特征（A_5）	新技术、新工艺、新设备国内首次使用	2~3	国内已建成的同类桥梁比较多，施工单位施工经验丰富，具有公路桥梁施工资质，参与完成较多的类似桥梁施工等，施工工艺比较成熟	1
	施工工艺较成熟，国内有相关应用	0~1		

由总体风险评估表计算得出某大桥工程总体风险值R=15分，根据桥梁工程施工安全总体风险等级标准得出结论：某大桥风险等级为Ⅳ级，属极高风险，应组织开展专项风险评估。评估重点为建设规模较大、跨公路桥梁施工。同时本工程包含31个高墩，施工前要依据有关要求对高墩和跨路现浇箱梁施工进行专项安全设计，防止坍塌、高处坠落、起重、模板拆装等事故的发生。专项评估中要重点进行工序分解，详细普查风险源，对应每个风险源（尤其是高风险源，如跨路施工、高墩施工等），分析潜在事故类型及对应的不安全行为和状态，经过LEC（作业条件危险性评价法）打分筛选进行风险估测，分值高的风险源进入重大风险源风险估测。重大风险源估测采取指标体系法和风险矩阵相结合的方法，划分专项风险等级，依据《指南》中风险接受准则提出相应等级的控制措施，最终制订切实可行的安全施工方案。

第十章 公路桥梁工程施工专项风险评估

专项风险评估是将总体风险评估等级为Ⅲ级（高度风险）及以上桥梁工程中的施工作业活动（或施工区段）作为评估对象，根据其作业风险特点以及类似工程事故情况，进行风险源普查，并针对其中的重大风险源进行量化估测，提出相应的风险控制措施。它属于动态评估。

专项风险评估前，首先，应按照施工组织设计所确定的施工工法，分解施工作业程序，结合工序（单位）作业特点、环境条件、施工组织等致险因子，辨识施工作业活动中典型事故类型，从而建立风险源普查清单，并通过风险分析和估测，确定重大风险源。其次，按照《指南》推荐的指标体系法评估重大风险源的风险等级，并对照风险可接受准则从而确定相应的风险控制措施。

第一节 专项风险评估辨识流程

（1）收集整理分析资料。本工作针对在建桥梁、隧道工程展开，收集相关工程资料和有关法律、法规、标准、规范。

（2）现场调研。进行现场调研，了解工程所在自然环境条件、施工组织现状，并按照施工组织设计中确定的施工流程和实际施工组织现状，比照相关国家标准和行业标准，评价主要施工过程的规范符合性，评估先期施工安全控制方法、手段、措施和效果。

（3）建立工作联络机制。在资料收集的基础上，明确实施小组每位成员的工作任务，与相关方建立工作联络机制。

（4）辨识风险源。结合工程实际地质情况和环境条件，确定工程的主要风险源。分析主要分部分项工程的施工方法、所用机具及工序可能存在的事故隐患。根据分部分项工程的功能、施工安全的特征限界等将评估对象划分为不同的评估单元。根据危险类型划分一般风险源和重大风险源。

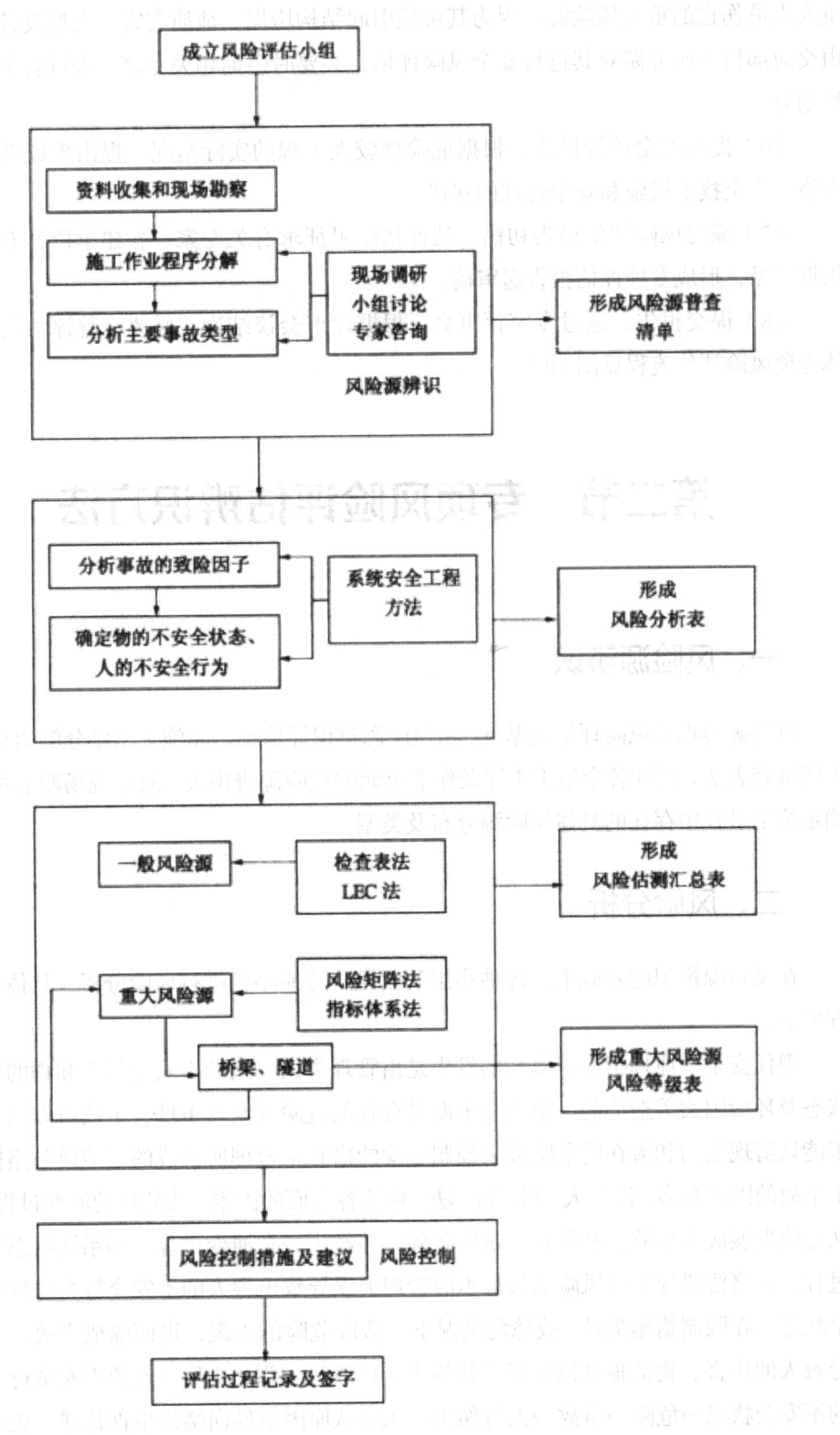

图10-1 专项风险评估流程图

（5）风险估测。对于一般风险源，从符合规范性角度进行评估。对于容易导致重大人员伤亡的重大风险源，因为其可能引起结构垮塌、地质灾害、大型设备事故，由交通部科学研究院对其进行安全风险评估，必要时咨询相关专家，进行安全风险等级划分。

（6）提出安全预控措施。根据危险性较大工程的实际情况，提出现场设置安全设施、安全技术措施和安全管理的建议。

（7）编写风险评估报告初稿。就评估结果征求有关专家、参建单位各方意见。根据意见，形成专项评估报告送审稿。

（8）提交报告，通过专家评审会，根据评审会议结论，修改完善评估报告。具体专项风险评估流程见图10-1。

第二节 专项风险评估辨识方法

一、风险源辨识

风险源辨识是风险评估的基础，由风险源辨识评估小组在施工工序分解的基础上，采用调查表法，设计各个施工工序及作业单元的危险源辨识表，通过现场勘察及调研，确定施工过程中存在的具体风险源分布及类型。

二、风险分析

在风险源辨识的基础上，评估小组利用风险传递路径进行风险分析。具体分析过程如下：

现代安全学原理指出，事故的发生是由管理失误、人的不安全行为和物的不安全状态及环境因素等造成的。事故的来源是存在的危险及激发事件，事故可以认为是由未能认清现实的和潜在的危险或由控制危险的措施不合理所造成的。造成公路桥梁施工事故的因素众多，涉及人、机、料、法、环等各方面的因素。从危险的演变过程来看，从危险发展成为事故，必须有一定的条件，并经历一个演变过程，即系统状态变化的过程。公路桥梁施工的风险从最根本的管理失误导致出现人的不安全行为与物的不安全状态，在限制措施失效/故障的情况下，造成危险的出现，进而酿成事故，最终会导致人的伤害、物的损坏以及财产的损失，即管理失误/缺陷→人的不安全行为与物的不安全状态→危险→事故→人身伤害。风险从原因事件向结果事件传递，表现形式由管理失误分化到若干不同的危险形态，最终产生后果（伤害、环境损失、财产损失）。

这种从管理失误/缺陷到伤害的风险传递，与危险演变的过程是一致的。公路桥梁施工管理失误的风险传递路径如图 10-2 所示。

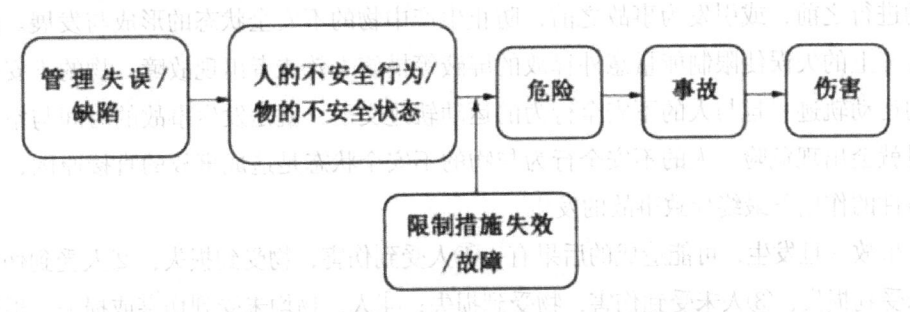

图10-2 公路桥梁施工管理失误风险传递路径

对公路桥梁施工管理失误风险传递路径进行抽象化，针对公路桥梁施工作业的特点，可知：风险从原因事件向结果事件传递，其表现形式由最初单一的、确定的管理失误（D）分化到若干不同的危险形态（H_1, H_2, $\cdots$, H_n）并导致事故发生，最终发展到多样的、程度不一的伤害（I_{11}, I_{12}, $\cdots$, I_m）。公路桥梁施工风险传递路径见图 10-3。

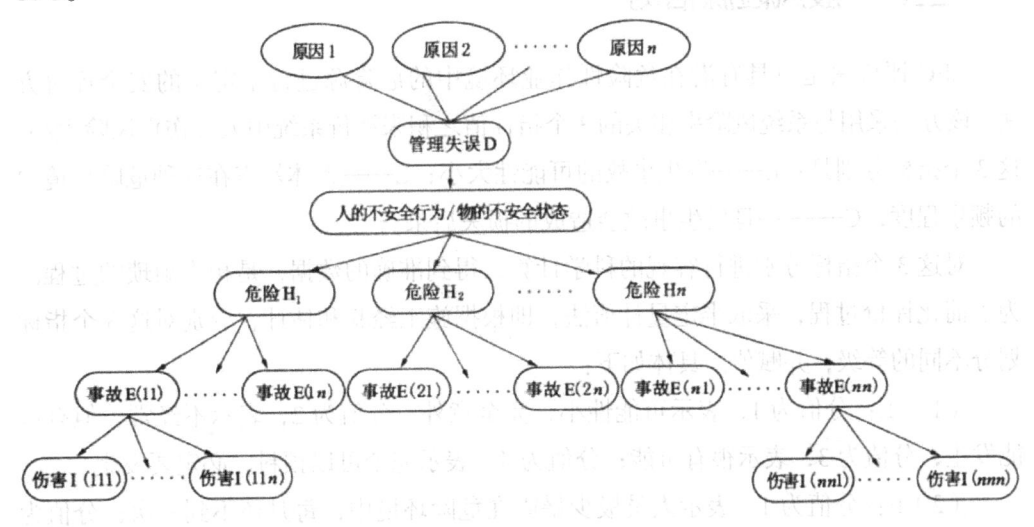

图10-3 公路桥梁施工风险传递路径

由图 10-3 可知，在公路桥梁施工安全管理中，由于公路桥梁施工安全工作的特点主要体现为单件性、多源性、动态性、伴随性、高风险性及系统性等，公路桥梁施工现场人员流动性较大，施工过程复杂多变，危险源易于集中，由于管理制度的不完善、管理机构的不健全、管理变更、管理监督不严、管理人员缺乏经验、违章指挥等导致交通施工管理上出现失误。管理方面的缺失或者失误会直接造成公路桥梁施工现场生产一线的工人违章操作、违反劳动纪律等，也会使农民工出现缺乏安全教育和培训、安全意识淡薄等现象。同时，公路桥梁施工现场的机械、物料、生产对象以及其他生产要素等物的因素都含有能量，安全管理的重要任务之一就是在进行施工设计、工艺安排、施工组织与具体操作时，采取有效的控制措施，把物的不安全状态消除在生产活动进行之前，或引发为事故之前，防止生产中物的不安全状态的形成与发展。但由于管理上的失误使限制能量意外释放的屏蔽等措施失效或者出现故障，物的不安全状态的运动轨迹一旦与人的不安全行为的运动轨迹交汇，就是发生事故的时间与空间，此时就会出现危险。人的不安全行为与物的不安全状态是造成事故的直接原因，在触发事件的作用下最终导致事故的发生。

事故一旦发生，可能造成的后果有：①人受到伤害，物受到损失；②人受到伤害，物未受到损失；③人未受到伤害，物受到损失；④人、物均未受到伤害或损失。根据不同的事故类型，按照风险传递路径进行倒查，逐步辨识公路桥梁施工的危险源及致险因子。

通过利用风险传递路径进行分析，评估小组从人、机、料、法、环等方面，确定了受伤害对象（人或物）、伤害主体（机械、临时结构、外界条件等）、损失程度（人员伤亡、财产损失）及事故原因，形成了风险源风险分析表。

三、一般风险源估测

LEC 评价法是对具有潜在危险性作业环境中的危险源进行半定量的安全评价方法。该方法采用与系统风险率相关的 3 个指标值之积来评价系统中人员伤亡风险大小。这 3 个指标分别是：L——发生事故的可能性大小；E——人体暴露在这种危险环境中的频繁程度；C——一旦发生事故会造成的损失后果。

对这 3 个指标分别进行客观的科学计算，得到准确的数据，是相当烦琐的过程。为了简化评价过程，采取半定量计值法，即根据施工经验和估计，分别对这 3 个指标划分不同的等级，并赋值。具体如下：

（1）L：分值为 1，表示可能性小，完全意外；分值为 2，表示不经常，但有可能发生；分值为 3，表示很有可能；分值为 4，表示完全可以预料，必定要发生。

（2）E：分值为 1，表示人员极少暴露在危险环境中，每月还不到一次；分值为 2，表示每月多于 1 次地暴露在危险环境中；分值为 3，表示每天暴露在危险环境中；分值为 4，表示长时间持续地暴露在危险环境中

（3）C：分值为 1，表示人员受轻伤，经济损失很小；分值为 2，表示人员受重伤，有一定经济损失；分值为 3，表示 1 人死亡，有较大的经济损失；分值为 4，表示数人死亡，造成重大经济损失。

风险分值 $D=LEC$。D 值越大，说明该系统危险性大，需要增加安全措施，或改变发生事故的可能性，或减少人体暴露于危险环境中的频繁程度，或减轻事故损失，直至调整到允许范围内。根据施工经验，风险分值划分为 4 级：$D \geq 27$，风险级别为 1；$16 \leq D < 27$，风险级别为 2；$8 \leq D < 16$，风险级别为 3；$D < 8$，风险级别为 4。其中，

风险级别为1、2级的属于重大风险源,应采取有效措施,予以重点控制;风险级别为3、4级的为一般风险源,用企业现有规章制度进行预防和控制即可。

第三节 专项风险评估

一、风险矩阵法

风险矩阵法是通过选择关键工艺装置或风险区域,选择评价单元的风险规模和属性,编制风险矩阵表,提出风险改善措施。风险矩阵法能通过定性分析和定量分析综合考虑风险影响和风险概率两方面因素,对风险因素对项目的影响进行评估。根据《指南》,重大风险源风险估测采用的矩阵法指由事故可能性和事故严重程度组成的矩阵表来判定的方法。

1. 专项风险等级划分标准

专项风险等级分为四级:低度(Ⅰ级)、中度(Ⅱ级)、高度(Ⅲ级)、极高(Ⅳ级),如表10-1所示。

表10-1 专项风险等级标准

严重程度等级可能性	等级(P)	一般 1	较大 2	重大 3	特大 4
很可能	4	高度Ⅲ	高度Ⅲ	极高Ⅳ	极高Ⅳ
可能	3	中度Ⅱ	高度Ⅲ	高度Ⅲ	极高Ⅳ
偶然	2	中度Ⅱ	中度Ⅱ	高度Ⅲ	高度Ⅲ
不太可能	1	低度Ⅰ	中度Ⅱ	中度Ⅱ	高度Ⅲ

2. 事故可能性等级划分标准

重大风险源事故可能性等级划分标准见表10-2。

表10-2 桥梁重大风险源事故可能性等级划分

计算分值P	等级描述	等级
P≥14分以上	等级Ⅳ(很可能)	4
6≤P<14	等级Ⅲ(可能)	3
3≤P<6分	等级Ⅱ(偶然)	2
P<3	等级Ⅰ(不太可能)	1

3. 事故严重程度等级划分标准

事故严重程度的等级分成四级,主要考虑人员伤亡和直接经济损失。当多种后果同时产生时，应采用就高原则确定事故严重程度等级。

人员伤亡是指在施工活动过程中人员所发生的伤亡，依据人员伤亡的类别和严重程度进行分级，等级标准如表10-3所示。

表10-3 人员伤亡等级标准

等级	1	2	3	4
定性描述	一般	较大	重大	特大
人员伤亡	人员死亡（含失踪）人数<3或重伤人数<10	3≤人员死亡（含失踪）人数<10或10≤重伤人数<50	10<人员死亡（含失踪）人数<30或50≤重伤人数<100	人员死亡（含失踪）人数≥30或重伤人数≥100

直接经济损失是指事故发生后造成工程项目发生的各种费用的总和，包括直接费用和事故处理所需（不含恢复重建）的各种费用，等级标准如表10-4所示。

表10-4 直接经济损失等级标准

等级	1	2	3	4
定性描述	一般	较大	重大	特大
经济损失/万元	Z<10	10≤Z<50	50≤Z<500	Z≥500

二、指标体系法

重大风险源事故可能性等级划分标准见表10-5，其中$P=P\gamma$，按四舍五入计算取整；R为施工事故可能性评估指标体系赋予分值；γ为折扣系数，与安全管理评估指标分值M相关联。

1. 安全管理评估指标体系

人的因素及由施工管理引发的事故可能性估值指标分值通过$M=A+B+C+D+E+F+G+H$进行计算，各评估指标具体取值如表10-5所示，其折减系数γ见表10-6。

表10-5 安全管理评估指标体系

评估指标	分类	分值	说明
总包企业资质A	三级	3	
	二级	2	
	一级	1	
	特级	0	
专业及劳务分包企业资质B	无资质	1	针对当前作业的主要分包企业
	有资质	0	

续表

评估指标	分类	分值	说明
历史事故情况C	发生过重大事故	3	项目部主要管理人员从事过的工程项目上曾经发生的事故情况
	发生过较大事故	2	
	发生过一般事故	1	
	未发生过事故	0	
作业人员经验D	无经验	2	从特种作业人员、一线施工人员的工程经验考虑
	经验不足	1	
	经验丰富	0	
安全管理人员配备E	不足	2	从"三类人"的持证、在岗情况考虑
	基本符合规定	1	
	符合规定	0	
安全投入F	不足	2	
	基本符合规定	1	
	符合规定	0	
机械设备配置及管理G	不符合合同要求	2	
	基本符合合同要求	1	
	符合合同要求	0	
专项施工方案H	可操作性较差	2	
	可操作性一般	1	
	可操作性强	0	

表10-6 安全管理评估指标分值与折减系数对照表

计算分值M	折减系数γ
$M>12$	1.2
$9 \leq M \leq 12$	1.1
$6 \leq M \leq 8$	1
$3 \leq M \leq 5$	0.9
$0 \leq M \leq 2$	0.8

2. 施工事故可能性评估指标体系

重大风险源事故可能性方面,《指南》对桥梁工程推荐了人工挖孔桩等8个重大风险源的可能性评估指标,对隧道工程推荐了坍塌等3个重大风险源的可能性评估指标。

第四节　一般风险源控制措施

一、完善安全管理制度

施工单位严格执行《公路水运工程安全生产监督管理办法》有关规定，贯彻落实《国务院关于进一步加强安全生产工作的决定》的精神，在地方安全管理政策的基础上，结合工程项目的特点，编制安全目标及安全防范重点，完善安全生产管理体系，制定安全生产人、财、物的保证措施。

二、加强安全教育培训

1. 分公司安全教育

（1）国家安全生产方针、政策和有关安全生产的法律、法规；

（2）本单位安全生产情况及安全生产基本知识；

（3）本单位安全生产规章制度和劳动纪律；

（4）事故应急救援、事故应急预案演练及防范措施；

（5）从业人员安全生产责任和义务；

（6）有关事故案例等。

2. 项目部安全教育

（1）本项目部安全生产状况及特点；

（2）本项目部安全生产规章制度；

（3）本项目部施工现场危害因素的分析与辨识；

（4）本项目部安全设备设施及个人防护用品的使用和维护；

（5）本项目部易发事故和职业危害的预防措施及安全注意事项；

（6）本项目部易发事故的自救、互救、急救方法，疏散和现场紧急情况的处理；

（7）有关事故案例；

（8）其他需要培训的内容。

3. 部室安全教育

（1）本部室安全生产责任制及本岗位安全职责；

（2）岗位之间工作衔接配合的安全与职业卫生事项；

（3）有关事故案例；

（4）其他需要培训的内容。

4. 项目部新人培训

对项目部新人，应培训上述分公司安全教育、项目部安全教育和部室安全教育的全部内容。

三、加强安全防护

（一）劳动防护用品

各分部应当向作业人员提供安全防护用具和安全防护服装，并书面告知危险岗位的操作规程和违章操作的危害。作业人员应当遵守安全施工的强制性标准、规章制度和操作规程，正确使用安全防护用具、机械设备等。

1. 劳动防护用品的发放

根据工作场所中的职业危害因素及危害程度，按照法律、法规、标准的规定，为从业人员免费提供符合国家规定的防护用品。

应到定点经营单位或生产企业购买特种劳动防护用品。防护用品必须具有"三证"，即生产许可证、产品合格证和安全鉴定证。购买的防护用品须经本单位安全管理部门验收，并在使用前对其防护功能进行检验。

应教育从业人员，按照防护用品的使用规则和防护要求，正确使用防护用品。使职工做到"三会"，即会检查防护用品的可靠性，会正确使用防护用品，会正确维护保养防护用品。

应按照产品说明书的要求，及时更换、报废过期和失效的防护用品。

应建立健全防护用品的购买、验收、保管、发放、使用、更换、报废等管理制度和使用档案。

2. 劳动防护用品的使用

使用前首先做外观检查。检查的目的是认定用品对有害因素防护效能程度；用品外观有无质量缺陷或损坏；各部件组装是否严密，启动是否灵活等。

劳动防护用品的使用必须在其性能范围内，不得超限使用；不得使用未经国家指定检测部门认可或检测达不到标准的产品；不得随便代替，更不能以次充好。严格按照使用说明书正确使用劳动防护用品。

（二）安全防护设施

1. 高处作业防护

高处作业的安全防护设施及其所需料具，应优先采购、发放。

雨天和雪天进行高处作业时，必须采取可靠的防滑、防冻措施。

防护棚搭设与拆除时,应设立警戒区,并派专人监护。

乘人的外用电梯、吊笼,应有可靠的安全装置。

2. 临边作业防护

基坑周边,尚未安装栏杆或栏板的结构平台、料台、挑平台周边等,都必须设置防护栏杆。

井架与施工用电梯、架桥机等施工机械、脚手架与建筑物等通道的两侧边及端头,必须设防护栏杆。地面通道上部应装设安全防护棚;双笼井架通道中间,应予以分隔封闭。

各种垂直运输接料平台,除两侧设防护栏杆外,平台还应设置安全门或活动防护栏杆。

3. 攀登作业防护

攀登的用具,结构构造必须牢固可靠,供人上下的踏板其使用荷载不得大于1100N;当梯面上有特殊作业,重力超过上述荷载时,应按实际情况加以验算。

梯脚底部应坚实,不得垫高使用;梯子的上端应有固定措施;立梯的工作角度以75°±5°为宜,踏板间距以30cm为宜,不得有缺档。

梯子若需接长使用,必须有可靠的连接措施,且接头不得超过一处,连接后梯子的强度不应低于单个梯子的强度。

固定式直爬梯应采用金属材料制成。梯宽不应大于50cm,支撑应采用不小于70mm×6mm的角钢,埋设件焊接必须牢固。梯子顶端的踏板应与攀登的顶面齐平,并加设1~1.5m高的扶手。使用直爬梯进行攀登作业时,攀登高度以5m为宜。超过5m时,应加设护笼;超过8m时,必须设置梯间平台。

架梁作业若需在梁面或盖梁上行走,其一侧的临时护栏可采用钢索,当改用扶手绳时,绳的自然下垂度不应大于L/20,并应控制在10cm以内。当无法安装防护设施时,应在作业面上合适的位置全长设置提供作业人员挂安全带保险钩的钢索。

4. 悬空作业防护

悬空作业处应有牢靠的立足处,并必须视具体情况配置防护栏网、栏杆或其他安全防护设施。

5. 构件吊装安装和拆卸防护

钢结构构件的吊装和拆卸,应搭设设施进行临时固定,电焊、高强度螺栓连接等工序的登高和作业的安全设施,随构件同时上吊就位。高空吊装预应力结构件等大型构件前,也应搭设悬空作业中所需的安全防护设施。

6. 箱梁、盖梁等模板支撑和拆卸防护

支设高度在3m以上的立柱模板,四周应设斜撑,并应设置操作平台。支设悬挑形式模板时,应有稳固的立足点;支设临空构筑物模板时,应搭设支架或脚手架。模

板上有预留孔时,应在安装后将孔封堵。混凝土板上拆模后形成的临时洞孔,临边,应设置规范的防护设施。拆模高处作业,应配置登高用具或搭设脚手架。

绑扎钢筋和安装钢筋骨架时,必须搭设脚手架和登高设施;绑扎立柱钢筋时,不得站在钢筋骨架上或攀登骨架上下;绑扎圈梁、挑梁、挑檐、外墙等钢筋时应同步搭设脚手架,并张挂安全网;悬空大梁钢筋的绑扎,必须在满铺的脚手架上操作。

7. 移动式操作平台防护

操作平台应由专业人员按现行的规范进行设计,计算书及图纸应编入专项施工方案。操作平台面积不应超过 10m²,高度不应超过 5m,并应进行稳定验算及采取措施用来改变立柱的长细比。

轮式移动式操作平台,轮子与平台的接合处应牢固可靠,立柱底端距地面不得超过 80mm。

操作平台可用 48mm×3.5mm 钢管以扣件连接,或采用门架式或承插式钢管脚手架部件,按产品使用要求进行组装。平台次梁的间距不应大于 40mm,台面满铺不小于 5cm 厚的木板。

操作平台的四周必须按临边作业要求设置防护栏杆,并应布置登高梯。

8. 交叉作业防护

由于上方施工可能坠落物件或处于起重机臂杆回转范围之内的通道,在其受影响的范围内,必须搭设顶部能防止穿透的双层防护通道。

各工种进行上下立体交叉作业时不得在同一垂直方向上操作;下层作业的位置,必须处于依上层高度确定的可能坠落范围半径之外;不符合以上条件时,应设置安全防护层。

钢模板部件拆除后,临时堆放处离临边不应小于 1m,堆放高度不得超过 1m;"四口五临边"等边缘处,严禁堆放任何物件。

结构施工自二层起,凡人员进出的通道口(包括井架、施工用电梯的进出通道口),均应搭设安全防护棚。

9. 火灾防护

各分部的仓库、堆场和临时建筑物应当符合下列要求:高压架空线下禁止搭建仓库和临时建筑物,禁止堆放易燃、可燃物品。临时办公区、生活区所使用建筑材料的耐火等级不得低于三级,禁止搭建木板房。临时建筑物之间的防火间距不得小于 5m。成组布置的临时建筑物,每组不应超过 10 幢,组与组之间的防火间距不应小于 10m。临时建筑物不宜超过 2 层,临时宿舍的房间建筑面积大于 50m² 的,应当设置两个安全出入口。临时宿舍的窗不得用硬质材料封堵。每个房门至疏散楼梯的距离不得超过 25m。

各分部配备的灭火器具应当设置在醒目和便于取用的地方。手提式灭火器宜设置在挂钩、托架或灭火器箱内,其顶部离地面高度应小于1.5m,底部离地面高度不宜小于0.08m。具体配置类型和数量应符合下列要求:各分部的办公区、住宿场所等永久性建筑物应当严格按照《建筑灭火器配置设计规范》的有关要求配置相应类型和数量的灭火器。临时搭建的办公、住宿场所每100m²配备2具灭火级别不小于3A的灭火器,临时油漆加工区、易燃易爆危险物品仓库等每30m²应配备2具灭火级别不小于4B的灭火器。

进行电、气焊(割)作业时,作业点周边10m范围内不得有易燃易爆物品。对确实无法移动的可燃物品要采取可靠的防护措施,如用阻燃材料覆盖遮严,在允许的情况下,还可将可燃物喷水淋湿,增强耐火性能。

使用有机溶剂等材料或有可燃气体产生的作业区域,应当通风良好。自然通风不畅时,应当安装机械通风设备后方能施工。

各分部施工现场的平面布局必须综合考虑防火要求,建筑物的性质、周围环境等因素,要明确划分用火作业区(锅炉房、厨房及其他固定用火作业区)、禁火作业区(易燃、可燃材料的堆放场地)、仓库区(易燃、可燃材料的存放区)、易燃废品集中区及临时生活办公区等区域,各区域之间要按规定保持如下防火安全距离:

用火作业区与在建工程和其他区域的距离应不小于25m;禁火作业区距离生活区不小于15m,距离其他区域不小于25m;仓库区与在建工程和其他区域的距离应不小于20m;易燃废品集中区与在建工程和其他区域的距离应不小于30m;防火区域内,不应堆放易燃和可燃材料。

10. 特殊季节、气候条件施工防护

各分部应当根据不同施工阶段和周围环境及季节、气候的变化,在施工现场采取相应的安全防护措施。

大雨前后,要检查场地临时设施、脚手架、机电设备、临时用电线路,发现倾斜、变形、下沉、漏雨、漏电等现象,应及时修复和加固;有严重危险的应立即排除。

对于塔吊等高耸机械,应设避雷装置;对于机电设备的电气开关,要有防雨防潮措施。现场道路应加强维护,斜道和脚手板应有防滑措施。

高温期间应调整作业时间,避免在一天中温度最高时段施工;在工地设置遮阳棚供作业人员休息,供应清凉饮料,并备有防中暑药品。

低温季节要做好防寒保暖工作,给低温作业人员提供御寒服装;冬季露天作业时,应在工作地点附近设立取暖室,供作业人员轮流取暖休息之用。

11. 驻地建设防护

施工现场应符合防洪、防水等安全要求,严禁在泥石流、滑坡体、山洪位下等区域设置施工驻地。

施工现场的临时设施,必须避开陡坡、悬崖、泥石流等危险区域,应选在水文、地质良好的地段。

四、提高安全警示

各分部应当在施工现场出入口或者沿线各交叉口，施工起重机械、拌和场、临时用电设施、爆破物及有害危险气体和液体存放处以及作业检修平台孔和洞口，基坑边沿、脚手架、码头边沿，桥梁边沿等危险部位，设置明显的安全警示标志。

安全警示标志应根据《安全色》《安全标志》的规定，充分利用红（禁止，危险）、黄（警告，注意）、蓝（指令，遵守）、绿（通行、安全）四种传递安全信息的安全色，正确使用安全色，使人员能够迅速发现或分辨安全标志，及时得到提醒，防止事故、危害的发生。安全标志要醒目清晰、简单易懂、易懂易记，并且需要清晰持久。每年至少检查一次，如发现变形、破损或图形符号脱落及变色等影响效果的情况，应及时修正或更换。

第五节 重大风险源控制措施

常用桥梁重大风险源控制措施如下。

一、人工挖孔桩作业事故

人工挖孔桩为隐蔽工程，风险防控应重点考虑坍塌事故、物体打击事故、高处坠落事故以及中毒窒息事故。主要防控措施及建议见表10-7。

表10-7 人工挖孔桩施工风险防控措施及建议

序号	风险防控措施及建议
1	人工挖孔桩施工前，应根据桩的直径、桩深、土质、现场环境等状况进行混凝土护壁结构的设计，编制施工方案和相应的安全技术措施，并经企业负责人和技术负责人签字批准
2	人工挖孔桩施工前应对现场环境进行调查，掌握以下情况： （1）地下管线位置、埋深和现况。 （2）地下构筑物（渗水池等）的位置、埋深和现况。 （3）施工现场周围建（构）筑物、交通、地表排水、振动源等情况。 （4）高压电气影响范围
3	人工挖孔桩施工前，项目部的主管施工技术人员必须向承担施工的专业分包负责人进行安全技术交底并形成文件。交底内容应包括施工工序、安全技术要求、现况地下管线和设施情况、周围环境和现场防护要求等
4	人工挖孔作业前，专业分包负责人必须向全体作业人员进行详细的安全技术交底，并形成文件

续表

序号	风险防控措施及建议
5	施工前应检查施工物资准备情况，确认符合要求，并应符合下列要求： （1）施工材料充足，能保证正常的、不间断的施工。 （2）施工所需的工具设备（辘铲、绳索、挂钩、料斗、模板、软梯、空压机和通风管、低压变压器、手把灯等）必须完好、有效。 （3）系入孔内的料斗应由柔性材料制作
6	当土层中有水时，必须采取措施疏干后方可施工
7	人工挖孔桩必须采用混凝土护壁；首节护壁应高于地面20cm；相邻护壁节间应用锚筋相连。护壁强度达5MPa后方可开挖下层土方。施工中必须按施工设计要求的层深，挖一层土方施做一层护壁。严禁超要求开挖、后补做护壁的冒险作业
8	人工挖孔作业过程应满足下列要求： （1）每孔必须两人配合施工，轮换作业。孔下人员连续作业不得超过2 h，孔口作业人员必须监护孔内人员的安全。 （2）孔下操作人员必须戴安全帽。 （3）桩孔周围2m范围内必须设护栏和安全标志；非作业人员禁止入内；3m内不得行驶或停放机动车。 （4）严禁孔口上作业人员离开岗位，每次装卸土、料时间不得超过1min。 （5）土方应随挖随运，暂不运的土应堆在孔口1m以外，高度不得超过1m。孔口1m范围内不得堆放任何材料。 （6）料斗装土、料不得过满。 （7）孔口上作业人员必须按孔内人员指令操作辘轳；向孔内传送工具等必须用料斗系放，严禁投扔。 （8）必须自上而下逐层开挖，每层挖土深度不得大于100cm，松软土质不得大于500cm，严禁超挖。 （9）作业人员上下井孔必须走软梯。 （10）暂停作业时，孔口必须设围挡和安全标志或用盖板盖牢，阴暗时和夜间应设警示灯
9	施工中孔口需用垫板时，垫板两端措放长度不得小于1m，垫板宽度不得小于30cm，板厚不得小于5cm。孔径大于1m时，孔口作业人员应系安全带并扣牢保险钩，安全带必须有牢固的固定点
10	料斗和吊索具应具有轻、柔、软性能，并有防坠装置
11	孔内照明必须使用36V（含）以下安全电压
12	人工挖孔作业中，应检测孔内空气质量，确认符合国家现行标准的要求，并应满足下列要求： （1）孔内空气中氧气浓度应符合现行《缺氧危险作业安全规程》的有关要求。 （2）现场必须配备气体检测仪器。 （3）开孔后，每班作业前必须打开孔盖通风，经检测氧气、有毒有害气体浓度在要求范围内并记录，方可下孔作业；检测合格后未立即进入孔内作业时，应在进入作业前重新进行检测，确认合格并记录。 （4）孔深超过5m后，作业中应强制通风
13	施工现场应配有急救用品（氧气等）。遇塌孔、地下水涌出、有害气体等异常情况，必须立即停止作业，将孔内外人员立即撤离危险区。严禁擅自处理、冒险作业
14	两桩净距小于5m时，不得同时施工，且一孔浇筑混凝土的强度达5MPa后，另一孔方可开挖
15	夜间不得进行人工挖孔施工
16	人工挖孔过程中，必须指定安全管理人员对施工现场进行检查监控，掌握各桩孔的安全状况，消除隐患，保证安全施工
17	挖孔施工中遇岩石爆破时，孔口应覆盖防护，爆破施工应符合有关安全作业要求

续表

序号	风险防控措施及建议
18	人工挖孔施工过程中,现场应设作业区,其边界必须设围挡和安全标志、警示灯,非施工人员禁止入内
19	专职安全员应按时巡视卷扬机等提升设备的钢丝绳磨损情况,发现磨损严重可能导致断丝的,应立即停止施工,及时更换吊索。对起吊设备基础不牢固的,应做加固,方可继续作业

二、深基坑施工事故

深基坑施工的风险防控应重点考虑基坑坍塌、爆炸事故、高处坠落、机械伤害等事故。主要防控措施及建议见表10-8。

表10-8 深基坑施工风险防控措施及建议

序号	风险防控措施及建议
1	基坑尺寸应能满足基础安全施工和排水要求,基坑顶面应有良好的运输通道
2	当挖土深度超过5m或发现有地下水和土质发生特殊变化时,应根据现场实际情况确定边坡坡度或采取支护措施;基坑支护应根据土质情况、施工荷载、施工周期和现场情况进行施工专项设计,并符合现行《建筑基坑支护技术规程》的有关要求
3	开挖中发现危险物、不明物等严禁敲击和擅自处理
4	基坑临近各类管线、建(构)筑物时,开挖前应按施工组织设计的要求实施拆移、加固或保护措施,经检查符合要求后,方可开挖
5	土层中有水时,应在开挖前进行排降水,先疏干再开挖,不得带水挖土
6	开挖中,出现基坑顶部地面裂缝、坑壁坍塌或涌水、涌沙时,必须立即停止施工,人员撤离危险区,待采取措施确认安全后,方可恢复施工
7	基坑开挖与支撑、支护交叉进行时,严禁开挖作业碰撞、破坏基坑的支护结构
8	施工现场附近有电力架空线时,应设专人监护
9	基坑外堆土时,堆土应距基坑边缘1m以外,堆土高度不得超过1.5m
10	人工清基应在挖掘机停止运转,且挖掘机指挥人员同意后进行,严禁在机械回转范围内作业
11	基坑内应设安全梯或上坡道等攀登设施
12	基坑范围内有地下水,需降水施工时,应根据水文地质和现场环境状况进行施工设计
13	施工前应对现场情况进行调查,掌握现场的工程地质、水文地质情况和施工范围内的地上、地下设施现况,编制导流施工设计,制定相应的安全技术措施
14	地基处理应符合以下要求: (1)爆破施工应符合现行《爆破安全规程》的有关要求; (2)施工前,必须由具有相应爆破设计资质的企业进行爆破设计,编制爆破设计书或爆破说明书,并制定专项施工方案和相应的安全技术措施,经监理、项目业主批准后方可实施; (3)爆破施工由经过爆破专业培训、具有爆破作业上岗资格的人员操作; (4)爆破前应对爆破区周围的环境状况进行调查,了解并掌握危及安全的不利环境因素,采取相应的安全防护措施; (5)露天爆破装药前,应与气象部门联系,及时掌握气象资料,遇雷电、暴雨雪来临、大雾天气、六级(含)以上大风等恶劣天气时,必须停止爆破作业
15	基坑临边应设置护栏,并保证护栏符合要求

续表

序号	风险防控措施及建议
16	基坑内应设置安全梯或者土坡道,场地材料、工具、机械应摆放整齐
17	严禁在危险区行走、停留,作业人员应穿戴、使用劳动保护用品

三、高墩(主塔)施工事故

高墩(主塔)施工的风险防控应重点考虑坍塌事故、高处坠落事故、物体打击事故、车辆伤害事故等。主要控制措施及建议见表10-9。

表10-9 高墩(主塔)施工风险防控对策及建议

序号	风险防控对策及建议
1	翻模施工应符合现行《液压爬升模板工程技术规程》的有关要求
2	参加翻模作业的人员必须进行安全技术培训,考核合格方可上岗
3	翻模施工中应经常与当地气象台站取得联系,遇有雷雨、六级(含)以上大风时,必须停止施工,并将作业平台上的设备、工具、材料等固定牢固,人员撤离,切断通向平台的电源
4	采用翻模施工的墩台周围必须划定防护区,警戒线至墩台的距离不得小于结构物高度的1/10,且不得小于10m。不能满足要求时,应采取有效的安全防护措施
5	爬模施工应根据墩台结构、爬模工艺、使用机具和环境状况对翻模进行施工设计,制定专项施工方案,采取相应的安全技术措施
6	翻升模板应由具有资质的企业加工,具有合格证书和全部技术文件,进场前应经验收确认合格,并形成文件
7	翻升作业前,应检查模板和平台系统,确认符合设计要求,并经试运行确认合格,形成文件
8	塔吊基础应牢固,附着设施应合理,塔吊钢丝绳磨损应及时更换,塔吊不能超负荷起吊
9	及时检查模板对拉螺杆,对可能存在的质量缺陷及时发现,及时更正
10	浇筑和振捣混凝土时不得冲击、振动模板及其支撑
11	翻升和拆除过程中应分工明确、各司其职,应实行统一指挥、规范指令。翻升和拆除指令只能由翻模总指挥一人下达,操作人员发现的不安全问题,应及时处理、排除并立即向总指挥反馈信息
12	临边、悬空作业时正确使用安全带,正确穿戴、使用劳保用品
13	夜间施工应有足够的照明。便携式照明应采用36V(含)以下的安全电压。固定照明灯具距平台不得低于2.5m
14	拆除翻模装置必须按专项方案要求进行
15	严禁在危险区域行走、停留。严禁工人上下抛接工具

四、悬臂浇筑施工事故

悬臂浇筑的风险防控应重点考虑坍塌事故、高处坠落事故、机械伤害事故、物体打击事故、起重伤害事故、触电事故等。主要控制措施及建议见表10-10。

表10-10 悬臂浇筑施工风险防控措施及建议

序号	风险防控措施及建议
1	挂篮应进行施工设计，其强度、刚度、稳定性应满足施工各阶段最大荷载组合的要求
2	施工前应对墩顶段浇筑托架、梁墩锚固、挂篮、梁段模板、挠度控制和合龙等进行施工设计
3	浇筑墩顶段（0#段）混凝土前，应对托架、模板进行检验和预压，消除杆件连接缝隙、地基沉降和其他非弹性变形
4	挂篮的抗倾覆、锚固和限位结构的安全系数均不得小于2
5	挂篮组拼后应检查锚固系统和各杆件的连接状况，经验收并进行承重试验确认合格，并形成文件后，方可投入使用
6	挂篮行走滑道应平顺、无偏移；挂篮行走应缓慢，速度宜控制在0.1m/min以内，并应由专人指挥
7	墩身预埋件等应在施工过程中进行工序检查，确认位置准确和材质、规格符合施工设计要求
8	桥墩两侧梁段悬臂施工进度应对称、平衡，其不平衡偏差应符合设计要求
9	梁桥混凝土浇筑过程中，应随时检查钢筋、波纹管和预埋件，发现位移或松动必须及时修复，且应设专人监测模板和支架、挂篮的稳定状况，发现异常必须立即停止浇筑，并及时采取安全技术措施，经检查确认合格后，方可恢复施工
10	大雨、大雾和六级（含）风以上等恶劣天气必须停止架梁作业
11	悬臂浇筑施工前，项目部的主管施工技术人员必须向承担施工的专业分包负责人进行安全技术交底并形成文件。交底内容应包括施工程序、安全技术要求、设施情况、周围环境和现场防护要求等
12	每浇筑一个块段，应做相应的安全防护措施，防护网要做到位，梁底端到顶端的临时性爬梯也应做相应的安全防护措施
13	在绑扎下一块段钢筋及行走挂篮时，高空作业的人员必须佩戴安全带等劳动保护用品
14	安装在挂篮上的用电箱应做防晒及防雨淋保护，禁止私自拉接电缆，对于有破损或断裂的电缆线应及时修复或者更换

五、架桥机施工事故

架桥机施工的风险防控应重点考虑坍塌事故、高处坠落事故、触电事故等。主要控制措施及建议见表10-11。

表10-11 架桥机施工风险防控措施及建议

序号	风险防控措施及建议
1	应根据现场条件，梁板外形尺寸、质量，桥梁宽度，桥墩高度，构件存放位置，施工季节和工期要求等因素选择适宜的架梁机械，制定合理的架设方案和相应的安全技术措施
2	使用定型架梁设备应符合生产企业使用说明书的要求，正式吊装前应经试吊，确认合格并形成文件。非定型架梁设应进行施工设计，其强度、刚度、稳定性应满足桥梁吊装过程中荷载的要求；组拼完成后应进行验收并形成文件；在正式吊装前应经试吊，确认合格，并形成文件
3	架梁前应向全体作业人员（含机械操作工）进行安全技术交底，并形成文件
4	在架梁过程中，施工现场必须根据环境状况设作业区，并设护栏和安全标志，必要时应设专人值守，严禁非施工人员入内

续表

序号	风险防控措施及建议
5	架梁过程中,应严格执行相关安全操作规程
6	大雨、大雾和六级(含)风以上等恶劣天气必须停止架梁作业
7	桥台位置、曲线超高段等不利位置架梁,应制订详细的安全技术措施,防止架桥机坍塌事故发生
8	跨越通行的公路架梁时应与相关主管部门取得联系,商定架设方案和安全防护措施,并经批准
9	电缆线绝缘强度应满足要求,及时修复破损电缆,更换断裂电缆,做好相关的漏电保护措施

六、预应力张拉施工事故

预应力张拉施工的风险防控应重点考虑坍塌事故、高处坠落事故、触电事故等。主要控制措施及建议见表10-12。

表10-12　预应力张拉施工风险防控措施及建议

序号	风险防控措施及建议
1	预应力张拉施工前,项目部的主管施工技术人员必须向承担施工的专业分包负责人进行安全技术交底并形成文件。交底内容应包括张拉顺序、安全技术要求、张拉伸长量、超张拉情况等
2	张拉时,张拉端前段严禁站人,不熟悉张拉机具操作的人不准操作
3	预应力筋、预应力锚具、夹具等的质量要严格把关,不准不合格产品用于施工
4	在预应力张拉过程中,施工现场必须根据环境状况设作业区,并设护栏和安全标志,必要时应设专人值守,严禁非施工人员入内
5	预应力张拉过程中,应严格执行相关安全操作规程
6	张拉机具用电,电缆线绝缘强度应满足要求,及时修复破损电缆,更换断裂电缆,做好相关的漏电保护措施
7	张拉油表在初次张拉使用前应到专门油表校核部门校核,防止由于油表不准导致张拉不准确,从而引起的安全事故
8	张拉纵向、横向等存在悬空作业时,操作人员必须佩戴安全带等劳动保护用品

七、施工便道事故

施工便道的风险防控应重点考虑机械伤害事故、车辆伤害事故、触电事故等。主要控制措施及建议见表10-13。

表10-13 预应力张拉施工风险防控措施及建议

序号	风险防控措施及建议
1	施工便道在拐弯或者陡坡处，应做球面镜、减速慢行、陡坡路滑等有效标识
2	在地形条件不好的情况下，应做路面硬化处理
3	开挖严重的路段，两边的开挖面应做抗滑坡、抗倾覆验算，防止由于大雨冲刷导致的滑坡、坍塌
4	施工便道在施工的过程中使用的挖掘机等现场机械设备应先检验再投入使用
5	施工过程中现场机械设备的操作人员应有相应的操作证件方可对该机械进行操作
6	暴雨、冻雨雪等极端天气，施工便道应做相应的防滑措施，或者临时暂停使用
7	对超载等超限车辆应做出相应处罚措施，以防超载的物体从车上滚落砸伤后面人员

八、满堂脚手架现浇施工事故

满堂脚手架施工的风险防控应重点考虑坍塌事故。主要防控措施及建议见表10-14。

表10-14 满堂脚手架施工风险防控措施及建议

序号	事故类型	风险防控措施及建议
1	坍塌	应按规定和施工组织设计的要求对钢管、扣件、脚手板等进行检查验收，不合格产品不得使用
		脚手架地基与基础的施工，必须根据脚手架搭设高度、搭设场地土质情况按现行国家标准《建筑地基基础工程施工质量验收规范》的有关规定进行
		支架的搭设严格按照相应的安全规程执行
		脚手架要有足够的承载力、稳定性，并进行预压
		脚手架的拆除应严格遵守施工组织设计中的拆除顺序和措施
2	起重伤害	作业时周边应设置警戒区域，设置醒目的警示标志，防止无关人员进入；特别危险处应设监护人员
		吊装过程必须设有专人指挥，其他人员必须服从指挥。起重指挥不能兼作其他工种。并应确保起重机司机清晰准确地听到指挥信号
		起重信号工、起重机司机必须按照国家规定经过专门的安全作业培训，并取得特种作业操作资格证书后方可上岗作业
3	物体打击	临边、悬空作业时正确使用安全带。正确穿戴、使用劳动保护用品
		严禁工人上下抛接工具
4	高处坠落	高处作业应符合《建筑施工高处作业技术规范》的要求。高处作业施工前，应逐级进行安全技术教育及交底，落实所有安全技术措施和个人防护用品，未经落实时不得进行施工
		应按照高处作业的安全规定，加设安全防护设施，穿戴好个人防护用品，并须根据工程特点，编制单项施工方案及其安全技术措施，并向参加滑模施工的人员进行安全技术交底
		安全网的技术要求必须符合《安全网XGB57252009》规定
		遇有六级（含）以上强风、浓雾和大雨等恶劣天气，不得进行露天悬空与攀登高处作业。台风暴雨后，应对高处作业安全设施逐一检查，发现有松动、变形、损坏或脱落、漏雨、漏电等现象，应立即修理完善或重新设置

续表

序号	事故类型	风险防控措施及建议
5	机械伤害	正在使用的机械设备应在醒目位置悬挂机械操作安全规定公示牌（安全操作规程），易发生机械伤害的场所、施工现场出入口应设置禁止和警示标志。

第六节 专项风险评估实例

一、某大桥概况

某大桥位于十堰市郧县谭山镇，大桥大幅设计中心里程桩号 K15+270，采用 35 孔 ×40m + 32 孔 ×30m，全长 2364.5m；大桥右幅设计中心里程桩号 K15+290，采用 34 孔 ×40m + 32 孔 ×30m，全长 2334.5m；上部构造拟采用预应力混凝土 T 梁。

桥墩采用薄壁空心墩和圆柱式桥墩，基础采用人工挖孔灌注桩基础，桥台采用简易台。桥址区属构造剥蚀低山-丘陵地貌单元，地形起伏变化较大。桥址区地表水不发育，地势较低，受水影响较小，地下水主要为第四系松散孔隙水及基岩裂隙水。

二、某大桥作业分解

某大桥施工作业程序分解包括分部分项工程及工序（单位）作业划分。参照《公路工程质量检验评定标准》，以及某大桥施工组织设计文件所确定的施工工艺，将某大桥按照单位工程→分部工程→分项工程→工序（单位）作业的层次进行分解，熟悉单位作业主要工序、施工方法、作业程序、机械设备和建筑材料等特点。

为方便风险评估，某大桥施工作业活动分解到分项工程，如表 10-15 所示。

表10-15 某大桥施工作业活动分解

单位工程工程名称	分部工程工程名称	分项工程序号	分项工程工程名称	子分项工程序号	子分项工程工程名称
主桥	基础及下部构造	1	桩基	1	桩基钢筋加工及安装
				2	桩基混凝土
		2	系梁	1	系梁钢筋加工及安装
				2	系梁混凝土
		3	墩身	1	墩身钢筋加工及安装
				2	墩身混凝土
		4	盖梁	1	盖梁钢筋加工及安装
				2	盖梁混凝土
		5	挡块	1	挡块钢筋加工及安装
				2	挡块混凝土
		6	支座垫石	1	支座垫石钢筋加工及安装
				2	支座垫石混凝土
	上部构造预制和安装	1			T梁钢筋加工及安装
		2			T梁混凝土
		3			T梁预应力筋加工及张拉
		4			T梁安装
	简支梁变连续梁施工	1			T梁钢筋加工及安装
		2			T梁混凝土
		3			T梁预应力筋加工及张拉
	总体、桥面系和附属工程	1			桥梁总体
		2			支座安装
		3			桥面铺装
		4			伸缩缝安装
		5			搭板
		6			护栏安装
	防护工程	1			桥台锥坡防护

三、风险辨析

施工作业程序分解后，通过相关人员调查、评估小组讨论、专家咨询等方式，结合《指南》中附录2《公路桥梁工程主要施工作业活动与典型事故类型对照表》，分析得出郧十高速第三合同段桥梁风险源普查清单，如表10-16所示。

表10-16 三标桥梁风险源普查清单

序号	风险源	判断依据
1	人工挖孔灌注桩	坍塌、高处坠落、物体打击、中毒窒息、放炮
2	钻孔灌注桩施工	机械伤害、起重伤害、触电
3	基坑施工	坍塌、放炮、高处坠落
4	墩身翻模施工	坍塌、物体打击、高处坠落
5	钢筋工程作业	机械伤害、容器爆炸、触电
6	起吊拼装	高处坠落、触电、机械伤害
7	架桥机架梁作业	坍塌、高处坠落、触电
8	桥面系及附属工程	高处坠落、物体打击、触电
9	模板制作、安装、拆除	物体打击、火灾、高处坠落、起重伤害、车辆伤害
10	混凝土拌和、浇筑	机械伤害、物理爆炸、物体打击、触电
11	预应力混凝土工程施工	机械伤害、物体打击、起重伤害、高处坠落
12	施工便道	机械伤害、车辆伤害
13	混凝土拌和场	高处坠落、容器爆炸、车辆伤害、触电
14	混凝土拌和场车间	机械伤害、容器爆炸

四、风险源初步估测与分类

风险源初步估测采用 LEC 评价法。风险分值 D=LEC。为简化计算，将事故发生的可能性、施工人员暴露时间、事故发生后果划分不同的等级并赋值，如表10-17～表10-19 所示。

表10-17 事故发生的可能性（L）

分数值	10	6	3	1	0.5	0.2	0.1
事故发生的可能性	完全会被预料到	相当可能	可能，但不经常	完全意外，很少可能	可以设想，很少可能	极不可能	实际上不可能

表10-18 暴露于危险环境的频繁程度（E）

分数值	10	6	3	2	1	0.5
事故发生的可能性	连续暴露	每天工作时间内暴露	每周一次或偶然暴露	每月暴露一次	每年几次暴露	非常罕见暴露

表10-19 发生事故的后果（C）

分数值	100	40	15	7	3	1
事故造成的后果	10人以上死亡	数人死亡	1人死亡	严重伤残	有伤残	轻伤，需急救

根据公式 D=LEC 就可以计算出作业的危险程度，并判断评价危险性的大小。将结果按表10-20 分级。

表10-20　风险等级划分

风险等级	5	4	3	2	1
危险性分值	≥320	≥160~320	≥70~160	≥20~70	<20
事故造成的后果	极其危险	高度危险	显著危险	比较危险	稍有危险

针对每个单位作业内容，D值越大说明该系统危险性越大，需要增加安全措施。将风险等级大于等于3级的单位工程确定为重大风险源。

五、重大风险源风险估测

（一）安全管理评估指标

根据《指南》要求，按表10-21建立安全管理评估指标体系，计算指标分值M。

大桥施工总承包企业中公路工程总承包一级，总企业资质，A为1分；劳务分包企业有资质，B为0分；历史发生过一般事故，C为1分；作业人员经验较为丰富，D为0分；安全管理人员配备基本符合规定，E为1分；安全投入基本符合规定，F为1分；机械设备配置及管理体系符合合同要求，G为0分；专项施工方案可操作性强，H为0分。

表10-21　安全管理评估指标体系

评估指标	分类	标准分值	评估分值	评估说明
总包企业资质A	三级	3	1	总包企业资质为一级
	二级	2		
	一级	1		
	特级	0		
专业及劳务分包企业资质B	无资质	1	0	劳务分包企业有资质
	有资质	0		
历史事故情况C	发生过重大事故	3	1	历史上发生过一般事故
	发生过较大事故	2		
	发生过一般事故	1		
	未发生过事故	0		
作业人员经验D	无经验	2	0	作业人员经验丰富
	经验不足	1		
	经验丰富	0		
安全管理人员配备E	不足	2	1	安全管理人员配备基本符合规定
	基本符合规定	1		
	符合规定	0		
安全投入F	不足	2	1	安全投入基本符合规定
	基本符合规定	1		
	符合规定	0		

续表

评估指标	分类	标准分值	评估分值	评估说明
机械设备配置及管理G	不符合合同要求	2	0	机械设备配置及管理符合合同要求
	基本符合合同要求	1		
	符合合同要求	0		
专项施工方案H	可操作性较差	2	0	专项施工方案可操作性强
	可操作性一般	1		
	可操作性强	0		

根据案情管理评估指标分值公式：$M=A+B+C+D+E+F+G+H=4$。因为人的因素及施工管理可能引起风险的抵消，所以根据表10-6安全管理评估指标分值 M 找出与之对应的折减系数。

通过各大风险源进行事故可能性评估体系打分，得出 $\gamma=0.9$。

（二）人工挖孔桩施工作业事故风险评估

1. 可能性估测

根据项目实际情况，结合《指南》中关于施工事故可能性评估体系建立要求，建立如表10-22所示的事故可能性评估指标。

表10-22 人工挖孔桩作业事故可能性评估

序号	评估指标	分类	标准分值	评估分值	说明
1	桩长	L≥15m	4~6	6	该桥有44根桩，L≥15m
		10m≤L<15m	2~3		
		L<10m	0~1		
2	地形条件	山岭区	2~3	3	地形为山岭区
		平原区	0~1		
3	土石条件	四类~六类土（常采用爆破法）	3	3	人工挖孔的过程中需要爆破
		一类土（松土、砂类土等）	3		
		二类土（黏性土、密实砂类土）	0		
4	地质条件	施工区域内地质条件不良，如存在岩溶、滑坡等	2~3	3	施工区域内地质条件不良，存在岩溶、滑坡等
		施工区域内地质条件好	0~1		
5	地下水	地下水位丰富，浅层分布，施工可能需穿越	2~3	2	地下水位丰富，浅层分布，可能穿越
		地下水深层分布，施工基本不可能穿越	0~1		
6	有毒有害气体	存在有毒有害气体分布	1~3	0	无毒害气体
		无有毒有害气体分布	0		

续表

序号	评估指标	分类	标准分值	评估分值	说明
7	地下构筑物	存在军事和民用光缆等可能引发巨大财产损失、工期延误等地下构筑物	1～3	0	无地下构筑物

计算得 R=17。

综上所述，该范围内人工挖孔灌注桩作业事故可能性分值 $P=R\gamma=17\times0.9=15.3\approx15$，查表得，该分项工程施工过程中发生事故可能性等级为Ⅳ级（很可能）。

2. 严重程度估测

结合现场实际，经评估小组研究讨论认为，该范围内人工挖孔灌注桩施工过程中发生事故造成人员伤亡的等级为一般，直接经济损失等级为较大，按照就高原则，该分项工程施工过程中发生事故造成的严重程度等级为2级（较大）。

3. 事故危险性评估

根据事故严重程度及可能性分析结果，查表得，该范围内人工挖孔灌注桩施工过程中发生事故的风险等级为Ⅲ级（高度）。

（三）高墩施工风险评估

1. 可能性估测

根据《指南》推荐，高墩施工事故可能性评估指标体系评分情况如表10-23所示。

表10-23 高墩施工事故可能性评估

序号	评估指标	分类	标准分值	评估分值	说明
1	墩高度	H≥30m	3～6	6	该桥有32个桥墩H≥30m；16个桥墩10≤H<30m
		10m<H≤30m	1～3		
		H<10m	0～1		
2	气候环境条件	极端气候事件多发区域（强风、强暴雨雪等）	3～6	1	气候条件良好，基本不影响施工安全
		气候环境条件一般，可能影响施工安全，但不显著	1～3		
		气候条件良好，基本不影响施工安全	0～1		
3	施工方法	支架模板法	1～3	1	采用翻模和起吊拼装法
		机械滑模法（爬升模板法、提升模板法等）	0～1		
4	临时结构设计	采用经验设计支护方案	1～3	1	临时结构专业设计
		采用专业设计支护方案	0～1		

计算得 R=9。

综上所述，该范围内高墩施工事故可能性分值 $P=R\gamma=9\times0.9=8.1\approx8$，查表得，该分项工程施工过程中发生事故可能性等级为Ⅲ级（可能）。

2. 严重程度估测

结合现场实际，经评估小组研究讨论认为，该范围内高墩施工过程中发生事故造成人员伤亡的等级为较大，直接经济损失等级为重大，按照就高原则，该分项工程施工过程中发生事故造成的严重程度等级为3级（重大）。

3. 事故危险性评估

根据事故严重程度及可能性分析结果，查表得，该范围内高墩施工过程中发生事故的风险等级为Ⅲ级（高度）。

（四）架桥机架梁作业风险评估

1. 架桥机架梁作业事故可能性估测

根据《指南》推荐，架桥机架梁作业事故可能性评估指标体系评分情况如表10-24所示。

表10-24 架桥机架梁作业事故可能性评估

序号	评估指标	分类		标准分值	评估分值	说明
1	行走方式	横向	墩顶移梁	1~3	2	横向整机吊装移动，纵向采用拖拉式
			整机吊装横向移动	0~1		
		纵向	拖拉式	1~3		
			步履式	0~1		
2	导梁形式		单导梁	1~3	1	采用双导梁
			双导梁	0~1		
			钢索斜拉式（悬臂式）	1~3		
3	喂梁方式		侧向取梁型	1~3	1	采用尾部喂梁
			尾部喂梁型	0~1		
4	桥梁线形		弯桥（曲线超高、纵坡大影响施工安全）	1~3	3	曲线超高弯桥
			直桥	0~1		
5	气候环境		存在强风、多雨等不良气候条件，影响施工安全	1~3	3	存在强风、多雨等不良气候条件，影响施工安全
			气候环境条件好，基本不影响施工安全	0~1		
6	设计与制作		采用经验设计方案	3~6	1	采用专业设计验证方案或相关合格且可靠产品
			采用专业设计验证方案或相关合格且可靠产品	0~1		

计算得 R=11。

综上所述，架桥机架梁作业事故的可能性分值 $P=R\gamma=11\times0.9=9.9\approx10$，查表得，该过程事故可能性等级为3级（可能）。

2. 严重程度估测

结合现场实际，经评估小组研究讨论认定，架桥机架梁作业过程中发生事故造成人员伤亡的等级为较大，直接经济损失等级为重大，按照就高原则，该分项工程施工过程中发生事故造成的严重程度等级为3级（重大）。

3. 事故危险性评估

根据事故严重程度及可能性分析结果，查表得，该分项工程施工过程中发生事故的风险等级为Ⅲ级（高度）。

（五）基坑施工风险评估

1. 基坑施工作业事故可能性估测

根据《指南》推荐，深基坑施工事故可能性评估指标体系评分情况如表10-25所示。

表10-25 基坑施工事故可能性评估

序号	评估指标	分类	分值	评估分值	说明
1	基坑深度	H≥5m	4~6	3	基坑深度4m
		3m≤H<5m	2~3		
		H<3m	0~1		
2	岩土条件	一类土	0~1	0	岩土条件为二类土
		二类土	0		
		四类~六类土	1~3		
3	地下水	地下水浅层分布，需降水处置，施工中可能带水作业	2~3	1	地下水深层分布，对施工安全基本无影响
		地下水深层分布，对施工安全基本无影响	0~1		
4	基坑支护	采用经验设计支护方案	1~3	2	采用经验设计支护方案
		采用专业设计支护方案	0~1		
5	作业季节	雨季、冻土消融等不利季节	1~3	0	较适宜施工作业季节
		较适宜施工作业季节	0~1		
6	开挖方式	筑岛围堰开挖	1~3	1	放坡台阶法开挖
		放坡台阶法开挖	0~1		

计算得 R=7。

综上所述，基坑开挖施工事故的可能性分值 $P=R\gamma=7\times0.9=6.3\approx6$，查表得，该过程事故可能性等级为3级（可能）。

2. 严重程度估测

结合现场实际，经评估小组研究讨论认为，基坑施工过程中发生事故造成人员伤亡的等级为较大，直接经济损失等级为重大，按照就高原则，该分项工程施工过程中发生事故造成的严重程度等级为3级（重大）。

3. 事故危险性评估

根据事故严重程度及可能性分析结果，查表得，该分项工程施工过程中发生事故的风险等级为Ⅲ级（高度）。

六、评估小结

某大桥重大风险源风险等级汇总如表10-26所示。

表10-26　某大桥重大风险源风险等级汇总表

重大风险源	事故可能性等级	严重程度等级		风险等级	评定理由
		人员伤亡	经济损失		
人工挖孔灌注桩	Ⅳ级（很可能）	1级（一般）	2级（较大）	Ⅲ级（高度风险）	
高墩施工	Ⅲ级（可能）	2级（较大）	3级（重大）	Ⅲ级（高度风险）	
架桥机架梁作业	Ⅲ级（可能）	2级（较大）	3级（重大）	Ⅲ级（高度风险）	
基坑施工	Ⅲ级（可能）	2级（较大）	3级（重大）	Ⅲ级（高度风险）	

七、风险防控对策与建议

柳河大桥重大风险源为人工挖孔灌注桩、基坑施工、高墩施工、架桥机架桥施工。根据可能事故类型的LEC风险等级评价结果，以及重大风险源估测分析结果，结合施工方案与现场实际情况，制订如下风险防控对策与建议。

（一）人工挖孔桩施工风险防控对策与建议

人工挖孔桩为隐蔽工程，存在风险事故类型为坍塌、物体打击、高处坠落、中毒窒息。其中坍塌事故、高处坠落为设防重点。

1. 现场安全管理措施建议如下

禁止利用起重臂和绳索攀登，禁止随同运料的吊篮、吊装物上下。

应建立机电设备操作手册和操作规程。

机电设备定人操作，操作人员经培训，考试合格后方可上岗。

机电设备定期保养并记录。

操作人员严格按照操作手册和操作规程进行操作。

2. 现场安全防护措施建议如下

现场应设作业区，其边界必须设围挡和安全标志、警示灯，非施工人员禁止入内。

孔顶出土机具应有专人管理，并设置高出地面的围栏；孔口不得堆集土渣及沉重机具；作业人员的出入，应设常备的梯子；夜间作业应悬挂示警红灯；挖孔暂停时，孔口应设置罩盖及标志。

3. 主要防控技术措施及建议如下

（1）坍塌事故主要防控技术措施。

人工挖孔桩施工前，应掌握地下构筑物（渗水池等）的位置、埋深和现况，根据桩的直径、桩深、土质、现场环境等状况因地制宜地进行混凝土护壁结构的设计。

挖孔过程中如遇到地下水、溶洞等不良地质情况，要立即停工，并采取相应的措施。

（2）高处坠落事故主要防控技术措施。

严格按照《建筑施工高处作业安全技术规范》的规定，在桩口四周设置至少 1.2m 高的防护围栏。

作业人员上下孔桩时，必须乘坐符合安全要求的专用安全乘人吊笼。

桩口作业人员应系好安全带，挂好保险钩。

（3）孔深大于 10m 时必须强制采取机械通风措施。孔内产生的空气污染物不能超过现行《环境空气质量标准》规定。施工现场应配有急救用品（氧气等）。

4. 主要安全监控要求建议如下

施工前，从建设单位获得地质信息。针对地质情况，根据法律法规和其他要求确定合适的施工设备、方法，实施前对作业人员进行针对坍塌的安全技术交底；制定监测监控方案。

定专人实施监测监控方案，对桩基周围地表裂缝、桩孔掉物、桩孔变形进行监测。护壁强度要取样检测；护壁厚度按设计施工。

对孔内空气质量用活性动物检测或仪器检测合格后方可作业，孔深度超过 10m 时必须送风；孔内连续作业时间不得超过 2 h，并每 15min 通话一次；穿好防护用具。

5. 主要安全专项建议如下

对进场作业人员进行相应的安全教育和安全技术交底。

孔内挖土人员的头顶部位应设置护盖。

挖出的土方应随出随运，暂时不能运走的应堆放在孔口边 1m 以外处，且堆土高度不得超过 1m，凡孔内有人作业时，3m 内不得有机动车辆行驶或停放。

（二）基坑施工风险防控对策与建议

由于现场地势坡度较大，可能存在深基坑施工，防控措施按照深基坑考虑，具体情况可根据现场具体情况调整相应的防控措施。

基坑存在风险事故类型为坍塌、物体打击、高处坠落。其中坍塌事故、高处坠落为设防重点。

1. 现场安全管理措施建议如下

每日上岗前，应对高处作业安全设施逐一加以检查，发现有松动、变形、损坏或脱落等现象，应立即修理完善。

所用材料堆放应平稳，工具应随手放入工具袋（套）内，上下传递物件禁止抛掷。

施工用电应符合下列要求：按"三相五线制"要求，按"一机、一闸、一漏、一锁、一保护"和动力线照明用电严禁搭接的规定落实，并设置醒目的警示标志。

采取挖土机械开挖基坑，坑内不得有人作业。

2. 现场安全防护措施建议如下

现场应设作业区，其边界必须设围挡和安全标志、警示灯，非施工人员禁止入内。

施工场地运输道路应尽量平整、畅通，排水设施良好，特殊、危险地段设置醒目的标志，夜间照明设施完备。

基坑内应设安全梯或土坡道等攀登设施。

对工区内车辆进行限速规定，并在工区主要道路设置明显的限速标志。

3. 主要防控技术措施及建议如下

（1）坍塌事故主要防控技术措施

基坑顶面应设置防止地面水流入基坑的设施。当基坑坑壁坡度不稳定并有地下水影响，或放坡开挖场地受到限制，或放坡开挖工程量大时，应根据设计要求进行支护。设计无要求时，应结合实际情况选择适宜的支护方案。

基坑开挖过程中应随时检查坑壁边坡有无裂缝和坍塌现象，特别是雨后和解冻时期，必须视具体情况增加坡度或采取加固支撑。

当基坑坑壁坡度不易稳定并有地下水影响，或放坡开挖场地受到限制，或放坡开挖工程量大时，应根据设计要求进行支护。设计无要求时，应结合实际情况选择适宜的支护方案。

（2）高处坠落事故主要防控技术措施

基坑内应设安全梯或土坡道等攀登设施。

施工现场夜间施工时，必须确保足够亮度的夜间照明灯光；现场电工加强值班巡视及时修复损坏的照明设备及灯具，确保施工部位的照明需要。

4. 主要安全监控要求建议如下

监测方案必须建立在对工程场地地质条件、基坑围护设计和施工方案以及基坑工程相邻环境详尽的调查基础之上。

周围土体的监测。基坑开挖必定会引起邻近基坑周围土体的变形，必须在基坑施工期间对它们的变形进行监测。

施工前应进行水准基点的布设，将水准基点作为沉降监测基准的水准点。

5. 主要安全专项建议如下

人工清基应在挖掘机停止运转，且挖掘机指挥人员同意后进行，严禁在机械回转范围内作业。

基坑内应设安全梯或土坡道等攀登设施。

基坑范围内有地下水,需降水施工时,应根据水文地质和现场环境状况进行施工设计。

施工前应对现场情况进行调查,掌握现场的工程地质、水文地质情况和施工范围内的地上、地下设施现况,编制导流施工计划,制定相应的安全技术措施。

(三)高墩施工风险防控对策与建议

高墩翻模施工风险事故类型为坍塌、高处坠落。其中高处坠落的事故风险等级为4级(高度风险),需重点设防。

1. 现场安全管理措施建议如下:

从事登高作业的人员,必须经过专业技术培训及专业考试合格,持证上岗,并定期体检。经医生诊断,凡患高血压、心脏病、贫血病、癫痫病以及其他不适于高空作业的人员,不得从事高空作业。

雨天和雪天进行高处作业时,必须采取可靠的防滑、防寒和防冻措施。凡水、冰、霜、雪均应及时清除。遇有六级(含)以上大风、浓雾等恶劣气候时,不得进行露天攀登与悬空高处作业。

高处作业所用材料堆放应平稳,工具应随手放入工具袋(套)内,上下传递物件禁止抛掷。

在没有安全防护设施时,禁止在高空支架操作平台上支撑、挑架或未固定的构件上等行走或作业。

起重指挥、起重机司机必须持证上岗。指挥人员作业时应执行规定的指挥信号;起重机司机应熟悉起重机技术性能。

2. 现场安全防护措施建议如下:

墩身施工时应搭设脚手架工作平台,上铺木板,下挂安全网,周围设扶手栏杆。

对于高处作业的安全防护设施:发现有缺陷和隐患时,必须及时解决;危及人身安全时,必须停止作业。

3. 主要防控技术措施及建议如下:

(1)高处坠落事故主要防控技术措施。

高处作业应符合《建筑施工高处作业技术规范》的要求。

墩台身施工时应搭设脚手架工作平台,上铺木板,下挂安全网,周围设扶手栏杆。

(2)翻模施工应符合现行《液压翻升模板工程技术规程》的有关要求。

(3)模板起吊前,应检查吊装用绳索、卡具及每块模板上的吊环是否完整可靠,并应先拆除一切临时支撑,经检查无误后方可起吊。起吊前,应将吊车的位置调整适当,做到稳起稳落,落位准确。

4. 主要安全监控要求建议如下：

施工前检查吊装机械是否安全可靠。

高空作业与地面的联系，应采用通讯装置，并设专人负责。

利用棱镜配合全站仪根据施工控制网对桥墩标高、位移及倾斜度进行监测。

模板吊装应准确无误，经检查无误后方可起吊。

5. 主要安全专项建议如下：

高墩施工前，应由工程技术人员编制专项施工方案，脚手架搭设附安全计算书和相关安全技术措施，并经企业技术负责人和监理单位审批。

制订相应的安全应急救援预案，以保证发生意外时第一时间进行救援活动。

脚手架搭设由具备资格的架子工严格按施工方案施工。

按规范和专项方案要求设置围栏和防护网。

（四）架桥机施工风险防控对策与建议

架桥机架桥施工风险事故类型为坍塌、高处坠落。其中高处坠落的事故风险等级为4级（高度风险），需重点设防。

1. 现场安全管理措施建议如下：

从事登高作业的人员，必须经过专业技术培训及专业考试合格，持证上岗，并定期体检。经医生诊断，凡患高血压、心脏病、贫血病、癫痫病以及其他不适合高空作业的人员，不得从事高空作业。

雨天和雪天进行高处作业时，必须采取可靠的防滑、防寒和防冻措施。凡水、冰、霜、雪均应及时清除。

遇有六级（含）以上强风、浓雾和大雨等恶劣天气时，不得进行露天悬空与攀登高处作业。

高处作业所用材料堆放应平稳，工具应随手放入工具袋（套）内，上下传递物件禁止抛掷。

2. 现场安全防护措施建议如下：

在架梁过程中，施工现场必须根据环境状况设作业区，并设护栏和安全标志，必要时应设专人值守，严禁非施工人员入内。

对于高处作业的安全防护设施：发现有缺陷和隐患时，必须及时解决；危及人身安全时，必须停止作业。

3. 主要防控技术措施及建议如下：

（1）高处坠落主要防控技术措施。

高处作业应符合《建筑施工高处作业技术规范》的要求。

应按照高处作业的安全规定并须根据工程特点，编制单项施工方案及其安全技术措施。

（2）应根据现场条件，梁板外形尺寸、质量，桥梁宽度，桥墩高度，构件存放位置，施工季节和工期要求等因素选择适宜的架梁机械，制定合理的架设方案和采取相应的安全技术措施。

（3）构件在架桥机上纵、横向移动时，应平缓进行，卷扬机操作人员应按指挥信号协同动作。

（4）电缆线绝缘强度应满足要求，及时修复破损电缆，更换断裂电缆，做好相关的漏电保护措施。

4. 主要安全监控要求建议如下：

查各种机械设备、仪器的合格证和检定、标定文件。

高空作业与地面的联系，应采用通讯装置，并设专人负责。

梁体下落时应采用测力千斤顶作为临时支点，必须现场检查每个支点反力与四个支点反力的平均值之差不超过 ±5%。

梁体架设后，应及时观察和测量梁缝的均匀性，观察梁体是否稳固。

5. 主要安全专项建议如下：

在架梁过程中，施工现场必须根据环境状况设作业区，并设护栏和安全标志，必要时应设专人值守，严禁非施工人员入内。

架梁过程中，应严格执行相关安全操作规程。

在桥台位置、曲线超高段等不利位置架梁，应制定详细的安全技术措施，防止架桥机坍塌事故发生。

第十一章　公路桥梁工程施工中突发性安全事故预防

第一节　安全事故的调查与处理过程

一、概述

（一）事故的概念

《职业健康安全管理体系要求》中将事故定义为：事故是指造成死亡、疾病、伤害、损坏或其他损失的意外情况。

（二）事故的分类和分级

1. 事故的分类

关于事故的分类问题，由于研究的目的不同，分类方法也不同，公路工程施工的事故主要有以下几种分类方法：

（1）根据导致事故发生的起因物、致害物、伤害方式分类，将事故分为物体打击、车辆伤害、机械伤害、起重伤害、触电、淹溺、灼烫、火灾、高处坠落、坍塌、冒顶片帮、透水、放炮、火药爆炸、瓦斯爆炸、锅炉爆炸、容器爆炸、其他爆炸、中毒和窒息、其他伤害。比较常见的事故有物体打击、起重伤害、触电、火灾、高处坠落、爆炸、坍塌等类。

（2）根据造成事故的责任不同，事故分为责任和非责任事故。

（3）根据事故造成的后果不同，事故分为伤亡事故和非伤亡事故。

（4）根据事故伤害程度，一般可以将事故分为以下三类：

a. 轻伤事故。指造成劳动者肢体伤残或某些器官功能性或器质性轻度损伤，致使劳动能力轻度或暂时丧失的伤害，且受伤后歇工在1个工作日以上但不构成重伤的事故。

b. 重伤事故。指造成劳动者肢体残缺或某些器官受到严重损伤，致使人体长期存在功能障碍或劳动能力有重大损失的事故。

c. 重大事故。指死亡 1 人以上或经济损失在 10 万元以上的事故。

2. 事故的分级

为统一生产安全事故分级标准，《生产安全事故报告和调查处理条例》根据生产安全事故造成的人员伤亡或者直接经济损失，明确规定了生产安全事故分级标准。这是在国家行政法规中第一次明确规定生产安全事故分级标准，也是目前我国最权威的事故等级标准。

根据《生产安全事故报告和调查处理条例》第三条的有关规定，事故一般分为以下四个等级：

（1）特别重大事故。指造成 30 人以上死亡，或者 100 人以上重伤（包括急性工业中毒，下同），或者 1 亿元以上直接经济损失的事故。

（2）重大事故。指造成 10 人以上、30 人以下死亡，或者 50 人以上、100 人以下重伤，或者 5000 万元以上、1 亿元以下直接经济损失的事故。

（3）较大事故。指造成 3 人以上、10 人以下死亡，或者 10 人以上、50 人以下重伤，或者 1000 万元以上、5000 万元以下直接经济损失的事故。

（4）一般事故。指造成 3 人以下死亡，或者 10 人以下重伤，或者 1000 万元以下直接经济损失的事故。

以上所称"以上"包括本数，"以下"不包括本数。

需要说明的是，《生产安全事故报告和调查处理条例》关于事故的分级标准，对于施工项目来说不好操作，不适宜施工项目的事故划分。施工项目可根据事故伤害程度对事故进行定级，以便施工项目实际生产过程中的事故定性。

二、事故的报告和调查处理

（一）事故报告

事故报告是施工项目安全生产工作的重要内容，事故发生后及时、准确、完整地报告事故，对于有效组织事故救援、减少事故损失具有十分重要的意义。

1. 事故报告的要求

事故发生后，事故现场人员应当立即报告项目负责人。项目负责人接到事故报告后，按照有关规定，立即如实报告施工企业、业主和有关单位部门。

2. 事故报告的内容

事故报告应包括下列内容：事故发生的时间、地点；事故单位、工程项目的具体施工部位及事故现场情况；事故发生的简要经过、伤亡人数、具体伤亡人员简况、直接经济损失的初步估计；事故发生原因的初步分析；事故发生后采取的措施及事故控制情况；事故报告人、事故报告单位。

（二）事故救援和现场处置

除做好事故报告外，更重要的是积极组织事故救援。项目负责人应当立即启动事故应急救援预案或迅速采取有效措施，组织抢救，防止事故扩大，减少人员伤亡和财产损失，保护好事故发生现场，将事故损失降到最低限度。

（三）事故调查

1. 事故调查的程序

安全事故发生后，按下列程序进行事故调查：对于一般安全事故，由施工项目组织有关人员调查处理，必要时项目所属施工企业可协助调查处理；对于重大安全事故，按国家有关规定调查处理。

2. 事故调查的内容

查明事故发生经过、原因，人员伤亡、设备设施损坏和经济损失情况。

认定事故性质，确定有关单位和人员的责任，提出认定依据以及对责任者的处理建议。

指明应总结的事故教训，提出防范建议。

写出事故调查报告。事故调查报告应当包括下列内容：事故发生场所的基本情况；事故发生的时间、地点、经过和抢救情况；人员伤亡和经济损失情况；事故发生的原因；事故的性质；事故责任认定及对事故责任者的处理建议；事故教训和应当采取的措施；事故调查组名单；其他需要载明的事项。

（四）事故处理

1. 事故处理的原则和程序

（1）事故处理的原则。事故的处理坚持"四不放过"的原则，即事故原因没有查出不放过，本人和群众没有受到教育不放过，防范措施没有制订不放过，事故责任者没有受到严肃处理不放过。

（2）事故处理的程序。对于一般安全事故（轻伤、重伤事故），由施工项目根据事故调查报告结案，报施工企业安全主管部门备案。对于重大安全事故，根据事故等级，按国家有关规定进行处理。

2. 建立安全事故档案

事故档案内容应包括：职工伤亡事故登记表；职工死亡、重伤事故调查报告书；现场调查记录、图片、资料；鉴定、勘察记录及试验报告；物证、人证资料；直接、间接经济损失材料；伤者自述材料；医疗部门的诊断过程及结果；处分决定文件；事故调查人员的姓名、职务；有关部门的事故结案批复。

第二节 安全事故的防范

公路工程施工中危险因素多，事故发生率高。发生事故是不幸的，特别是重大伤亡事故：对施工企业和施工项目，将会造成重大损失，影响其经济效益和社会效益；对人员，将会造成其一生的痛苦或不幸；对家庭，会顷刻之间将其由美满幸福推向痛苦的深渊。因此，应尽可能降低事故发生率，减少事故造成的损失。其关键是做好事故防范。事故防范关键一是要掌握事故发生规律；二是要做好事故原因分析；三是要做好事故防范措施。

一、掌握事故发生规律

在大量的公路工程施工中发生的相当一部分事故具有规律性。这就需要我们经常总结经验，掌握安全特点，摸清事故规律，抓住关键环节，采取预防措施，防范事故的发生。从公路桥梁施工事故发生的情况看，公路桥梁施工事故规律可以归纳为以下几个方面：

（1）特殊季节。夏季酷热季节，露天作业经常发生中暑现象；冬季寒冷，温度低，容易引起坠落等事故；雷雨季节，容易引起坍塌、触电、坠落、雷击等事故。

（2）工程竣工收尾阶段。此阶段往往比工程开工和进入施工高峰时更容易发生事故。

（3）节假日前后。节前节后，人们思想容易波动，尤其是施工人员精力分散，容易放松警惕，发生事故。对于重点危险工程，往往由于安全管理工作抓得紧而事故较少；而对于一般工程，由于不够重视，容易发生事故。

（4）施工现场作业环境混乱，容易导致物体打击、触电、机械伤害等事故发生。

具体某一类事故也有其一定的规律性，如触电事故的规律如下：

（1）季节性强。每年的二、三季度发生事故多，其中6～9月最为集中。主要原因是该期间天气潮湿、多雨，地面导电性增强，降低了电气设备的绝缘性能，加之天气炎热，人体衣单多汗，使触电的概率加大，即触电的危险性加大。

（2）设备事故多。就设备来讲，多发生在携带式设备和移动式设备上，发生低压设备的事故也较多。因为施工现场低压设备使用较多，而且又被多数人直接使用。

（3）环境导致触电事故多。就环境和条件来讲，施工现场高温、潮湿、混乱或金属设备多，现场环境和条件复杂，容易发生触电事故。

（4）就行为而言，因违章操作和误操作导致的触电事故多，因施工作业人员素质低、技术力量薄弱、设备简陋导致的触电事故也较多。

二、进行施工安全隐患的排查与治理

（一）安全生产事故隐患排查的基本概念

安全生产事故隐患（简称事故隐患），是指生产经营单位违反安全生产法律、法规、规章、标准、规程和有关安全生产管理制度的规定，或者因其他因素在生产经营活动中存在可能导致事故发生因素的危险状态、人的不安全行为和管理上的缺陷。排查的法律依据是国家和有关部门的法律法规等。

排查的事故隐患分为一般事故隐患和重大事故隐患。一般事故隐患，是指危害和整改难度较小，发现后能够立即整改排除的隐患。重大事故隐患，是指危害和整改难度较大，应当全部或者局部停产停业，并经过一定时间整改治理方能排除的隐患，或者因外部因素影响致使生产经营单位自身难以排除的隐患。

（二）安全生产事故隐患排查的目标及内容

公路工程施工，安全生产隐患排查的目标是：落实工程项目安全生产主体责任和相关单位的安全管理责任，深入排查治理交通基础设施建设过程中的安全隐患，从而实现"两项达标""四项严禁""五项制度"的总目标。

1. 两项达标

（1）施工人员管理达标：一线人员用工登记、施工安全培训记录、安全技术交底记录、施工意外伤害责任保险等都要符合有关规定。

（2）施工现场安全防护达标：施工现场安全防护设施和作业人员安全防护用品都要按照规定实行标准化管理。

2. 四项严禁

（1）严禁在泥石流区、滑坡体、洪水位下等危险区域设置施工驻地。

（2）严禁违规进行挖孔桩作业，钻孔确有困难的不良地质区，设计单位要进行专项安全设计并按设计变更规定，经批准后实施。

（3）严禁长大隧道无超前预报和监控量测措施施工。

（4）严禁违规立体交叉作业。

3. 五项制度

（1）施工现场危险告知制度

按照《公路水运工程安全生产监督管理办法》，严格安全技术交底制度，对于施工单位负责项目管理的技术人员，应当如实向施工作业班组、作业人员详细告知作业场所和工作岗位存在的危险因素，并由双方签字确认。在上述场所应设置明显安全警示标志，在无法封闭施工的工地，还应当悬挂当日施工现场危险告示，以警示路人和社会车辆。

（2）施工安全监理制度

按照《建设工程安全生产管理条例》《公路水运工程安全生产监督管理办法》和《公路工程施工监理规范》，开展施工安全监理工作，加大现场安全监管力度。监理单位应当按照法律、法规和工程建设强制性标准进行监理，编制安全生产监理计划，明确监理人员的岗位职责、监理内容和方法，审查施工组织设计中的安全技术措施或专项施工方案，核验施工现场机械设备进场检查验收记录，对危险性较大的工程作业加强巡视检查，督促隐患整改。

（3）专项施工方案审查制度

按照《公路水运工程安全生产监督管理办法》，对下列危险性较大的分部分项工程应当编制专项施工方案，并附安全验算结果，经施工单位技术负责人、监理工程师审查签字确认后实施，由专职安全员进行现场监督：不良地质条件下有潜在危险的土方、石方开挖；滑坡和高边坡处理；桩基础、挡墙基础、深水基础及围堰工程；桥梁工程中的大型梁、拱、柱等构件施工等；隧道工程中的不良地质隧道、高瓦斯隧道、水底海底隧道等；水上工程中打桩船作业、施工船作业；爆破工程；大型临时工程中的大型支架，模板、便桥的架设与拆除，桥梁的加固与拆除。

必要时，施工单位对上述所列工程的专项施工方案，还应当组织专家进行论证、审查。

（4）设备进场验收登记制度

按照《公路水运工程安全生产监督管理办法》，施工单位在工程中使用施工起重机械和整体提升式脚手架，滑模爬模、架桥机等自行式架设设施前，应当组织有关单位进行验收，或者委托具有相应资质的检验检测机构进行验收。使用承租的机械设备和施工机具及配件的，由承租单位和安装单位共同进行验收，验收合格的方可使用。验收合格后30日内，应当向当地交通主管部门登记。

（5）安全生产费用保障制度。

按照财政部和国家安全生产监督管理总局联合发布的《高危行业企业安全生产费用财务管理暂行办法》，将安全生产费用支取、使用情况纳入监理范畴。建设单位在施工招标文件中应当对安全生产保障措施提出明确要求。施工单位在工程投标报价中应当包含安全生产费用，其一般不得低于工程造价的1%，且不得作为竞争性条件。安全生产费用，应当用于施工安全防护用具及设施的采购和更新、安全施工措施的落实、安全生产条件的改善，不得挪作他用。

（三）安全生产事故隐患排查涉及的单位

公路工程施工安全生产事故隐患排查治理涉及的单位主要有各项目建设、勘察、设计、施工、监理等单位。

三、制定安全专项方案与应急救援预案

（一）安全专项方案的编制

1. 编制安全专项方案的法律依据

《建设工程安全生产管理条例》第26条明确规定：施工单位应当在施工组织设计中编制安全技术措施和施工现场临时用电方案，对下列达到一定规模的危险性较大的分部分项工程编制专项施工方案，并附具安全验算结果，经施工单位技术负责人，总监理工程师签字后实施，由专职安全生产管理人员进行现场监督：

（1）基坑支护与降水工程。

（2）土方开挖工程。

（3）模板工程。

（4）起重吊装工程。

（5）脚手架工程。

（6）拆除、爆破工程。

（7）国务院建设行政主管部门或者其他有关部门规定的其他危险性较大的工程。对深基坑工程、地下暗挖工程、高大模板工程的专项施工方案，施工单位还应当组织专家进行论证、审查。

《公路水运工程安全生产监督管理办法》第23条规定：施工单位应当在施工组织设计中编制安全技术措施和施工现场临时用电方案，对下列危险性较大的工程应当编制专项施工方案，并附安全验算结果，经施工单位技术负责人、监理工程师审查同意签字后实施，由安全生产专职管理人员进行现场监督。

2. 安全专项方案编制的主要内容专项方案编制应当包括以下内容

（1）工程概况：包括工程的基本情况、水文地质情况、施工平面布置、施工要求和安全技术保证措施。

（2）编制说明及依据：相关法律、法规、规范性文件、标准、规范及图纸（国标图集），施工组织设计等。

（3）施工计划：包括施工进度计划、材料与设备计划。

（4）施工方案和工艺技术：方案可能是一种或多种施工工艺技术参数、工艺流程、施工方法，检查验收等。

（5）施工质量安全保障和文明施工措施：技术质量措施、安全及文明施工措施、应急救援预案、监测监控等。

（6）劳动力和设备设施计划：专职安全生产管理人员、特种作业人员，施工设备机具等。

（7）特殊季节安全保障措施。

（8）计算书及相关表格、图纸等。

3. 危险性较大的专项方案论证范围

（1）深基坑工程。

开挖深度超过5m（含5m）的基坑（槽）的土方开挖、支护、降水工程。

开挖深度虽未超过5m，但地质条件、周围环境和地下管线复杂，或影响毗邻建（构）筑物安全的基坑（槽）的土方开挖、支护、降水工程。

（2）模板工程及支撑体系。

工具式模板工程：包括滑模、爬模、飞模工程。

混凝土模板支撑工程：搭设高度8m及以上；搭设跨度18m及以上；施工总荷载15kN/m² 及以上；集中线荷载20kN/m及以上。

承重支撑体系：用于钢结构安装等满堂支撑体系，承受单点集中荷载700kg以上。

（3）脚手架工程。

搭设高度50m及以上落地式钢管脚手架工程。

提升高度150m及以上附着式整体和分片提升脚手架工程。架体高度20m及以上悬挑式脚手架工程。

（4）其他。

施工高度50m及以上的建筑幕墙安装工程。

跨度大于36m及以上的钢结构安装工程；跨度大于60m及以上的网架和索膜结构安装工程。

开挖深度超过16m的人工挖孔桩工程。

（5）采用新技术、新工艺、新材料、新设备及尚无相关技术标准的且危险性较大的分部分项工程。

（6）安全专项施工方案论证要求。

工程施工前，施工单位应编制安全专项施工方案。

方案应由施工单位专业技术人员编制，公司技术与安全管理部门共同审核，公司技术负责人审批。

监理单位专业监理工程师对方案审核合格后，监理单位总监理工程师签字审批。

需要专家论证的安全专项施工方案，由论证专家组对方案审查后，应提出书面论证审查报告。

（二）应急救援预案的编制

1. 应急救援预案编制的目的

应急救援预案是针对可能发生的事故，为迅速、有序地开展应急行动而预先制订的行动方案，是为了及时、有效地应对重大生产安全事故，保证职工生命安全与健康和公众生命，最大限度地减少财产损失、环境损害和社会影响而采取的重要措施。

安全生产事故应急救援的预案编制是应急救援体系建设工作的核心内容，是安全生产工作的重要组成部分，通过应急救援的预案编制建立健全规范、科学、操作性强的应急预案体系，对于提升应对突发事（故）件的能力，保障人民群众的生命财产安全和企业健康发展具有十分重要的意义。

2. 应急救援预案编制的依据

应急救援预案一般依据《中华人民共和国安全生产法》《建设工程安全生产管理条例》《安全生产事故报告和调查处理条例》《公路水运工程安全生产监督管理办法》编制导则等法律法规和本企业安全生产实际编制。

3. 应急救援预案的类型

应急救援预案有综合应急预案、专项应急预案、现场应急预案三种主要类型。

4. 应急救援预案编制的主要内容

（1）总则

编制的目的；适用范围；应急组织体系的确定、工作原则与职责分工；应急响应；信息发布；后期处置；人员物资等保障措施；培训与演练；奖励与处罚等。

（2）生产经营单位危险性分析

危险源与风险分析，主要阐述本单位存在的重点危险源及风险分析结果。

（3）应急组织机构及职责

明确应急组织形式，构成单位或人员，并尽可能以结构图的形式表示出来；指挥机构及职责，明确应急救援指挥机构总指挥、副总指挥、各成员单位及其相应职责。应急救援指挥机构根据事故类型和应急工作需要，可以设置相应的应急救援工作小组，并明确各小组的工作任务及职责。

（4）预防与预警措施

危险源监控、预警提示信息、信息报告与处置等。

（5）应急响应

响应分级。针对事故危害程度、影响范围和单位控制事态的能力，将事故分为不同的等级。按照分级负责的原则，明确应急响应级别。

响应程序。根据事故的大小和发展态势，明确应急指挥、应急行动、资源调配、应急避险、扩大应急响应等程序。

应急结束。明确应急终止的条件，事故现场得以控制，环境符合有关标准，导致次生、衍生事故隐患消除后，经事故现场应急指挥机构批准后，现场应急结束。

（6）信息发布

明确事故信息发布的部门，发布原则，事故信息应由事故现场指挥部及时准确向新闻媒体通报事故信息。

（7）后期处置

后期处置主要包括污染物处理、事故后果影响消除、生产秩序恢复、善后赔偿、抢险过程和应急救援能力评估及应急预案的修订等内容。

（8）保障措施

通信与信息保障。明确与应急工作相关联的单位或人员通信联系方式和方法，并提供备用方案。建立信息通信系统并制订维护方案，确保应急期间信息通畅。

应急队伍保障。明确各类应急响应的人力资源，包括专业应急队伍、兼职应急队伍的组织与保障方案。

应急物资装备保障。明确应急救援需要使用的应急物资和装备的类型、数量、性能、存放位置、管理责任人及其联系方式等内容。

经费保障。明确应急专项经费来源、使用范围、数量和监督管理措施，保障应急状态时生产经营单位应急经费的及时到位。

其他保障。根据本单位应急工作需求而确定的其他相关保障措施（如：交通运输保障、治安保障、技术保障、医疗保障、后勤保障等）。

（9）培训与演练及奖励与处罚

要明确对本单位人员开展的应急培训计划、方式和要求。如果预案涉及社区和居民，要做好宣传教育和告知等工作。

明确应急演练的规模、方式、频次、范围、内容、组织、评估、总结等内容。明确事故应急救援工作中奖励和处罚的有关内容。

四、做好事故分析

通过对事故的分析，特别是分析施工中常见多发事故，深化对事故发生规律的认识，掌握事故发生的规律，深入分析事故发生的原因，采取有针对性的措施，有效防范事故发生。事故分析通常包括事故类型和事故原因分析两个方面。事故原因可以分为直接原因和间接原因，也可以分为主要原因、次要原因和根本原因。当然，关于事故原因分析的具体分析方法不一，每一种分析方法皆有一定的道理。

下面，通过"五分法"，即从人、机、料、法、环五个方面进行原因分析，旨在为施工项目提供一种方法和思路，供施工项目分析事故时参考。

（1）人。所谓人，就是指人的生理、心理和行为等方面的不安全行为：如健康状况异常、体力负荷超限、听力负荷超限、视力负荷超限等生理方面的不安全行为；从事禁忌作业、情绪异常、冒险心理、过度紧张、感知延迟、辨识错误等心理方面的不安全行为；指挥失误、违章指挥、误操作、违章作业、监护失误等行为方面的不安全行为等。

（2）机。所谓机，就是指机械设备设施、施工机具方面存在的不安全状态，如零部件破损、设备漏电、稳定性差、制动器和控制器失灵等方面存在的设备设施缺陷以及防护不当、支撑不当、防护距离不够等防护装置和设施缺陷等。

（3）料。所谓料，就是指安全防护用品、钢管等其他施工材料强度不够、刚度不够方面存在的不安全状态，如材料不合格、质量差，不符合国家和行业有关规定，不符合安全技术规范要求等。

（4）法。所谓法，就是指安全工作的管理和技术方面存在的不符合状态，如吊装作业没有安排专人指挥，没有制订施工临时用电方案，没有对作业人员进行安全技术交底等。

（5）环。所谓环，就是指现场作业的环境方面存在的不符合状态或因不可抗力因素引起的环境不符合状态，如施工现场氧气瓶与乙炔瓶混放、材料存放无序、设备杂乱无章、电线乱拉乱扯、现场标志不清或无标志、给排水不良、现场照明不良、环境脏乱差以及雷电、雨雪、洪水等自然灾害。

以触电事故原因分析为例，可以用"五分法"从以下五个方面分析：

（1）人。缺乏用电安全知识，自我保护意识薄弱。临时用电设施安装或接线由非专业电工操作，无基本的安全用电知识，不按临时用电安全技术操作规程操作，不正确使用电器产品，带电作业等。

（2）机。用电设备安装不合格，机械设备、电动设施和用电设备维修保养不善。由于设备长期使用，容易出现电气绝缘老化、导线裸露、胶盖刀闸胶木破损、插座盖子损坏等。

（3）料。使用电线电缆不符合国家或行业规定的标准要求，使用的绝缘手套等电器产品不符合劳动防护用品的技术规范要求等。

（4）法。没有制订临时用电技术方案，施工工地未使用"TN-S"接零保护系统，或者未按要求连接专用保护接零，无有效的安全保护系统，不按"三级配电、二级保护""一机、一闸、一漏、一箱"设置，没有开展安全技术交底等。

（5）环。电线高度不符合要求，架空线乱拉、乱扯，电线拴在脚手架或树木上，导线的接头只用老化的绝缘布包上以及电气设备没有作保护搭铁、使用混乱等。电力线被风刮断等偶然因素，导线接触地面而引起跨步电压，当人走近该地区时便会发生事故。

从上述分析来看，"五分法"的优点是适用于各种事故的分析。也就是说，任何事故都可以采用这种方法进行分析。因此，造成事故的直接原因、间接原因或主要原因、次要原因或根本原因，可以从上述五个方面进行归纳。

五、做好防范措施

在掌握事故规律、懂得事故分析的基础上，从人、机、料、法、环方面针对存在的问题做好事故防范措施，做到"三不伤害"，即不伤害自己、不伤害别人、不被别人伤害。

（1）加强安全教育培训。要杜绝人的不安全行为，必须对管理、作业人员进行教育培训。应经常进行各种形式的安全思想教育和安全制度教育、法制教育，提高职工的安全防护意识，使其掌握安全防护方法，增强遵章守纪的自觉性。定期进行安全技术和技能培训，提高安全技术和技能防护水平。

（2）加强机械设备和机具的使用、维修、保养，确保机械设备处于良好的运行状态，杜绝机械设备的不安全状态。

（3）加强材料产品的采购控制管理，确保符合国家或行业规定的使用采购要求，降低材料的不安全状态导致的事故发生率。

（4）加强安全工作的检查，发现隐患及时整改，建立健全安全管理制度，开展安全技术交底，提高施工技术，创新管理方式和方法，提高安全管理水平。

（5）按照现场文明施工，消防安全管理、环境卫生管理的要求以及现场治安保卫管理的要求，加强现场管理，落实现场安全防范措施，创造良好的作业、办公和生活环境，减少现场管理混乱造成的事故和职业危害事故。

第三节　常见突发性安全事故类型与成因

一、隧道施工塌方

洞口塌方占20%；掌子面变形塌方占33%；掌子面后方30～50m施作，施作仰拱时，塌方（关门）占47%。隧道开挖与支护过程中，很难避免出现一定程度的塌方，突发性的塌方已经成为隧道施工过程中很难避免的问题。主要原因如下。

1. 地质原因

地质原因是引发隧道塌方的最主要因素。在围岩条件较差的地区，隧道塌方是很难完全避免的；反之，若地质条件较好，即便施工和设计有一定的瑕疵，通常情况下也不会引起隧道塌方。隧道工程隶属于地下工程的范畴，由于地质情况复杂多变，特别是在地质条件较差的地区，地下沟壑、破碎带、溶洞等不规则地出现在隧道开挖轮廓线之内。而勘察时由于资金、技术、实地条件的限制，并不能完全发现这些地质问题，这就为隧道开挖埋下了巨大的隐患。此外，公路隧道开挖断面较大，跨度基本在10m以上，对于一些三车道的隧道甚至达到了15m以上，这就对前期勘察工作提出了更高的要求。同时，公路隧道对防水要求极高，在含水量较高的地区，地下水成为了工程的最大难题，我国很多隧道开挖之后就出现了渗漏水事故，给工程造成了巨大的损失，如金鸡关公路隧道、晋阳高速公路隧道等在通车运营之后又出现了渗漏水事故，造成了极坏的社会影响。

2. 施工原因

受到各种条件的约束和限制，实际施工过程中并不能完全按照设计和国家规范来进行，这也成为诱发隧道塌方的又一大因素。就我国目前的实际情况而言，开挖时支护不及时现象还时有发生，增大了隧道塌方出现的概率。另外，初期支护一定要尽快封闭成环，开挖时尽量做到适时支护，尽快封闭，及时量测等，随时掌握隧道的稳定性状态，保证隧道的顺利施工。

3. 设计因素

现阶段公路隧道设计通常采用的方法有理论计算法、工程类比法及现场监控法等，受种种条件的限制，在设计时，设计单位掌握的勘察资料不详细、不准确，这就造成了某些危险地段的施工方法、支护强度与其实际地质条件不相适应，增加了隧道塌方的可能性。因此，在设计过程中对现场实际情况的准确认识是降低施工塌方概率的重要方面。

4. 人的因素

某些工程管理及现场技术人员对隧道塌方的危害性认识不足，甚至有时候会有借助塌方提出围岩变更、设计变更等方面的想法，以期待向业主单位索要更多的工程款。这种人虽然是少数，但是他们的存在大大增加了隧道塌方的可能性。此外，一些技术人员错误地认为地质条件仅仅是勘察、设计单位的任务，对现场实际情况不敏感，不能及时汇报现场异常情况，从而大大增加了隧道塌方的可能性。

二、爆炸事故

在隧道施工过程中瓦斯浓度超标而引起的爆炸，或钻爆法施工中出现的炸药的爆炸事故。

三、隧道突泥、涌水

突泥灾害，又称涌砂涌泥灾害，是伴随矿井突水活动，大量泥砂涌入井巷所造成的灾害。泥砂主要来源于岩溶陷落柱、断裂破碎带、松散含水层。突泥突砂除造成人员伤亡外，有时还堵塞排水系统，淤埋井下设备，并常伴随地面塌陷，增加了突水灾害的破坏程度和治理难度。

发生突泥的主要原因为：位于岩溶发育地区的溶洞及围岩中软弱夹层和淤泥带、丰富的地下水及软质填充物聚集在岩层中积蓄了一定能量，在隧道开挖过程中，超前探测手段不及时，未采取有效措施排放消除积蓄能量，一经突然开挖揭露，大量地下水及软弱填充物涌流不出，给隧道施工人员、设备的安全带来严重威胁。

四、支架垮塌

各类施工支架在承载和使用中发生垮塌时，大多会造成相当严重的后果。特别是混凝土模板支架在浇筑中发生的垮塌事故，往往会造成惨重的人员伤亡、巨大的经济损失和不良的社会影响。不仅给遇难人员家庭带来难以弥合的创伤，也会严重危及企业的生存与发展。板支架是重大伤亡事故的多发领域。发生支架垮塌的主要原因如下：

（1）支架因设计和施工缺陷，不具有确保安全的承载能力。在正常浇筑和荷载增加的过程中，随时都会在任何首先达到临界/极限应力或变形（位移）的部位发生失稳和破坏，从而引起支架瞬间垮塌。这类支架一旦开始进行混凝土浇筑作业，就面临垮塌破坏的危险境地，且难以监控。除非因已发现显著变形、晃动或异常声响（连接件、节点开裂、破坏）而立即停止作业、撤离人员，否则事故是不可避免的。常见问题有：没有进行方案设计或设计安全度不够；不按脚手架构造搭设；任由工人单凭经验搭设；在搭设中任意扩大尺寸或随意减少杆件。

（2）支架因设计或施工，其承载能力没有多大富余，在遇到显著超过设计的荷载作用时，由局部失稳开始，迅即引起模板支架整体垮塌。这种情况多出现在自一侧起向另一侧整体推进浇筑，并浇筑至高重大梁时和浇筑的最后阶段，以及过多集中在浇捣设备和人员作业时。所谓"被最后一根稻草压垮"的临界加载作用，是其主要特征。

（3）支架因采用的构架尺寸较大、未设水平剪刀撑加强层及竖向斜杆（剪刀撑）设置不够等，造成构架的整体刚度不足。当局部的模板、木格栅和直接承载横杆发生折断或节点破坏垮塌时，架体承受不了局部垮塌的冲击和扯拉作用，而导致整体垮塌。

（4）地基承载方面出现了问题。如雨水下渗后，造成地基承载能力局部降低，满足不了设计要求，出现地基沉降、过大变形，从而导致支架的垮塌。

第四节　突发性安全事故的预防

一、隧道塌方事故预防

（一）前期调查

1. 资料收集

收集相关地质资料及周边工程施工记录、事故记录（包括自然灾害）等，并随时与现场的实际地质情况相对照，弄清设计意图。

2. 洞口段

对滑坡、岩体崩塌等进行观测。

3. 断层、破碎带

接近断层、破碎带时，应采用超前地质预报、超前钻孔、波速测试以及宏观的工程类比法等方式进行确认。

4. 浅埋段

进行地表沉降、拱顶下沉等观测。

（二）开挖作业

1. 开挖方式

不良地质条件下应讨论改变施工方法及是否进行超前支护。

对于软弱围岩地段，为了防止塌方，必须采取正确的开挖方式，并确保初期支护质量。为了尽量利用围岩的自承能力，减少围岩的破坏，应尽可能地采用全断面的光面爆破技术。

对于地质条件较差的地段，采用分步开挖法进行，同时采用弱爆破技术。

在软弱围岩的施工中，应及时施作仰拱，从而形成封闭的环状受力。

2. 危石

应分段仔细检查爆破段并清除危石。

钻孔作业前后、爆破后处理废渣时及处理后，应仔细检查，并去除危石。

3. 支护

（1）喷射混凝土

开挖后迅速喷射混凝土。

对于地质不良段应讨论确定是否对掌子面喷射混凝土。

对于地质不良段应讨论确定是否二次对掌子面喷射混凝土。

特殊情况下，喷射混凝土可以采用钢纤维混凝土、碳纤维混凝土等技术手段。

（2）锚杆

锚杆应根据地质条件，采用固结性好并便于施工的方式打设。特殊情况下，可以采用预应力锚杆、膨胀式锚杆等技术手段。

（3）钢拱架支护

不良地质路段应缩小钢拱架的间距。

不良地质路段应扩大钢拱架的断面。

不良地质路段应使用合适的底板、垫板。

不良地质路段应讨论钢拱架形状是否合适。

（4）超前支护

对于不良地质路段，为了防止坍塌，可以加强超前支护。

当围岩的自稳能力较差时，必须采用必要的超前支护。

4. 监控量测

根据地质条件和施工情况进行适当的监控量测。

不良地质路段应缩小监控量测间隔。

不良地质路段应增加监控量测频度。

根据监控量测、观察的结果，在初期支护发生变形时，应采取有效的加固措施。

5. 二次衬砌

在不良地质路段应对是否闭合及尽早衬砌进行讨论。

应对临时衬砌进行讨论。

Ⅲ、Ⅳ级围岩需要根据监控量测的结果确定最佳施作时间。

6. 防坍塌的培训

应对以下内容进行相关培训：

坍塌事故的危险性。

防止事故发生的对策及注意事项。

检查方法（检查内容及时间）。

发生险情时的应急措施。

二、爆炸事故预防

(一)爆破工程的要求

1. 爆破工程属危险性较大的工程,根据《公路水运工程安全生产监督管理办法》的规定,必须编制安全专项施工方案,并附具安全验算结果,经施工单位技术负责人,总监理工程师签字后实施,由专职安全生产管理人员进行现场监督。

2. 露天、地下、承下和其他爆破,必须按审批的爆破设计书或爆破说明书进行。

洞室爆破、蛇穴爆破、深孔爆破、金属爆破、拆除爆破以及在特殊环境下的爆破工作,都必须编制爆破设计书。

裸露药包爆破和浅眼爆破应编制爆破说明书。

爆破设计书应由单位的主要负责人批准。爆破说明书由单位的总工程师或爆破工作领导人批准。

3. 在城镇居民区、风景名胜区、重点文物保护区和重要设施附近进行爆破,须经主管部门批准。与当地有关主管部门协商,并征得当地县(市)级以上公安部门同意。

大爆破应有现场指挥。大爆破设计书的审批权限由各主管工业部(或相当于此级的总公司)规定。大爆破作业除报主管部门批准外,应征得当地县(市)级以上公安部门同意。

4. 爆破作业地点有下列情形之一时,禁止进行爆破工作:

有冒顶或边坡滑落危险。

支护规定与支护说明书的规定有较大偏差或工作面支护损坏。

通道不安全或通道阻塞。

爆破参数或施工质量不符合设计要求。

距工作面20m内,风流中瓦斯含量达到或超过1%,或有瓦斯突出征兆。

工作面有涌水危险或炮眼温度异常。

危及设备或建筑物安全,无有效的防护措施。

危险区边界上未设警戒。

光线不足或无照明。

未严格按规程要求做好准备工作。

5. 禁止进行爆破器材加工和爆破作业的人员穿化纤衣服。

6. 在大雾天,黄昏和夜晚,禁止进行地面和水下爆破。需在夜间进行爆破时,必须采取有效的安全措施,并经主管部门批准。遇雷雨时应停止爆破作业,并迅速撤离危险区。

7. 装药工作必须遵守下列规定：

装药前对洞室、药壶和炮孔进行清理和验收。

大爆破装药量应根据实测资料校核修正，经爆破工作领导人批准。

使用木质炮棍装药。

装起爆药包，起爆药柱和硝化甘油炸药时，严禁投掷或冲击。

深孔装药出现堵塞时，在未装入雷管，起爆药柱等敏感爆破器材前，应采取木制长杆处理。

禁止烟火。

禁止用明火照明。

禁止使用冻结的或解冻不完全的硝化甘油炸药。

8. 填塞工作必须遵守下列规定：

装药后必须保证填塞质量，洞室，深孔或浅眼爆破禁止使用无填塞爆破（扩壶爆破除外）。

禁止使用石块和易燃材料填塞炮孔。

填塞要十分小心，不得破坏起爆线路。

禁止捣固直接接触药包的填塞材料或用填塞材料冲击起爆药包。

禁止在深孔装入起爆药包后直接用木楔填塞。

9. 禁止拔出或硬拉起爆药包或药柱中的导火线、导爆索、导爆管或电雷管脚线。

10. 炮响完后，露天爆破不少于5min（不包括洞室爆破），地下爆破不少于15min（经过通风吹散炮烟后），才允许爆破工作人员进入爆破作业地点。

（二）瓦斯浓度控制

当开挖工作面风流中瓦斯浓度超过1%时，应停止电钻钻孔；当瓦斯浓度超过1.5%时，必须停止施工，撤出工作人员，切断电源，研究预防和消除措施并进行处理。

电动机附近20m以内，风流中瓦斯浓度达到1.5%时，必须停止运转，撤出人员，切断电源进行处理。

掘进工作面内，当局部瓦斯积聚体积大于0.5m，浓度大于2%时，附近20m内必须停止工作，撤出人员，切断电源进行处理。

因瓦斯浓度超过规定的允许值而切断电源的电气设备，必须在瓦斯浓度降到1%以下时，方可复电开动机器。使用瓦斯自动检测报警断电装置的掘进工作面，只准人工复电。

回风巷或工作面回风流中瓦斯浓度超过1%时，应停止工作，撤出人员，进行处理。

低瓦斯工区洞内任意处瓦斯浓度超过0.5%时，应加强通风监测，防止瓦斯积聚，由于停电或检修，主要通风机停止运转或通风系统遭到损伤以后，必须有恢复通风、排除瓦斯和送电的安全措施。恢复正常通风后，所有受到停风影响的地段，必须经过通风和瓦斯监测人员检查，确认无危险后方可恢复工作。所有安装电动机和开关地点 20m 范围内，必须检查瓦斯浓度，符合规定后方可启动机器。因临时停电或其他原因，局部通风机停止运转，在恢复通风前，首先必须检查瓦斯浓度，证实工作区内瓦斯与二氧化碳浓度均不超过 1% 时，方可开动局部通风机，恢复正常通风。

开挖必须采用湿式掘岩机。洞内使用的金属锤及锤头必须镶有不产生火花的合金。

三、突泥涌水事故预防

若溶洞向隧道路线前进方向发展，则应调整相应的管棚嵌入基岩内不小于 5m。

隧道施工应坚持"人工开挖（或弱爆破）、短进尺、强支护、早封闭、勤测量、及时衬砌"的原则。

施工中应做好隧道内外的监测工作。地面沉陷区每天应进行沉降观测；隧道内每天应进行洞内观察及水平收敛、拱顶下沉和掌子面变形监测。洞内观察分为开挖工作面观察和已施工区段观察两部分，开挖工作面观察应在每一次开挖后进行一次，内容包括节理裂隙发育情况、工作面稳定状态、涌水情况及底板是否隆起等。当地质情况基本无变化时，可每天进行一次，观察过程中如发现地质条件恶化，初期支护出现异常现象，应立即通知施工负责人采取应急措施，并派专人进行不间断观察。对已施工区段的观察每天至少一次，观察内容包括喷射混凝土、锚杆、钢架的状况，以及施工质量是否符合规定。

地面沉陷区应做好防水及截、排水处理措施，以免雨水等流入沉陷区。

在软硬地层和衬砌结构类型变化处设置变形缝。

四、支架垮塌事故预防

（1）符合现行标准的技术安全规定。当无相应或可参照的标准规定时，应通过专项试验、分析研究和专家论证确定可行的技术安全规定。

（2）符合工程及施工各阶段的实际情况，计验算项目及采用参数必须覆盖实际存在与可能出现的最不利的情况；计验算式，荷载和调整系数的取用正确、无遗漏，计算过程无错误。

（3）对材料的规格和质量、设置和工作状态、构造和联（拉）结要求、施工工艺和使用条件、杆件变形和基地稳定等一切可能影响支架工作安全的控制事项，均有明确严格的限控指标、要求或措施。

（4）对危险的环节、部位、事项和因素有可靠的保险和保护措施，必要时应设监测或监护。

（5）对可能出现的隐患、异常情况与突发事件有全面和充分的考虑，有到位的应急处置和安全排险救助预案；有对各级相关人员技术安全责任和及时反馈情况的规定或要求；有对方案、措施实施情况的考察、记录、研究和总结要求。

参考文献

参考文献

[1] 王志宇.公路桥梁软土地基施工的关键技术分析[J].技术与市场,2021,28(12):110-111.

[2] 焦新新.工程质量检测在公路桥梁质量监督中的运用探析[J].科技创新与应用,2021,11(36):118-121.DOI:10.19981/j.CN23-1581/G3.2021.36.030.

[3] 刘健.公路桥梁施工质量控制探讨[J].江西建材,2021(11):230-231.

[4] 李有强.浅谈水泥混凝土桥面铺装施工控制技术在公路桥梁施工中的运用[J].中国设备工程,2021(22):53-54.

[5] 俞卓.公路桥梁施工关键技术及绿色施工的具体措施[J].交通世界,2021(33):75-76.DOI:10.16248/j.cnki.11-3723/u.2021.33.033.

[6] 姚俊杰.公路桥梁施工中软土地基施工技术研究[J].交通世界,2021(33):131-132.DOI:10.16248/j.cnki.11-3723/u.2021.33.060.

[7] 冯茂强.公路桥梁施工安全管理问题探讨[J].交通世界,2021(33):145-146.DOI:10.16248/j.cnki.11-3723/u.2021.33.067.

[8] 张新.绿色发展理念在公路桥梁施工中的应用[J].交通世界,2021(33):151-152.DOI:10.16248/j.cnki.11-3723/u.2021.33.070.

[9] 张君瑞.高速公路桥梁施工过程中技术管理与质量控制[J].绿色环保建材,2021(11):80-81.DOI:10.16767/j.cnki.10-1213/tu.2021.11.040.

[10] 齐福沛.阐述高速公路桥梁施工中预应力施工技术的应用[J].居舍,2021(32):69-71.

[11] 柳维维.人工挖孔桩在公路桥梁施工中的应用[J].交通世界,2021(32):146-147.DOI:10.16248/j.cnki.11-3723/u.2021.32.065.

[12] 胡磊,闵生.高速公路桥梁施工中高墩施工技术应用研究[J].黑龙江交通科技,2021,44(11):91-92.DOI:10.16402/j.cnki.issn1008-3383.2021.11.049.

[13] 刘栋梁,史汉青.公路桥梁施工中悬臂挂篮重点分析[J].黑龙江交通科技,2021,44(11):244-245.DOI:10.16402/j.cnki.issn1008-3383.2021.11.127.

[14] 武鹏.公路桥梁施工中伸缩缝施工工艺与质控对策研究[J].砖瓦,2021(11):

144-145.DOI：10.16001/j.cnki.1001-6945.2021.11.058.

[15] 张聪. 公路桥梁施工中预应力技术措施及质量控制[J]. 居舍，2021（31）：61-63.

[16] 李玉梅. 公路桥梁施工中软土路基施工技术研究[J]. 交通世界，2021（31）：51-52.DOI：10.16248/j.cnki.11-3723/u.2021.31.024.

[17] 史军伟. 高墩施工技术在高速公路桥梁施工中的应用研究[J]. 交通世界，2021（31）：78-79.DOI：10.16248/j.cnki.11-3723/u.2021.31.036.

[18] 赵有富. 公路与桥梁混凝土施工温度与裂缝防治分析[J]. 西部交通科技，2021（10）：24-26.DOI：10.13282/j.cnki.wccst.2021.10.009.

[19] 赵鹏宇. 公路桥梁桩基施工技术研究[J]. 交通世界，2021（30）：62-63.DOI：10.16248/j.cnki.11-3723/u.2021.30.029.

[20] 刘亚飞. BIM技术在公路桥梁施工模拟及监测中的应用研究[D]. 石家庄铁道大学，2020.DOI：10.27334/d.cnki.gstdy.2020.000352.

[21] 常明. 中小公路桥梁工程施工阶段的风险管理研究[D]. 兰州交通大学，2017.

[22] 姜虹. 高速公路桥梁施工安全评价及对策研究[D]. 北京工业大学，2015.

[23] 陈翔. 施工过程标准化对高速公路桥梁工程质量的影响研究[D]. 兰州交通大学，2015.

[24] 吕杰. 交叉桥梁与被交运营公路桥梁施工安全评估研究[D]. 长安大学，2015.

[25] 沈永峰. 公路工程通用型桥梁质量过程控制指标体系与评价方法研究[D]. 长安大学，2014.

[26]Wu Honggang, Liu Xueying. Exploration on road maintenance of new infrastructure enabling intelligent expressway[J]. *IOP Conference Series： Earth and Environmental Science*，2021，787（1）.

[27]Zhuang Guofeng. Research on Safety Risk Assessment Method of Highway Bridge Construction Based on AHP-Fuzzy Comprehensive Evaluation[J]. *E3S Web of Conferences*，2021，248.

[28]Li Qingxian. Research on Construction Quality Management of Prestress Technology in Road and Bridge Construction[J]. *E3S Web of Conferences*，2021，236.

[29]Dongdong Zhang. The Technology and Quality Control Strategies Based on the Prestressing in Highway Bridge Construction[J]. *Journal of Progress in Civil Engineering*，2020，2（8）.

[30]Kechao Zhang, Zhang Kechao, Wang Chen, Liu Xiangsheng. Research on Construction of Highway Bridge Quality Engineering Based on BIM Technology[J]. *IOP Conference Series： Earth and Environmental Science*，2020，510（5）.

[31]Sharareh Kermanshachi, Elnaz Safapour, Stuart D. Anderson, Paul Goodrum, Timothy R. B. Taylor. Establishment of Effective Project Scoping Process for Highway and Bridge Construction Projects[J]. *Practice Periodical on Structural Design and Construction*, 2020, 25（2）.

[32]Meng Wan. Analysis of Key Issues in Design Codes for Long-Span Highway Bridges[J]. *Journal of Architectural Research and Development*, 2020, 4（2）.

[33]Li Ke. Analysis on Construction Technology of Bored Pilses for Highway Bridge Construction[C]//Proceedings of 2019 4th International Conference on Landscaping, Civil Engineering and Architecture（ICLCEA 2019）.Francis Academic Press, 2019：183-185. DOI：10.26914/c.cnkihy.2019.040310.

[34]Fu Bing. Quality Control Measures in Highway Bridge Construction[J]. *World Construction*, 2017, 6（2）.

[35]She Yanhua. Characteristics Analysis of Load Caused by Punching Pile Construction of Highway Bridge Pile Foundation[C]//Proceedings of 2016 International Conference on Civil and Environmental Engineering（ICCEE2016）.[出版者不详], 2016：114-120.

[36]She Yanhua. Characteristics Analysis of Load Caused by Punching Pile Construction of Highway Bridge Pile Foundation[J]. *American Journal of Civil Engineering*, 2016, 4(4).

[37]Hao Zhang. A Discussion of GPS Technology in Highway Bridge Construction[J]. *Advanced Materials Research*, 2014, 3043（898-898）.

[38]Petzek Edward, Băncilă Radu. Efficient solutions in Romanian highway bridges construction[J]. *Zbornik Radova Građevinskog Fakulteta*, 2014, 2014（24）.

[39]Mark S Kuhar. New Construction Starts in December Decline 3 Percent[J]. *Rock Products*, 2012, 115（2）.

[40]Lin YB, Pan CL, Kuo YH, Chang KC, Chern JC. Online monitoring of highway bridge construction using fiber Bragg grating sensors[J]. *Smart Materials & Structures*, 2005, 14（5）.

[41]Shad M. Sargand, Teruhisa Masada, Basel Abdalla. Evaluation of Cone Penetration Test-Based Settlement Prediction Methods for Shallow Foundations on Cohesionless Soils at Highway Bridge Construction Sites[J]. *Journal of Geotechnical and Geoenvironmental Engineering*, 2003, 129（10）.

[42]H. Randolph Thomas, R. Edward Minchin, Dong Chen. Role of Workforce Management in Bridge Superstructure Labor Productivity[J]. *Journal of Management in Engineering*, 2003, 19（1）.

[43]Study on planning to Islands Promotion in Case of Nishi-Seto Highway Bridge Construction[J]. JOURNAL OF RURAL PLANNING ASSOCIATION, 1999, 18(18-suppl)

[44]Sami Rizkalla, Emile Shehata, Amr Abdelrahman, , Gamil Tadros. The New Generation （Design and Construction of Highway Bridge）[J]. Concrete International, 1998, 20（6）:

[45]Keith Hampson, Martin Fischer. Structural Designs and Construction Technologies for California Highway Bridges[J]. Journal of Construction Engineering and Management, 1997, 123（3）:

[46]Jae-Jeung Rho, Hong Bae Kim. SIMBASE: An economic justification tool using project-based simulation[J]. Computers & Industrial Engineering, 1996, 31（3）:

[47] Control Common Accidents in Highway and Bridge Construction and Countermeasures[J], 2021, 10（04）:

[48]Waddell J. A. L.. General Suggestions as to the Conditions Proper to be Requested in Ordinary Iron Highway Bridge Construction[J]. Transactions of the American Society of Civil Engineers, 1883, 12（1）:

[49] Progress Report of the Committee on Highway and Bridge Surveys of the Surveying and Mapping Division[J]. Journal of the Surveying and Mapping Division, 1957, 83（1）:

[50]Yandra Muvi, Sari Nadra Mutiara. Development of E-Modules Based on Project Based Learning Model for Highway and Bridge Construction Subject at Vocational High Schools[P]. 1st Progress in Social Science, Humanities and Education Research Symposium（PSSHERS 2019）, 2020.

[43]Study on planning to Islands Promotion in Case of Nishi-Seto Highway Bridge Construction[J]. JOURNAL OF RURAL PLANNING ASSOCIATION, 1998, 1997-supp1:

[44]Sami RiKalla, Emile Shehata, Amr Abdelrahman, Gamil Tadros. The New Generation of Design and Construction of Highway bridge.[J] Concrete International, 1998, 20 (6):

[45]Keith Hampson, Martin Fischer. Structural Designers and Constructors Use Prototypes for California Highway Bridges[J]. Journal of Construction Engineering and Management, 1997, 123 (4):

[46]Jae-Jeong Rho, Dong Jae Kim. SIMBASE: An economic justification tool using project-based simulation[J]. Computers & Industrial Engineering, 1999, 37:

[47] Control Common Accidents in Highway and Bridge Construction and Maintenance[J]. 2021, 10 (04):

[48]Waddell J. A. L. General suggestion as to the Conditions Proper to be Required in Ordinary Iron Highway Bridge Construction[J]. Transactions of the American Society of Civil Engineers, 1885, 12 (1):

[49] Progress Report of the Committee on Highway and Bridge Surveys of the Surveying and Mapping Division[J]. Journal of the Surveying and Mapping Division, 1957, 83 (1):

[50]Yeadon Nina C, Sam Nadia Marium. Development of E-Model- Based on Project Based Learning Model for Highway and Bridge Construction Subject in Vocational High School[J]. 1st Progress in Social Science, Humanities and Education Research Symposium (PSSHERS 2019), 2020.